케어복지개론

케어복지개론

초 판 1쇄 발행 2006년 3월 8일
제2판 4쇄 발행 2010년 3월 12일

저　자 | 이채식 김귀환 문혜숙
　　　　서화정 이기량 오정옥
　　　　장우심 전영록 조추용
펴낸곳 | 도서출판 나눔의집
펴낸이 | 박정희
주　소 | 152-777 서울시 구로구 구로3동 222-7번지
　　　　코오롱디지털타워빌란트 1차 703호
전　화 | 02-2103-2480
팩　스 | 02-2103-2488

가　격 | 15,000원
ISBN 89-5810-077- X (93330)

케어복지개론

이채식 김귀환 문혜숙
서화정 오정옥 이기량
장우심 전영록 조추용

사회복지 전문출판 나눔의집

머리말

인생의 황혼기는 누구나 맞이하는 보편적인 것이다. 그 황혼기를 어떻게 보내는 것이 가장 바람직할 것인가? 최근 선진국을 중심으로 노후를 맞이한 인간의 존엄성이나 삶의 보람을 강조하는 정책들이 쏟아져 나오고 있다. 그러나 이러한 정책을 펼치기 전에 노년기를 위한 기본적이고도 최소한의 삶과 생활이 보장되지 않으면 안 된다.

이전에는 노인의 최소한의 삶과 생활 보장은 당연히 자식의 역할이며 몫이었다. 그러나 당연하였던 부자지간의 부양체계가 산업화, 도시화, 공업화 등 생활환경의 변화로 점점 한계에 이르게 되고, 노인의 삶과 생활의 보장이 공적 영역에서 제공되지 않으면 안 되게 되었다.

그 동안 노인들의 복지문제는 사회문제의 하나로서 중시되지 않았고, 노인들은 가정에서나 사회에서 업신여김을 당하고, 적절한 케어나 서비스를 받지 못하고 지내왔다. 그러나 늘어나는 노인인구와 절대적으로 보호가 필요한 치매 및 뇌졸중 등 중증장애 노인의 증가는 어쩔 수 없이 새로운 법과 제도를 요청하게 되었다. 노인의 부양문제가 사적 영역에서 공적 영역으로 옮겨오면서 법이나 제도가 등장하게 되는데, 대표적인 것이 1981년에 제정된 노인복지법이 있고, 가장 최근에 2006년 2월 7일 국무회의를 통과하여 국회의 입법을 기다리고 있는 노인수발보험법 등이 있다. 이 외에도 각 지방자치단체의 복지계획 수립, 시범 사회복지사무소의 추진 등은 행정 및 재정적인 측면에서 노인복지 및 노인을 둘러싸고 있는 케어환경의 변화를 의미한다. 이러한 변화는 앞으로 노인의 복지에 커다란 변화를 가져올 것이고, 보다 나은 노인복지의 환경을 조성할 수 있을 것이다.

　한편 노인들의 욕구가 다양화되고 삶의 질이 높아지고 있는 상황에서 건강한 노년 기를 보내기 위해서는 질 높은 케어서비스가 제공되어야 한다. 그러기 위해서는 케어 복지 영역에서도 케어에 대한 이론적 지식과 실천기술을 갖춘 케어복지 전문인력이 새로운 사회복지인력으로 양성되어야 하며 고령사회의 중요한 복지요원으로 활용되 어야 할 것이다.

　이 책은 각 대학에서 직접 학생들에게 케어복지를 가르치고 있는 9명의 교수들이 모여서 지나치게 방대했던 부분을 최대한으로 줄이고, 핵심적인 부분만을 추려서 13 개 영역으로 나누어 공동으로 집필하였다. 앞 부분은 기본적인 내용으로서 개념과 영 역, 윤리, 케어의 발생과정, 대상자의 이해 등에 대한 것을 언급하였고, 5장 이후부터는 실천영역으로서 실천과정, 타 영역과의 연계, 일상생활에 대한 기본기술 및 지원기술, 치매노인에 대한 케어, 종말기 케어, 노년기의 영양과 조리, 기본간호와 일반적인 의학 지식에 대하여 다루고 있다. 맨 마지막 장에서는 케어복지정책의 동향과 전망으로서 주로 케어복지사의 전문성에 대하여 언급하고 있다.

　이 책은 대학에서 케어복지사를 꿈꾸는 학생들과 각 평생(사회)교육 기관에서 케어 복지사를 준비하는 사람들은 물론, 각 가정에서 노인을 돌보고 있는 일반인들을 위한 케어에 관한 기본적인 입문서로도 적합하다고 본다.

　이 책의 처음 의도는 이미 출판된 케어개론의 모든 책들을 능가할 수 있을 것으로 자신하였는데 세상에 내놓으려고 하니 부끄럽기 그지없다. 특히 여러 대학의 교수들 이 집필에 참석하여 각자의 장점을 최대한 살려서 좀 더 질 높은 책을 쓰려던 처음의 목표와 의도가 제대로 반영되었는지도 자신할 수 없다. 부족하지만 개정을 거듭하면 서 좀 더 좋은 내용으로 개선할 것을 약속하면서 독자들의 많은 질책과 충고를 바란다.

　끝으로 이 책의 출판에 아낌없는 성원과 정성을 쏟아주신 도서출판 나눔의집 사장 님을 비롯한 직원들에게 지면을 빌어 감사의 인사를 전한다.

2006년 2월
저자일동

차례 CONTENTS CONTENTS CONTENTS CONTENTS CONTENTS CONTENTS

케어복지의 개념과 구성

1장

제1장 케어복지의 개념과 구성

1. 케어(Care)의 개념

1) 케어의 개념

케어(Care)의 사전적 의미는 '배려, 돌봄, 보살핌, 보호 등'의 명사와, '걱정하다, 돌보다, 보살피다, 병구완을 하다, 간호하다'의 동사로 사용되고 있다. 따라서 케어를 'Care Work'로 표현하며, 치료라는 의미의 'Cure'와는 다른 의미로서 사용되고 오히려 치료보다는 수발이라는 의미가 더 강하다. 우리나라에서는 아직 사회복지 전문용어로 개념이 정착되지는 못했지만 그 내용과 기능은 '간병', '수발' 등과 유사한 개념으로 인식되고 있다.

Care가 보호나 수발이라는 의미로 사용되는 분야는 의료보호(Medical Care), 요양보호(Nursing Care), 건강보호(Health Care), 시설보호(Institution Care), 지역사회보호(Community Care), 재가보호(Home Care)와 주간보호(Day Care), 그리고 단기보호(Short Stay Care)가 있다(김병우, 2000: 18).

케어와 비슷한 개념의 용어로 사용되는 개호(介護)는 아직 우리에게는 생소하나 일본의 경우, 1987년 '사회복지사 및 개호복지사법'의 제정과 노인인구 증가로 사회복지실천현장에서 노인복지 전문용어로 사용할 만큼 익숙한 용어로 광범위하게 쓰이고 있다.

개호(介護)의 '介'는 '介入, 介在, 돕는다'라는 의미가 있고, '護'는 '지킨다, 돌본다, 주시한다'라는 의미를 지니며, 일상생활에서 신체적 · 정신적 · 사회적인 곤란에 처했을 경우 서로 원조한다는 상호부조의 의미도 내포되어 있다. 일본의 『사회복지사전』(1974)에 의하면 개호는 "질병, 상해 등으로 일상생활에 지장이 있는 경우 개조(介助: 거동하기 어려운 자에게 식사, 배설 등의 수발)하는 것과 일상생활의 원조(취사, 장보기, 세탁, 청소 등)를 제공하는 것"이라고 정의하고 있으며(이해영 · 안향림, 2000: 11 재인용), 『사회복지실천 기본용어사전』(1990)에서는 "개호서비스는 혼자서 행동할 수 없으며 일상생활에서 지장을 초래하는 사람에게 제공하는 서비스로 구체적으로는 식사서비스, 배설서비스, 청소서비스, 그리고 세탁서비스 등을 말한다. 이러한 서비스는 가정봉사원에 의해 가정에서 제공되는 경우와 요모(養母) 등이 주체가 되어 시설에서 제공되는 경우가 있다"라고 설명하고 있다.

中島紀惠子는, "개호라는 것은 건강이나 장애의 정도에 관계없이 의 · 식 · 주의 편리함에 관심을 두고 그 사람이 평상시에 획득해 오던 생활기법에 주목하여, 신변을 정리함에 있어서 보충하고 지원하는 활동"(장세철 외, 2000: 58)으로, 西村樣子는 "개호란 신체상 또는 정신상의 장애로 인하여 일상생활을 영위하는 데 지장이 있는 자에 대한 일상생활의 원조를 말한다. 클라이언트의 인간의 존엄성에 기초하여, 클라이언트와 케어자의 공동작업에 의하여 가능한 한 자립생활을 할 수 있도록 노력한다. 케어는 단순한 기계적 원조가 아니라 클라이언트의 지금까지의 생활양식을 가능한 한 바꾸지 않고 클라이언트가 자기실현을 할 수 있는 기능적 서비스이어야 한다"(이해영, 2000: 21)고 하였다.

이상에서 살펴본 바와 같이 케어와 개호는 그 개념에 있어 유사한 의미로 사용되고 있는데 이 글에서는 케어라는 용어로 통일하여 사용한다. 따라서 케어는 인간존엄의 이념을 바탕으로 도움이 필요한 클라이언트에게 케어에 대한 지식과 기술을 활용하여 클라이언트의 자립과 자기실현을 목표로 행하는 전문적 원조행위라고 정의할 수 있을 것이다.

2) 케어의 범위

앞에서 언급한 케어개념에 비추어 볼 때 케어의 내용은 광범위하고 그 범주 또한 다양하다.

협의의 케어는 케어자에게 제공하는 식사, 배설, 수면, 청결, 옷갈아입기, 안락한 체위확보, 이동동작의 케어 등이 포함되며, 좀 더 범위를 확대하면 욕창방지, 사고예방, 심신기능 저하 방지를 위한 운동, 레크리에이션, 종말기케어 등의 원조가 포함되며, 여기에는 간호와 중복되는 부분이 많다.

광의의 케어는 생활기능이 저하되고 일상생활의 영위가 어려워진 본인만이 아니라 주위사람들이 이를 도와 자립생활을 가능하도록 지원하는 것을 의미하며, 이러한 의미에서 케어복지라는 개념으로 이해되어야 한다(이해영 · 안향림, 2000: 13).

최광의의 케어는 다양한 문제에 직면한 사람들을 도와서 문제를 해결하고, 인간다운 생활을 영위하게 하는 모든 활동을 포괄적으로 말하는 것으로(강용규, 2003: 21), 의료서비스, 재활서비스, 주택개조, 케어매니지먼트 등의 재가서비스, 케어시설의 이용과 관련한 직접 · 간접적인 케어서비스 전반을 포함한다(이해영 · 안향림, 2000: 14).

[표 1-1] _ 케어의 활동내용

	활 동 내 용
협의의 케어	식사, 배설, 수면, 청결, 옷갈아입기, 안락한 체위확보, 이동, 욕창방지, 사고예방, 심신기능 저하방지, 레크리에이션, 호스피스
광의의 케어	자립생활이 가능하도록 원조하여 자아실현
최광의의 케어	제도적 서비스를 통한 '사회적 권리' 확보 (의료재활서비스, 주택개량, 재가복지서비스, 시설복지서비스)

※출처: 강용규, 『현대케어복지개론』, 2003.

3) 케어의 관점

케어의 내용을 살펴보면 케어와 유사한 개념인 간호, 수발, 원조라는 용어는 가정이나 사회복지시설, 병원 등에서 일상적으로 사용되며, 실제로 이와 같은 행위는 일상생활 가운데서 항상 일어나고 있는 것이다. 따라서 케어는 복지서비스의 본질적 기초라 해도 무방할 것이나 과학적 관점에서의 연구나 고찰이 부족하다고 하겠다.

　케어의 본질은 인간의 삶에 있어 인간다움의 추구와 자율적으로 생활할 수 있도록 지원하는 것이 되어야 한다. 이것이 케어의 궁극적인 과제이며, 그 기본은 일상생활 전체를 존중하는 데 있다고 할 수 있다. 따라서 케어는 다음과 같은 관점 유지가 필요하다(이해영 · 안향림, 2000: 16):

①케어는 인간을 부분적 · 분석적 존재로서가 아닌 인간 그 자체의 자립을 위한 원조라는 관점을 유지해야 한다. 케어는 클라이언트가 경험하는 단순한 특정장애에 대한 기능의 케어라기보다는 생명을 지닌 한 유기체로서의 인간이라는 관점에서 신체 · 심리 · 사회적 존재로서의 케어라는 관점이 필요하다.

②케어는 인격에 대한 원조이며 공감을 필요로 한다. 인간은 신체적 존재이며 동시에 정신적 존재이다. 케어는 단지 신체적 원조에만 국한되는 것은 아니다. 인간은 심신의 일체적 존재로서 누구나 정서적인 감정상태를 신체적으로 표현된다. 따라서 클라이언트와 케어서비스 제공자는 인격적인 공감을 통한 서비스가 제공될 때 효과성이 보장될 수 있음을 기억해야 한다.

③케어는 결코 신체적 원조만을 의미하지 않는다. 목욕케어는 신체적 케어이지만 클라이언트가 정신적인 청결감을 느끼고, 그로 인해 행복감을 느끼고, 인간다운 삶에 대한 의지를 부여하는 효과를 준다면 이 때 케어는 중요한 정신적 원조라고 할 수 있다.

④케어는 케어하는 사람과 케어받는 사람과의 상호 인격적인 관여이다. 케어는 케어를 원하는 클라이언트의 욕구와 인격에 대응하는 인격적 서비스이다. 심리적 배려는 물론 정신적 원조도 포함하는 중요한 복지원조의 한 형태이다. 따라서 클라이언트의 자기결정권을 존중하는 것이 중요하다. 자기결정권의 존중은 장애가 있는 사람에 대한 단순한 동정에서 나오는 것이 아니며, 기본적으로 인간의 존엄성을 이해하는 데서 시작되는 것이다.

⑤케어의 대상자로서 노인이나 장애인의 삶의 방식과 그들의 인생에 공감하려는 노력이 필요하다. 케어의 행위는 새로운 인생을 만나는 것이며 타인의 인생에 관

여하는 것이다. 케어받는 자를 이해하고 수용하기 위해서는 자신의 생각과 느끼는 방법을 어느 정도 변화시키지 않으면 안 된다. 케어받는 측의 정서적 안정과 장애에 대한 수용은 케어자와의 신뢰관계 속에서 이루어지는 것으로, 따라서 케어받는 측의 자기결정을 존중하고 그 결정에 따라야 한다.

이러한 의미에서 케어자는 새로운 세계를 발견하고 그것에 유연하게 대응하는 것이 필요하다. 더구나 케어는 장애의 상태가 계속되는 것으로 극히 장기적인 원조라는 점이 특징이며, 따라서 케어하는 동안 욕구도 변하고 케어의 내용도 변해야 하는 경우가 많음을 이해해야 한다.

2. 케어복지의 이해

1) 케어복지의 개념

산업화 이후 우리나라는 노인인구의 증가, 평균수명 연장으로 인한 고령화, 그리고 핵가족이 증가함에 따라 가족구조의 변화와 그에 따른 노인부양 문제가 심각하게 대두되었다. 이에 최근 '노인수발보험'을 도입하는 등의 사회적 노력 과정에서 노인케어에 대한 욕구가 의료 및 사회복지실천현장 등에서 부각되기 시작하였다.

케어복지(care work)라는 개념은 아직 사회복지 영역에서 보편적으로 사용되는 용어는 아니지만 장래 케어서비스에 대한 사회적 욕구의 증가로 케어복지에 대한 인식은 점점 증가할 것으로 예상된다.

케어는 앞서 살펴본 바와 같이 신변자립이 곤란한 사람에게 기본적인 생활의 욕구 충족을 위한 행위를 돌보는 구체적인 신변케어활동으로 클라이언트에게 인간이 살아가는 데 필요한 일상생활의 편의를 제공하는 원조행위(장세철 외, 2000: 17)라는 단순한 원조나 수발의 개념이 아닌 신체적·심리적·사회적 각 수준에 미치는 개념으로 인식하고, 특히 복지의 전문성, 즉 지식, 기술, 가치의 실천이라는 현장을 통해 전개되는 활동(이해영, 2000: 22)이라 할 수 있다. 그리하여 케어복지는 대상자의 생활 전체에 관심을 갖고 그의 사회적 기능과 사회관계 안에서 가능한 자립생활을 목표로 하는 일련의 신체적 · 심리적 · 사회적 도움을 제공하는 인적 서비스(장세철 외, 2000: 18 재인용)라 할 수 있다. 따라서 '케어'라는 용어는 단순한 케어기술을 목표로 하는 것이 아니라 '케어복지'라고 하는 적극적 의미를 내포하고 있다.

그러므로 케어복지는 클라이언트에 대한 신변케어를 기반으로 클라이언트의 생활 전체에 대한 신체적 · 정신적 · 사회적 제조건을 개선하여 클라이언트가 자립적인 생활을 영위할 수 있도록 돕는 전문적이고 구체적인 생활지원활동의 총체로 개념을 규정할 수 있다.

2) 사회복지와 케어복지

사회복지체계 내에서 케어복지의 위치와 개념설정에 대해서는 명확한 합의를 도출해내고 있지는 않은 상태이다. 이러한 현상은 비단 우리나라뿐만 아니라 비교적 개호서비스가 활발히 제공되고 있는 일본에서도 비슷한 실정에 있다.

그러나 신변원조활동을 매개로 하는 케어실천은 광의의 사회복지실천의 일부분으로 인식되는 측면이 있다. 이 경우 과거의 사회복지실천이 담당해온 기술과 오늘날 케어실천이 요구해온 것과 비교하자면 전문직으로서 사회복지사가 가지는 가치, 논리, 지식, 방법, 기능, 시각에는 공통적인 것이 있다. 사회복지사는 클라이언트의 생활의 전체성과 계속성에 깊은 관심을 보이면서 그것과 직접 · 간접적으로 관계되는 시스템과의 관계가 원활하게 기능하도록 스스로가 기능하게 될 장소의 특성을 고려하면서 때로는 그 제약을 극복하고 클라이언트의 생활욕구를 충족시킬 수 있도록 창조성을 발휘하는 것이다. 이런 의미에서 케어실천자는 포괄적인 사회복지실천을 기반으로 의료, 공적 복지행정, 시설, 보육, 개호라는 구체적이고 특수한 분야에서 좀 더 전문화된 방법, 기술을 이용하여 개입한다는 방식이 타당하다(장세철 외, 2000: 19-20 재인용)는 것이다.

따라서 케어복지는 사회복지의 한 방법으로서 사회복지의 가치와 그 가치에 기초한 사회복지의 원조활동을 기반으로 하는 실천기술을 공통적으로 습득해야 하며 이를 기반으로 각각의 전문성을 발휘하고 발전시켜 실천활동을 전개하는 것이다. 사회복지는 사회서비스 분야에서 사회자원이나 제도를 개발하고 활용하여 클라이언트의 사회적 · 심리적 측면을, 케어복지는 일상생활 동작을 중심으로 한 케어서비스 분야에서 케어기술을 중심으로 하는 전문원조기술을 통해 주로 클라이언트의 신체적 · 심리적 측면을 원조하는 것이라 할 수 있다.

3) 사회복지와 간호

사회복지실천 체계에서 케어실천이 가지는 특성은 요양상의 의료적인 영역에서 간호와의 관계를 간과할 수 없다는 것이다. 신변케어활동을 중심으로 이루어지는 케어는 간호와 유사하며 기본간호기술을 필요로 한다. 따라서 케어복지서비스와 간호서비스와의 관계를 이해하는 것은 반드시 필요하다고 하겠다.

사회복지는 주로 심리적 · 사회적 원조와 상담을 통해, 혹은 자원제공과 연계를 통해 자립을 추구하고, 케어에 관한 기술을 이용하여 주로 신체적 측면을 직접 원조하며, 아울러 심리적 · 사회적 측면의 원조를 한다.

이에 비해 케어는 일상생활의 원조를 통한 일상생활의 자립을 목적으로 하는 한편, 간호는 의료영역으로 병의 치료가 목적이고 간접적으로 일상생활원조에 관여함으로써 병원은 간호영역, 노인요양원은 케어영역이 더 크게 작용한다고 할 수 있다.

병원에서는 급성기의 환자를 대상으로 의료적 치료에 비중을 두며, 환자에 대한 신변보살핌은 간호영역에 포함되지만 환자의 질병이 만성적인 상태인 경우 환자의 욕구에 대한 대응은 사회복지영역에서 케어인력에 의한 생활원조에 더 큰 비중을 두게 될 것이다.

[그림 1-1] _ 질병과 장소로 구분한 간호와 케어의 영역

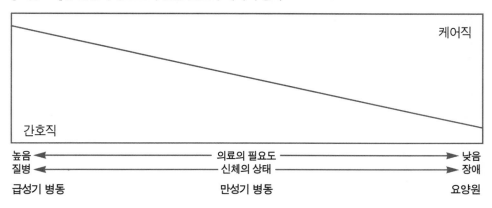

4) 케어복지의 특성과 기본원칙

(1) 케어복지의 특성

케어복지의 적용현장은 일상생활의 장(場)이며, 그 대상은 바로 생활현장에서 생활하고 있는 생활자다. 따라서 케어복지는 생활현장에서 일상적, 반복적, 지속적, 그리고 개별적으로 서비스를 제공하여야 한다(김병우, 2000: 29-31).

① 일상성(一常性)

클라이언트의 일상생활에서 나타나는 행동장애를 원조하는 데 케어의 목적이 있다. 일상생활에서의 장애란 생존에 필요한 기초동작에서의 장애를 말하며 식사동작, 배변 및 배뇨동작, 보행동작, 옷입기 동작, 언어동작 등을 말한다. 이러한 동작들은 생존을 위해 반드시 매일 매일 수행하여야 할 필수동작들이다.

일상생활을 영위하는 데 있어 필요한 또 다른 부분이 있다면 그것은 기본적 활동이다. 물론 이러한 기본적 활동은 인간의 생존과는 무관하지만 인간다운 생활을 위해서는 매우 중요한 부분이다. 여기에서 기본적 활동이란 외출, 동년배의 만남, 취미활동, 종교활동 등이다. 케어복지는 이러한 일상생활에서 필요한 기초적인 동작(action)과 기본적인 활동(activity)에 관여한다. 이러한 기초동작과 기본활동은 일상적으로 이루어질 수 있어야 한다.

② 반복성(反復性)

일상생활에서 기초동작과 기본활동은 늘 반복적으로 일어난다. 특히 기본동작, 즉 먹고 배설하고 거동하는 동작들은 생존을 위해 반복적으로 수행되는 생존동작이다. 만일 이러한 동작들을 노인 스스로의 힘으로 수행할 수 없다면 보편적인 삶을 누리도록 하기 위해 누군가가 도와야 한다. 반복동작은 생존을 위한 필수동작이다. 먹고 마시고 배변하고 누군가와 의사소통하고 움직일 수 있는 모든 것들이 반복적으로 이루어져야 한다.

③ 지속성(持續性)

일상생활에서의 기본이 되는 동작들은 죽음에 임하는 순간까지 지속되어야 한다.

잠시라도 동작들을 멈출 수는 없기 때문이다. 케어복지서비스는 이러한 기본동작들이 일생의 마지막 순간까지 지속되도록 돕는다. 일상생활의 기본동작들이 원활하게 지속될 때 바람직한 삶은 영위될 수 있다.

④ 개별성(個別性)

인간은 개별적 존재다. 그러므로 케어서비스도 클라이언트의 입장을 고려하여 제공되어야 한다. 클라이언트의 개인적 특성을 고려하지 않는 상황에서 서비스가 제공된다면 개인의 개별성은 무시될 수 있다. 나타나는 증상이 같다 하더라도 노인의 처지에 따라 도와야 할 내용은 다를 수 있기 때문이다.

(2) 케어복지의 기본원칙

케어복지란 클라이언트의 생활력 상실의 원인이 되는 부분을 도와 보편적인 활동력을 가질 수 있도록 사람이 사람을 돕는 일이기 때문에 서비스 질은 케어복지사에 따라 좌우된다는 특징이 있다. 양질의 케어서비스란 케어복지사가 가진 케어복지서비스에 대한 지식과 기술에도 영향을 받지만 케어복지사가 서비스 대상자에게 어떻게 관련하는가 하는 원조자로서의 가치관이나 태도에 더 큰 영향을 받는다고 할 수 있다. 따라서 케어복지서비스 과정에서 케어복지사는 다음과 같은 점들을 유념할 필요가 있다. 케어과정의 기본 원칙은 다음과 같다.

① 개개의 생활습관이나 문화, 가치관의 존중

인간의 생활영위는 태어나서 자란 환경 가운데서 몸에 익힌 문화나 습관의 영향을 받아 이루어진다. 그렇기 때문에 생활방식이나 방법은 개개인이 다른 것이다. 타인의 관점에서 불합리하게 생각되는 방법이라도 본인에게 있어서는 지금까지의 습관에서 형성된 지극히 합리적인 것이다.

스스로의 가치관이나 문화배경, 생활습관 가운데서 선택되어 온 방법은 케어복지사라고 해도 제멋대로 수정하는 일이 허용되지 않는다. 만일에 그와 같은 일이 있으면 대상자는 자신의 주체성이 무시되었거나 경시되었다고 받아들이고 불쾌하게 생각할 것이다. 서비스 대상자는 케어복지사의 그와 같은 태도에 불신감을 품게 된다. 일을 진행시켜 가기 위해 필요한 신뢰관계를 손상시키는 것이 된다(양점도 외, 2003: 28-29).

② 인간의 존엄성과 개별화

모든 인간은 기회에 있어서 공평해야 하며, 그의 조건—재산, 종교, 인종, 지역적 연고, 학력, 재산, 가문, 기능, 질병 등에 관계없이 존중되어야 한다. 인간의 존엄성에 바탕을 둔 개별화란 클라이언트의 감정, 사고(思考), 행동, 생활양식, 경험, 가치관, 의식 등은 각기 존중되어야 할 권리가 있음을 의미한다. 케어복지사는 특정 상태에 처해있는 클라이언트에 대하여 편견과 선입견에서 탈피해야 한다. 편견과 선입견은 케어복지사로 하여금 클라이언트의 문제, 경험, 의식, 가치관에 대하여 주관적으로 판단하게 하고 클라이언트의 존엄성을 존중하지 않게 하는 등 객관적인 개입을 불가능하게 한다.

따라서 케어복지사는 항상 상대주의적인 사고를 가져야 하며, 다양성과 다원주의에 입각한 개방적인 자세와 의식을 가져야 한다(강용규, 2003: 57).

③ 생활의 자립성 확대를 꾀할 것

일상생활을 원조하는 경우에 무엇이든 도와주는 것은 결코 클라이언트를 위한 것이 아니다. 그것은 친절한 태도처럼 보여도 결국은 클라이언트의 자립성이나 본인이 가질 수 있는 능력까지도 잘라버리는 것이 되기 쉽다. 필요 이상의 도움은 클라이언트에게 결코 유익하지 않다.

서비스를 제공할 때에 중요한 것은 먼저, 어디까지 클라이언트가 스스로 할 수 있는가를 확인하는 일이다. 클라이언트의 능력을 다른 직종과 상담하고 나서 올바르게 파악하여 능력을 최대한으로 살릴 수 있는 방법을 선택하는 일이 중요하다.

또한 생활의 자립도를 높이기 위해 장애에 대응하는 용구나 기구를 활용하여 자립할 수 있는 환경을 정비해 주는 일도 중요하다.

④ 안전을 지키고 상대에게 위해를 주지 않을 것

서비스를 제공한다는 것은 클라이언트의 생활의 자립을 촉진하고, 쾌적하게 지낼 수 있도록 원조하는 작업이지만 그 과정에서 위해를 가할 가능성을 가지고 있다. 가령 아동을 돕다가 넘어뜨린다거나 식사를 돕는다고 과식하게 한다든가 목욕할 때 잘못하여 화상을 입게 하는 등, 클라이언트를 돕는다는 것이 역으로 위해를 끼쳐 버린다면 중대한 과실을 범한 것이 된다. 그렇기 때문에 안전에 유의해서 원조해 준다는 것은 케어복지사로서 지키지 않으면 안 되는 직무라고 할 수 있다.

⑤ 자기결정권의 존중

인간은 주체성과 의사를 가진 존재이다. 자신의 행동은 자기 스스로가 선택하는 것이 본래의 모습이라고 할 수 있겠다. 클라이언트 자신의 복지에 영향을 미치는 어떠한 결정도 자신의 선택에 의하여 이루어져야 한다. 즉, 서비스에 대한 선택권이 클라이언트에게 주어져야 한다는 것이다. 클라이언트의 자기결정권을 보장하기 위해서는 클라이언트의 장점과 잠재적인 능력을 인정해야 한다. 치매노인이나 장애노인의 경우 노인에게 선택권을 부여할 경우 잘못된 결과가 나타날 수 있다는 판단으로 케어복지사가 주도적으로 문제에 개입하여 해결하려는 경향이 보일 수 있는데, 이러한 태도는 클라이언트의 의존성을 심화시킬 뿐만 아니라 수동적인 면을 조장하여 오히려 역기능을 수반하게 된다.

따라서 클라이언트의 자기결정은 케어복지사가 클라이언트를 위해 무엇을 해 주는 것이 아니라 클라이언트와 함께 문제를 해결해 나간다는 것을 의미하므로, 케어복지사는 협력자일 뿐 주도자가 아니라는 점을 명심해야 한다(강용규, 2003: 57).

⑥ 전문성의 원칙

케어는 전문적인 교육과 훈련을 받은 케어복지사에 의해 실시되어야 하는 전문적인 지식과 기술을 바탕으로 하는 서비스이다. 케어복지사는 단순히 신변케어만을 전담하는 것이 아니라 사회복지사, 물리치료사, 직업치료사, 심리치료사, 영양사, 의사, 간호사 등의 전문직과 전문적인 관계설정을 통한 케어계획의 조정자(coordinator)라는 점을 상기해야 한다. 설정된 목표를 향해 지속성을 유지할 수 있는 사람만이 전문가이며, 전문가에 의해서 과학적인 계획이 수립되고 체계적인 서비스가 제공되는 것이다(강용규, 2003: 57).

5) 케어복지사의 업무

앞에서 정의한 케어와 케어복지에 근거하여 케어를 서비스하거나 케어 원조를 제공하는 사람을 케어자, 케어서비스 제공자, 케어복지사, 케어서비스 원조자 등으로 다양하게 지칭하고 있는 실정을 고려하여, 이 책에서는 경우에 따라 케어자 또는 케어복지사로 사용한다.

케어복지사가 행하는 케어행위는 '생활에 관한 체계적 이론을 가지고 사회복지직으로서의 윤리성과 과학성을 기축으로 하는 실천행위'로 복지의 실현을 목적으로 하는 제 활동이며 이러한 면은 간호직 등의 타직종에 의한 케어업무나 자원봉사자에 의한 케어활동, 더구나 가족에 의한 케어와는 명확히 구별되는 근거가 된다. 따라서 케어복지사에게 주어진 업무는 단순히 케어에 관련한 업무수행만이 아니라 사회복지의 증진을 목표로 한 케어복지활동의 일환으로 케어업무의 수행과 케어기술의 지도업무, 그리고 복지전문직의 입장에서의 의료관계자와 제휴에 관한 업무로 구성된다. 케어복지사에게 요구되고 있는 주요 업무는 [표 1-2]와 같다.

[표 1-2] _ 케어복지사의 주요 업무

업 무 내 역	과 업
신변케어	건강상태 관찰, 식사, 배설, 입욕원조, 신체의 청결, 의복, 수면, 욕창예방, 진찰, 약복용 원조, 보행, 이동원조
생활(가사)케어	외출원조, 의사소통, 거실 정리, 인간관계 조정, 잡일 처리
케어기술 지도	가족에 대한 지도, 케어강습, 방문지도, 실습생 지도
교육, 오락	연수 프로그램 작성 및 실시, 레크리에이션 계획 작성 및 실시, 제작활동지도
연락, 조정업무	시설 내 직원과의 연락 · 조정, 시설 외 관계직과의 연락 · 조정, 의사와 연락
연수업무	수퍼비전, 회의, 연수 프로그램의 참가, 연구활동
문서업무	일지 기재, 기타 기록(식사 · 배설 등), 기록의 활동, 개별기록, 일지 및 제 기록의 보존과 관리

※출처: 이해영, 『케어복지론』, 2000.

3. 케어복지실천의 구성

1) 케어복지의 구조

케어복지실천은 사회복지실천의 한 영역으로서, 시설이나 가정에서 사회생활을

[그림 1-2] _ 케어복지실천의 기본적 구조

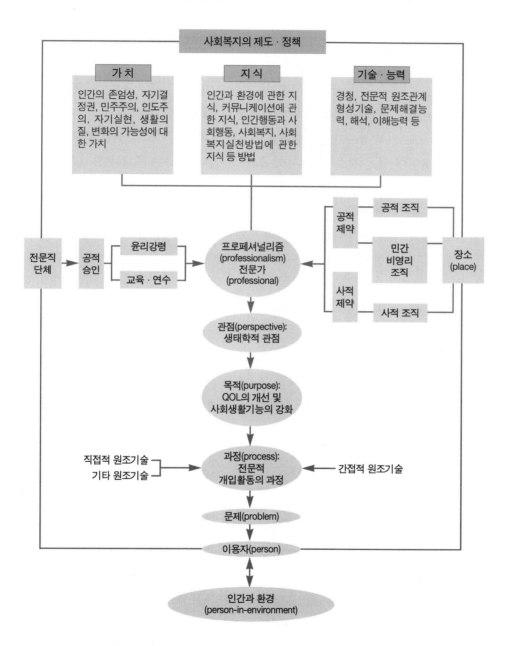

※출처: 이해영, 『케어복지론』, 2000: 27.

영위하는 데에 신체적 요인, 정신적 요인, 사회 · 경제 · 문화적 요인에 의하여 주로 케어에 관련된 생활과제에 직면한 개인 및 가족에 대해 케어복지사가 전문적 지식과 기술을 갖고 활동하는 원조기술이라고 정의할 수 있다. 따라서 케어복지실천의 구조는 [그림 1-2]와 다음과 같이 8P로 설명할 수 있다(이해영, 2000: 25-26 재인용):

① 사람(person): 케어복지서비스의 대상자를 말한다.
② 문제(problem): 대상자가 일상생황을 영위하는 데 장애가 되고 있는 것 또는 장애가 될 위험이 있는 것을 말한다. 케어복지사가 관여하는 문제는 신체적 · 심리적 · 사회적 측면이며, 여기에서 대상자가 일상생활을 영위하는 데 장애라고 느끼는 다양한 문제이다.
③ 장소(place): 넓은 의미에서는 인간의 복지에 공헌하는 공적 · 사적 기관이나 시설을 의미하지만 좁은 의미에서는 케어복지사가 속한 사회복지시설이나 기관을 의미한다.
④ 과정(process): 케어의 가치와 지식, 기술을 겸비한 케어복지사와 사회관계를 맺고, 어떤 원조를 받을 필요가 있는 대상자와의 전문적이고 목적적인 개입의 과정이다.
⑤ 목적(purpose): 대상자의 생활의 질을 개선하고 직면하고 있는 문제를 해결해가는 것이며, 가능한 한 대상자의 주체성과 자립성을 도모하면서 일상생활을 원조하는 것을 목적으로 한다.
⑥ 관점(perspective): 생태학적 시스템의 관점에서 전체적으로 파악한다. 미시적 · 거시적 측면과도 관련해서 파악해야 하며, 이러한 관점을 포함한 라이프 모델로부터의 케어실천기술의 전개도 필요하다.
⑦ 전문가(professional): 케어복지사의 원조활동에는 전문적 자질, 태도, 행위 등 전문가로서 맞는 행동과 적절한 목적 및 높은 질을 필요로 한다.
⑧ 인간과 환경(person-in-environment): 케어서비스의 대상자인 인간은 환경과 분리할 수 없으며 환경의 영향으로 행동도 변한다. 반대로 대상자가 환경에 영향을 미쳐 스스로 편한 환경으로 바꾸기도 한다. 환경에는 대상자의 가족, 직원 등도 포함되며, 그 외에 생물학적 · 생리적 · 사회문화적 · 자연적 환경 등 모든 환경이 포함된다.

2) 케어복지서비스의 대상자

케어복지서비스의 대상자는 포괄적으로 '신변자립의 곤란으로 기본적인 생활의 욕구충족을 위한 행위에 어떤 형태로든 지장을 초래하는 사람'이지만 구체적인 대상은 위의 상황으로 인하여 자립생활을 영위함에 있어 타인의 도움을 필요로 하는 장애인, 난치병자, 치매·중풍·허약노인 및 그 가족구성원이 될 것이다. 케어실천의 특수성 중 하나는 신변을 정리할 수 있는 생활기법을 스스로 사용할 수 있는 자립능력에 초점을 두고 원조하는 것이며, 인간의 성장 발달과정에 초점을 두는 것이 아니다. 따라서, 청년기 이후가 주 대상이 되며 보육과 양육에 관계하는 전문직이 별도로 있는 아동의 경우는 케어의 직접대상은 아니다(이해영, 2000: 29).

원조 대상인 대상자에 대한 기본적 인간관은 첫째, 대상자가 케어종사자와 만나기 이전이나 현재, 그리고 장래에도 생활하는 인간이며 이미 생활의 기술을 생활습관으로 획득했음에도 불구하고 충분히 사용할 수 없는 제 조건을 갖고 있는 인간이라는 인식이다. 둘째는 인간의 생활기술의 획득은 신체의 성장·발달단계와 장애, 질병수준과 관련하지만 대상자는 지금까지 획득해 온 기술을 사용할 수 있는 생활력을 갖고 있으며 개성적으로 살고 있는 인간이며 장래에도 그와 같이 꿋꿋하게 살아갈 수 있는 인간이라는 인식이다.

3) 케어서비스의 제공자

케어는 어떠한 장애나 제한으로 인하여 그 사람이 일상적으로 살아온 자립적인 생활에 영향을 미치는 일상생활의 제 장애를 보충·지원하는 것으로, 케어서비스는 케어제공자에 의해 제공되는 서비스의 총체라 할 수 있을 것이다. 따라서 케어자(케어복지사)는 클라이언트가 경험하는 일상생활에서 자립하여 스스로 보통의 생활을 유지하도록 보충하는 역할을 담당하는 것이다.

따라서 케어자는 클라이언트를 다양한 측면에서 원조하여 클라이언트 자신이 장애를 바르게 인식하고 사실로서 받아들이고 또한 새로운 생활을 개척하려는 의욕과 생활능력을 획득하도록 조성하는 원조가 필요하다.

이러한 케어복지실천에 있어 케어서비스의 제공자는 케어복지사를 중심으로 하여

가족, 자원봉사자 및 기타 인적 자원 등의 보조적인 역할을 수행하게 될 것이다. 일방
적이고 기계적인 케어가 되지 않기 위해서는 다음과 같은 케어자세가 요구된다(이해
영, 2000: 30).

① 상호 주체성을 중시한 상호 원조관계가 되어야 한다.
② 원조에는 한계가 있어도 그 원조방법은 숙련과 발전을 기대할 수 있고 여기에는
   한계가 없다.
③ 자기통찰이 필요하다. 감성의 연마를 통해 상호 이해가 가능하다. 원조는 이 정
   도로 좋다는 것은 없으며, 자기만족으로 끝내지 말고 항상 배려와 인내 그리고
   반성하는 자세가 필요하다.
④ 사람을 물건처럼 다루는 기계적인 원조가 되어서는 안 된다.
⑤ 공통의 가치기준을 갖는 것이 필요하다.
⑥ 원조활동에는 대상자의 자조라는 점을 포함시키지 않으면 안 된다.
⑦ 원조활동은 어디까지나 일상생활과 밀착되어 있어야 하며, 대상자의 삶의 방식
   과 보람을 고려한 것이어야 한다.

4) 케어복지실천의 장면

케어서비스가 이루어지는 곳은 크게 가정(재택케어)과 시설(시설케어)로 나눌 수
있다. 케어서비스 장면의 선택은 클라이언트와 그 가족들의 상황, 생활환경 등에 대한
평가를 고려하여 신중하게 결정되어야 한다.

케어실천은 클라이언트와 그 가족이 지향하는 목표에 비추어 이루어져야 하며 가
정과 시설에서의 서비스 기능과 역할, 제공되는 프로그램이 다르기 때문에 가정케어
와 시설케어가 갖는 각각의 특성을 이해해야만 한다.

(1) 가정케어

가정케어는 대상자가 자신의 가정에서 일상생활을 영위할 수 있도록 그 욕구에 따
라 서비스의 양과 정도가 제공된다. 대상자는 생활공간인 가정에서 가정봉사서비스
와 주간보호서비스, 단기보호서비스 등을 통하여 요보호자의 일상생활능력의 개선,

생활의 질 향상을 목표로 대상자의 자립을 지지하고, 요보호자 가정의 가족부양기능 유지를 강화하는 사회적 케어의 성격을 띤다(장세철 외, 2002: 54). 가정케어의 목표는 가족간의 의사소통을 원활히 하고 일상적인 삶을 가능케 하며 대상자와 가족들의 삶의 질을 증진하는 데 있다.

(2) 시설케어

시설케어는 대상자의 삶의 질적 수준을 향상시키며 대상자의 포괄적인 욕구해결에 필요한 관련서비스와 프로그램을 제공하는 케어서비스를 의미하며, 생활지원의 장으로서 대상자에게 편익을 제공하는 사회적인 생활시설임과 동시에 장애에 대한 치료·훈련 등 전문적인 자립원조가 제공되는 사회적 자원이기도 하다.

시설케어는 다양한 욕구를 지닌 대상자로 구성되며, 케어공동체를 형성하기 위해서는 가정과 같은 편안함을 제공하여야 하며, 가정 및 사회로의 복귀를 목표로 한다는 인식이 필요하다.

[표 1-3] _ 가정케어와 시설케어의 비교

구 분	가정케어	시설케어
장소	가정	생활시설
대상	케어대상자와 가족	케어대상자
서비스 제공자	케어복지사, 방문간호사	케어복지사와 전문직원
서비스 유형	일반적 서비스	종합적 서비스
서비스의 질	유동적	고정적
공간적 특성	폐쇄적	개방적
의사소통	케어대상자와 가족신뢰관계 우선	케어대상자와 케어복지사

※출처: 강용규, 『현대케어복지개론』, 2003.

5) 케어복지실천의 과정

케어의 실천과정은 클라이언트가 직면한 문제를 체계적으로 해결하기 위하여 해결방법을 계획, 실시 및 평가의 과정으로서 다음과 같이 4단계로 나눌 수 있다(한국케어복지협회, 2000: 20-27).

(1) 문제의 사전평가

사전평가는 '적절한 자료를 의도적으로 수집하고 그 자료를 해석하는 것'으로 대상자에 대한 정보를 수집하고 정보자료를 정리 · 분석하여 케어의 문제를 명확히 하는 단계이다. 대상자를 충분히 이해하기 위해 대상자가 가지고 있는 문제(욕구)를 개별적으로 인식하고 정확히 파악하는 것이 필요하다.

사전평가는 의사소통 및 관찰을 활용하여 케어실천에서 생길 수 있는 문제와 여러 가지 상황을 다양한 각도에서 과학적으로 분석하는 것이 중심적인 과업이다. 따라서 관계자로부터 폭넓게 자료를 수집하여 대상자의 전체 상황을 파악하고, 대응해야 할 문제를 규명하는 것이 요구된다.

정보수집의 내용은 신체면, 정신면, 사회면 이외에 일상생활의 측면 등 인간이 갖는 다양한 측면에 대한 정보가 필요하다.

(2) 케어 계획의 수립

케어실천의 구체적 과정으로 현실적인 방침과 목표를 세워 달성 가능한 계획을 수립하는 단계이며 케어를 실천해가는 데 아주 중요한 단계이다. 여기에서는 문제의 우선순위를 결정하고 목표를 설정하여 해결책을 세운다.

(3) 케어 실시

케어 실시는 수립된 케어 계획을 구체적 · 현실적으로 실행하는 단계이다. 케어의 실시는 대상자가 안전하고 안락하도록 충분히 배려한 가운데 적절한 기술이 실천되어야 한다. 대상자가 갖고 있는 힘을 충분히 활용할 수 있도록 효과적으로 실시한다. 이를 위해서는 매일 매일 대상자의 표정과 행동에 유의하고 늘 관찰에 주의를 기울여야 한다.

결정된 케어계획은 각자의 책임에 따라 실행되어야 한다. 케어는 팀워크가 요구되는 과업이 많기 때문에 팀 전체의 의견이 존중되어야 한다. 계획의 효과성에 대해서는 실시해 보지 않고서는 결과를 알 수 없기 때문이다. 실시한 케어행위에 대해서는 기록을 남긴다. 계획의 평가항목과 포인트 등을 미리 결정해 두면 통일된 관찰을 할 수 있고 평가에 도움이 된다.

(4) 평가

평가는 케어행위의 효과에 대해 자신이 행한 것을 돌이켜 보고 종합적으로 판단을 내리는 단계이다. 그리고 원조를 통하여 상대가 어떻게 변화되었는지 확인하는 단계이다. 입안된 케어계획에 기초하여 실천한 케어 행위는 평가되어야 하고, 필요한 경우 수정되고 변경되어야 한다.

[그림 1-3] _ 케어실천의 과정

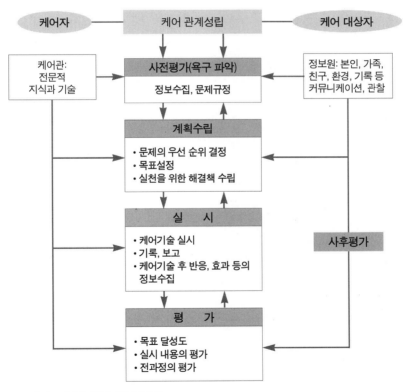

※출처: 한국케어복지협회, 『케어기술론』, 2000.

케어복지의 이념과 윤리

2장

제2장 케어복지의 이념과 윤리

1. 케어복지의 기본이념

케어서비스 대상자에 대하여 다양한 케어서비스가 제공되고 있지만, 케어서비스의 실천은 기본적으로 공통된 이념을 바탕으로 하고 있다. 무엇보다도 케어의 대상자는 주로 노인 · 장애인으로서 자력으로 일상생활에 어려움이 있어 전문가에 의한 직 · 간접적인 지원을 필요로 하고 있다. 케어는 이들의 일상생활을 돕는 것이기 때문에 케어의 실천과정은 대상자의 생명의 존엄성과 생활권을 지켜야 하는 것이 기본이다. 실제로 대한민국 헌법[1]이나 노인복지법[2], 장애인복지법[3] 등에는 대상자의 권리 및

---

1) 헌법 제34조에서는 "모든 인간은 인간다운 생활을 할 권리를 가진다"라고 규정하고 있다.
2) 노인복지법 제2조(기본이념)에서는, "① 노인은 후손의 양육과 국가 및 사회의 발전에 기여하여 온 자로서 존경받으며 건전하고 안정된 생활을 보장받는다. ② 노인은 그 능력에 따라 적당한 일에 종사하고 사회적 활동에 참여할 기회를 보장받는다. ③ 노인은 노령에 따르는 심신의 변화를 자각하여 항상 심신의 건강을 유지하고 그 지식과 경험을 활용하여 사회의 발전에 기여하도록 노력하여야 한다."고 규정하고 있다.
3) 장애인복지법에서는 제3조(기본이념), "장애인의 기본이념은 장애인의 완전한 사회참여와 평등을 통

기본적 이념을 구체화한 조항이 있으며, 이 이념들은 케어복지에서도 기본적으로 존중되어야 한다.

이러한 노인 · 장애인 등 관련법에서 볼 수 있는 권리와 이념에 근거하여 케어실천에 있어 항상 염두에 두어야 할 케어복지의 기본이념을 요약하면 다음과 같다(西村洋子, 2002).

1) 기본적 인권의 존중

대상자의 인권, 특히 인격권에 대한 분명한 인식을 갖고 대상자에 대해 존엄을 지닌 인간으로서 항상 존경의 태도를 잃지 말아야 한다.

노인은 일생 동안 사회 및 가정생활을 위해 헌신해 온 자로서 존경받아야 하며, 지금까지의 풍부한 경험에 근거한 지혜와 지식, 기술 등을 사회를 위해 활용할 수 있는 능력을 갖고 있다. 그러나 노화로 인해 일상생활을 영위할 능력이 저하되고 외출, 조리, 목욕, 인지 등이 곤란하게 되어 타인의 원조를 받게 되는 것이다. 하지만 이들도 존엄한 인간으로서 케어되어야 하며 케어과정에서 노인의 자존심, 수치심 등의 감정을 충분히 이해하는 원조가 이루어져야 한다.

의사소통이 곤란한 치매성 노인이나 정신, 정신지체 장애인 등에 대해 일방적으로 행동을 구속하거나, 신체적 · 정신적 학대가 일어나는 경우가 있는데, 이는 대상자의 인간다운 존엄 및 인권을 무시한 행위로서 케어종사자로서는 해서는 안 되는 일이다. 케어서비스 제공자는 상대방의 입장에 서서 검토하고 케어방법을 강구해야 한다. 케어자는 신체적 · 정신적 장애 때문에 생활자로서의 약자의 입장에 있는 사람을 수용하고 좋은 대인원조관계를 유지할 수 있는 전문적 능력이 필요하다.

헌법 제10조에서 "모든 국민은 인간으로서의 존엄과 가치를 가지며, 행복을 추구할 권리를 가진다"라고 하였듯이, 케어실천 과정에서 인간으로서의 존엄과 기본적 인권은 반드시 지켜야 하며 결코 차별되어서는 안 된다. 케어서비스의 대상자는 존엄과 인권이 무시당하기 쉬운 약자이기 때문에 항상 주의를 기울여야 한다.

한 사회통합을 이루는 데 있다." 와 제4조(장애인의 권리), "① 장애인은 인간으로서의 존엄과 가치를 존중받으며, 이에 상응하는 처우를 받는다. ② 장애인은 국가 · 사회의 구성원으로서 정치 · 경제 · 사회 · 문화 기타 모든 분야의 활동에 참여할 권리가 있다." 고 규정하고 있다.

2) 자립생활의 지원

인간은 스스로가 개별성을 가진 존재로서 각기 다른 각자의 개성으로 살아가고 있다. 개개인마다 고유의 개성을 가지고 있으며 욕구나 생각도 다르고 생활양식도 다르다. 즉 인간은 일상의 습관이나 생활방식, 복장, 취미 등 그 사람 나름의 삶의 방식을 가지고 있으며 자유롭게 자신다운 삶을 살 수 있을 때에 만족감을 갖게 된다. 케어의 대상인 노인 및 장애인은 각자의 개별성을 갖고 생활을 영위하기를 원하며, 이것을 지원하는 것이 자립생활의 지원이다.

자립생활운동은 장애인, 특히 일상생활에 케어를 필요로 하는 중증 장애인이 지역사회에서 생활주체자로서 일상생활을 향유할 수 있는 기반을 만드는 것을 목적으로 하는 운동으로, 미국에서는 1970년 초부터 시작하여 크게 발전하였다. 자립생활에 대해서는 다음과 같이 정의하고 있다. "의사결정이나 일상생활에 있어 타인의 의존을 최소한으로 하고 스스로의 선택에 기초한 자신의 생활을 조정하는 것이며, 자신의 일을 스스로 해결하는 것이고 일상적인 지역사회 생활에 참가하는 것이며 일정한 범위에서 사회적 역할을 수행하는 것이고, 스스로 의사결정하는 데 있어 타인에 대한 심리적 혹은 신체적 의존을 최소한으로 하기 위해 결의하는 것 등을 포함한다. 여기서 자립이라고 하는 것은 한사람 한사람마다 개별적으로 정의하지 않으면 안 되는 상대적 개념이다."라고 하였다. 즉, 자립이란 일상생활을 자력으로 영위하는 것만이 아니라 심리적으로 타인에게 의존하는 것에서 벗어나 스스로 의사결정을 하고 가능한 한 사회에서 어떠한 역할을 가지고 활동하는 것을 말한다.

대상자는 신체적 혹은 정신적 장애를 가지고 있기 때문에 일상생활이나 사회생활을 장애가 없는 사람과 똑같이 수행하기는 어려우며 가족, 가정봉사원, 자원봉사자들의 원조를 필요로 하는 경우가 많다. 이 경우 자기의 주체적 결정에 의해 타인으로부터 원조를 받는 것이 자기결정이며, 사회서비스에 접근할 수 있는 능력과 수단이 있다면 계약에 의해 서비스를 이용하는 것이 가능하고 자립한 생활을 영위할 수 있다.

대상자의 장애 상태에 따라 자립생활을 위한 원조방법이 다르기 때문에 케어종사자는 대상자의 일상생활의 상태를 정확히 파악하고 동시에 대상자의 자기결정을 존중한 케어를 해야 한다. 또 사회적 서비스의 접근이 가능하도록 적절한 정보를 제공하고 경우에 따라서는 케어종사자가 대상자를 대신하여 계약을 돕거나, 대상자의 자기

표현을 돕는 것도 매우 중요하다.

자립생활에는 타인의 원조도 필요하지만, 주택을 개조하거나 리프트나 휠체어 등의 생활용구를 이용하는 것 등 환경의 변화를 통해서도 스스로 생활을 영위할 수 있다.

3) 정상화의 실현

정상화(normalization)의 이념은 1950년대 덴마크의 미켈슨(Bank Mikkelsen)에 의해 일어난 운동으로, 정신지체장애인을 정상에 가까운 생활을 영위할 수 있도록 지역사회에 복귀하는 운동에 근거하고 있다. 그에 따르면 정상화란, "정신지체장애인으로 하여금 최대한 정상에 가까운 삶을 살게 하는 것"이다. 이후 1960년대 스웨덴의 니르제(B. Nirje)는, 정상화란 "정신지체장애인에게 사회주류 혹은 주류사회의 규범과 양식에 최대한 근접하는 일상생활의 형태와 여건을 마련해 주는 것이다"라고 하였고, 정상화이념의 구체적 생활요소로서 다음과 같은 점을 지적하였다.

① 보통의 하루의 리듬
② 보통의 한 주간의 리듬
③ 보통의 일 년간의 리듬
④ 일생을 통한 보통의 체험
⑤ 당연한 존엄
⑥ 그 문화에 있어 보통의 성적 관계
⑦ 그 사회에 있어 보통의 경제수준
⑧ 그 지역에 있어 보통의 환경수준

즉 정상화의 실현은 보통의 인간이 살아가는 것처럼 장애인에게 익숙한 지역과 가정에서 보통의 생활을 보장하는 것을 의미하고 있다.

아직도 노인시설이나 장애인시설 등에서 케어직원에 의한 케어와 보호 등이 정해진 스케줄에 근거하여 일어나는 경우가 많다. 그러나 정상화 이념의 도입으로 이와 같은 획일적인 원조에서 개별성을 존중한 원조로 변화하고 있으며, 침상에서의 생활만이 아니라 인간으로서 누구라도 하고 싶은 보통 생활로의 변화, 즉 '침실에서 벗어나

기', '식사와 침실의 분리', '지역의 사람들과 교류하기', '사회적·문화적 생활에의
배려' 등이 검토되고 있다(이해영, 2004). 대상자에게 있어 시설은 '수용의 장' 이 아니
라 '생활의 장' 으로서 가정생활과 같이 생각되어야 한다. 특히 오늘날에는 고령인구
의 증가에 의한 사회적 입소가 문제되고 있고 시설 중심의 정책에서 지역복지, 재가복
지정책으로 전환되고 있으므로 정상화 이념은 케어복지에 있어서도 중요한 이념이
되고 있다.

4) 자기실현에의 원조

인간은 누구나 건강하게 살고 싶고 친구들과도 잘 어울리고 싶고 일에서도 성공하
고 싶은 욕구 등을 갖고 살고 있으며, '훌륭한 사람', '존경받는 인간' 이 되고 싶다는
고차원적인 욕구로써 자기실현을 추구하고 있다. 이는 자기발전을 위한 기회를 구하
고 자기실현을 해 가는 것이지만 개개인의 생활방식, 가치관, 능력 및 생활환경 등에
따라 다르기 때문에 대상자를 충분히 이해하는 것이 필요하다.

일반적으로 인간의 욕구에 대해 매슬로우(Maslow)는 5단계로 설명하였다. 즉 인간
의 기본적 욕구로서 ① 생리적 욕구 ② 안전과 안정의 욕구 ③ 애정·집단 소속의 욕구
④ 자존심·존경받고 싶은 욕구가 있다. 그리고 성장을 위한 욕구로서 ⑤ 자기실현 −
진선미, 완전, 즐거움, 완성, 자기충실, 정의, 질서 등을 들고 있다.

매슬로우의 욕구 5단계설은 인간행동의 기본이 되는 욕구충족을 하기 위한 동기에
관한 이론이며, 인간에게는 지금까지 실현되지 않은 능력과 가능성을 최대한으로 성
취시키고 싶은 자기실현의 욕구가 있다고 전제한다. 즉 자신의 자질과 능력을 충분히
발휘하는 것이 가능할 때 자기실현을 하고 있다고 말할 수 있다. 그러나 실제로 일상생
활 가운데 이를 실현하기 위해서는 먼저 기본적 욕구가 충족되어야 하는 것이 필수적
이다.

대상자는 장애의 정도가 다르고 일상생활능력, 과거의 생활경험이나 가치관 등이
다르기 때문에 대상자들의 생활양식은 다양하다. 타인의 권리를 침해하지 않는 범위
에서 매일의 생활이 만족한 생활이 되도록 케어자는 대상자의 생활양식을 존중하여
신체적·문화적·사회적인 생활과 환경적 측면에서 좀 더 충실한 케어서비스를 제공
해야 할 것이다.

2. 케어복지의 가치와 윤리

1) 케어복지의 가치

케어복지실천에 있어서 기본적인 가치는 인권의 보장 및 정상화(normalization)이념과 비에스텍(Biestek, 1957)의 원조관계의 7원칙 등으로 대표되는 사회복지의 고유한 가치관에 바탕을 둔다(野村, 1996: 112). 왜냐하면 케어복지의 실천은 사회복지실천의 큰 틀 안에서 이루어지는 구체적이고 직접적인 대인원조행위라는 점에서 케어의 실천윤리와, 또한 사회복지실천상의 이념이나 전문직이 가지는 윤리규범과 일치하기 때문이다.

사회복지실천의 가치체계에서 일반적으로 논의되는 사항은 인간의 존엄과 가치를 지지하고 클라이언트의 자기결정권과 다양성을 존중하며, 자기실현을 달성하기 위해 필요한 기회와 자원을 제공하고, 사회정의와 클라이언트의 임파워먼트(empowerment)를 촉진하며 클라이언트의 비밀을 지키고 동료를 존중하며 전문직으로서의 행동에 대한 책임을 인식하는 등의 개념을 강조하는 것이다(MeGowan, 1995: 32).

또한 모든 사회복지사는 클라이언트의 참여, 자기결정, 비밀보장 등을 기본적인 사회복지실천의 공통가치라고 보고 있으나, 가치관에 대한 우선순위와 목적 그리고 수단 등이 다르기 때문에 사회복지사는 일반화된 가치기준과는 다른 윤리적인 선택을 할 수 있으며, 사회복지의 가치체계 안에서도 가치상충을 경험할 수 있다(김성천, 2000: 59-61).

케어복지에서 중요시되는 생활의 질(QOL)에 대한 실천 이념은 대상자의 주관적인 행복관을 고려해야 하나 그에 못지 않게 생명의 보전이나 위험으로부터 생활의 안전을 지키는 것 또한 케어종사자가 직업적인 관심을 두어야 하는 사항인 것이다. 그러므로 클라이언트의 자기결정의 존중과 위험으로부터의 안전성이 대립되는 사례에 직면한다면 어떤 가치에 우선순위를 두고 실천해야 하는가의 가치갈등이 생길 수 있다. 그렇기 때문에 원조자는 직업적 실천을 위한 적절한 규범으로서 도움이 되는 윤리적 지침에 대해 숙지하여 실천에 적용해야 한다. 그와 동시에 사회복지사는 대상자와는 물론이거니와 타 직종과의 사례에 대한 부단한 토의를 통해 실천의 의미와 목적을 명확히 해가며 업무에 임해야 할 것이다.

2) 케어복지의 윤리

(1) 인권존중 - 대상자 중심, 자립지원

자신의 생활을 어떻게 진전시킬 것인가는 본인이 결정할 일이기 때문에 대상자의 의사결정이 이루어질 수 있도록 지원해 가는 자세가 필요하다. 비록 선의에 의한 것이지만 본인의 의향도 확인하지 않고 원조가 행해진다면 당사자에게는 자신을 무시하는 태도로 여겨질 것이다. 실천과정 전반에 걸쳐 원조자는 대상자의 입장에 입각하여 대상자의 의향과 의사를 확인해 가면서 원조해야만 한다.

인간은 자신의 의도대로 스스로의 생활을 영위하지 못할 때 타인의 의사에 지배당하는 생활을 보낼 수밖에 없는 처지가 될 수 있다. 인간의 존엄성은 자신의 가치관이나 생활습관에 따라 어떻게 생활을 영위하느냐에 의해 지켜진다. 당사자의 자기결정을 존중하며 본인 중심, 클라이언트 본위에 원조시점이 놓여질 때 비로소 인권존중도 실천적인 의미를 띨 것이다(장세철 외, 2002).

(2) 대상자의 이익 보호 - 대상자의 욕구 대변

케어자는 대상자와 가까이 있는 존재로서 대상자의 1차적인 생활을 지원하는 책무를 지기 때문에 대상자가 자신의 의사를 표명할 수 없는 경우라 할지라도 항상 상대방의 이익을 지키는 입장에 서서 행동하는 태도가 따라야 한다. 예를 들어 장애인이 주위에서 학대나 불이익을 당하는 사태를 확인했을 때는 인권을 지킬 수 있는 행동을 취하는 것이 필요하다. 말하자면 장애가 있는 사람이나 의사를 표명할 수 없는 사람을 대신하는 대변자로서의 실천이 요청된다. 케어자는 직업상 대상자의 기분이나 요구, 상황 등을 가장 잘 알고 있는 상황에 있다. 그러므로 대상자가 처해 있는 상황이 곤란해지거나 불이익을 받고 있다면 대변자로서의 역할을 다해야 한다.

(3) 전문적인 서비스제공 - 안전보호, 위험방지

케어는 대상자의 생활의 자립을 촉진시키며 쾌적하게 지낼 수 있도록 실천해 가는 일이지만 그 과정에서 대상자에게 위험을 초래할 가능성 또한 언제든지 내포되어 있다. 예를 들어 이동을 보조하다가 넘어지는 경우도 있을 것이며, 식사케어를 하다가 음식물이 잘못 넘어가 사레에 걸릴 수도 있다. 마찬가지로, 목욕을 도와주다가 화상을 입힐 수도 있다. 이처럼 대상자를 도우려 했던 것이 역으로 손상을 입히는 과오를 범할 수 있다. 그러므로 안전에 유의하여 실천에 임하는 것은 케어전문직으로서 꼭 필요한 태도이다. 따라서 전문직은 '정확한 지식과 기술'을 익힐 필요가 있다. 또한 업무에 집중할 수 있도록 평소에 자기 컨디션 유지에 신경을 쓰고 주의력을 집중시켜 좀 더 전문적인 서비스 제공을 위해 창조적인 자세로 업무에 임해야 한다.

(4) 프라이버시 존중 – 비밀보호 의무

케어는 타인의 생활에 밀접하게 관여하는 직접적인 실천이기 때문에 대상자의 사생활이나 비밀을 알게 되기 쉽다. 예를 들어 그 집안의 동정, 경제상태, 가족의 건강상태, 직업, 과거의 경력, 신체의 특징 등 될 수 있으면 남에게 숨기고 싶은 사실조차도 원조를 받게 되는 과정에서 숨김없이 드러나게 되는 경우가 많다. 따라서 케어자는 대상자가 알리고 싶지 않은 비밀이나 사생활을 알게 될 기회도 많은 것이다. 이와 같이 업무상 알게 된 정보를 정당한 이유 없이 타인에게 노출시키는 일은 절대로 있어서는 안 된다.

사회복지사의 역할로서 비밀보호 의무는 윤리강령에도 명시되어 있다. 그리고 이것은 단순한 직업인의 윤리적인 문제로만 국한된 것이 아니라 그 비밀보호 의무를 위반했을 때 사안에 따라서는 법적 처벌을 받을 수 있는 중요한 사항이다.

(5) 대상자의 참여 – 설명과 동의

최근 의료현장에서 이루어지고 있는 치료행위에 관한 정보를 환자와 가족에게 알려주고 환자와 가족이 그 정보를 이해하는 것의 중요성에 대한 '설명과 동의'(informed consent)가 주요 의료윤리로 등장하고 있다. 이것은 환자나 가족에게 단순히 병명이나 병상, 예후(豫後)뿐만 아니라 검사나 치료행위에 따라서 발생하는 생활상의 변화, 요양을 위한 이용 가능한 각종 보건 및 복지서비스에 대한 정보, 비용 등에 대해서까지 설명하여 치료과정에서 환자의 참여와 자기 결정을 촉진한다는 데 그 목적을 둔다(장세철 외, 2002).

이와 같이 케어종사자는 실천과정에서 대상자에게 행해질 개입과 지원 형태를 명확히 설명하고 예상되는 효과나 위험까지도 설명하여 그의 동의를 구함으로써 케어과정에 대상자의 참여를 촉진해야 한다. 예를 들어 치매가 있는 고령자나 정신지체장애인 등과 같이 본인의 의향을 확인해 나가기 어려운 경우라도 상대방에게 설명하고 이해하도록 함으로써 동의를 얻도록 노력해야 한다. 그러기 위해서는 필요에 대응한 구체적인 선택지를 제시하는 능력과 문제의식이 필요하며 대상자와 케어자 간의 좀 더 원활한 의사소통을 형성시켜 가는 것이 필요하다.

3. 케어복지의 원칙

케어의 실천은 기본적으로 '인권존중', '정상화', '재활', '자립지원', '질(QOL)의 향상'을 목표로 하고 있다. 또한 케어실천에 있어서 지식과 기술을 숙지하고 가치와 이념을 준수하며 대상자에 대한 깊은 배려가 필요하다. 대상자에 있어서 케어는 기본적이고 절실한 문제인 만큼 당사자의 의사를 존중하면서 위험에 처하지 않게 하고 자립생활을 지원하며 생활의 주체성을 확립해 나갈 수 있도록 원조해 나가야 한다. 이에 근거한 케어의 실천원칙은 다음과 같다.

1) 생활양식과 문화, 가치관 존중

생활양식은 개인의 생활모습이며 사는 방법이다. 그것에는 그 사람 고유의 사고와 가치관이 반영된다. 케어자는 이러한 가치관을 존중한 대응이 필요하고, 케어자 스스로의 가치기준과 가치관에 의해 대상자를 비판하거나 가치판단을 해서는 안 된다. 대상자가 왜 그와 같은 언행과 생각을 갖고, 왜 그와 같은 생활양식을 유지하려고 하는가를 이해하는 것이 중요하다.

인간의 삶의 방식과 행위는 태어나고 자라난 환경에서 익힌 문화나 습관의 영향을 받아 나타난다. 그렇기 때문에 생활상태나 방법이 제각기 다르게 나타나게 되는 것이다. 주위에서 불합리하다고 여겨지는 것일지라도 본인에게 있어서는 지금까지의 생활습관으로 형성된 지극히 당연한 결과일 수도 있다. 그렇기 때문에 자신의 가치관이나 가정환경, 생활습관 등에서 선택되어 온 일상의 방법을 케어복지사라고 하여 마음대로 변화시키려 한다면 대상자는 자신의 주체성이 무시되고 경시된다고 생각해 불쾌한 기분을 지울 수 없을 것이다. 아무리 그 상황에서 별다르게 저항이 없었다 할지라도 대상자는 케어자의 세심하지 못한 태도에 불신감을 갖게 되고 이는 케어과정에 필요한 신뢰관계를 무너뜨리는 결과를 초래할 수 있다.

또한 인간은 기회에 있어서 공평해야 하며 자신의 생활 조건, 종교, 인종, 지역적 연고, 학력, 재산, 가문, 기능, 질병 등에 관계없이 존중되어야 하며 이 원칙은 케어서비스의 종료 시까지 준수되어야 한다.

특히 케어복지사는 항상 상대주의적인 사고를 해야 하며, 다양성과 다원주의에 입각한 개방적인 자세와 의식을 가져야 한다.

2) 자기선택, 자기결정의 존중

사회복지전문직의 가장 확고한 신념 중에 하나는 인간은 선천적으로 자기결정을 할 수 있는 능력을 가지고 있다는 것이다. 그렇기 때문에 케어자는 대상자의 원조과정에 참여하여 적절한 자기결정을 할 수 있도록 실천상의 책임을 가져야 한다.

사회복지실천에서 대상자의 자기결정을 존중하는 것은 ① 대상자가 자신의 문제나 욕구를 명확히 하는 것을 도우고 ② 이용 가능한 자원체계를 알려주며 ③ 자신의 잠재된 능력을 활성화시키고 ④ 원조관계를 대상자가 성장할 수 있는 발판으로 삼는 원조활동을 통해서이다(Biestek, 1957).

이러한 사항들은 원조관계를 중요시하는 케어실천과정에서도 마찬가지이다. 즉 대상자의 자기결정의 존중은 원조자가 대상자의 생활상의 능력과 이용 가능한 자원체계를 고려하여 당사자의 의사나 희망사항을 확인하고 상담해 가면서 적절한 방법을 선택하는 절차를 밟아 가는 과정을 통하여 이루어진다.

한편 대상자의 입장에서는 '자신을 위해서 궂은 일을 마다하지 않는다' 는 인식을 가지게 된다. 그 때문에 상대방에 대해 미안함과 부담감을 갖게 된다. 이런 종류의 감정은 장애인에게 자기결정을 방해하고 자립생활을 저해하는 자유와 주체성의 상실을 초래한다. 그러므로 케어자의 실천에 대상자의 자기의사를 밝히지 못하게 하는 어떤 강제성이 내포되어 있지 않았는지 등을 점검하고 대상자가 자신의 의사나 욕구를 부담 없이 말할 수 있는 신뢰관계 만들기에 주력해야 할 것이다.

3) 안전하고 쾌적한 생활환경의 정비

케어자는 늘 대상자의 생명의 안전을 확보하고 쾌적한 생활을 보장하는 케어기술을 숙달해야 한다.

케어서비스의 대상자는 기본적으로 건강 상태가 안정되어 있는 사람이 많지만, 그 상태는 늘 급변한다. 따라서 케어자는 대상자의 건강 상태, 혹은 질병의 상황을 정확히 파악하고 의료종사자와 제휴하면서 그 상황에 대처하는 것이 중요하다. 만성적 통증 질환이 있는 대상자에 대해서는 그 통증을 완화하는 케어기술이 필요하다. 또한 감염을 비롯하여 다양한 질병예방을 의료종사자와 제휴하면서 행하는 것이 필요하다.

생명의 안전과 함께 생활의 쾌적성을 보장하기 위해 케어자는 대상자의 의식주 생활 측면에서 원조내용을 검토하는 것이 중요하다. 의생활의 경우, 대상자의 장애를 고려해서 갈아입기 쉽고 체온 조절이 적절한 쾌적성 있는 의복을 연구할 필요가 있다. 또한 기능성뿐만 아니라 대상자의 선호를 고려한 의생활의 원조가 필요하다.

식생활은 대상자의 건강 상태를 좌우하는 영양섭취 이외에 대상자의 만족도, 정서적 안정, 인간관계의 교류라는 측면을 갖는다. 따라서 대상자의 기호를 충분히 고려하여 건강을 유지할 수 있는 메뉴, 조리방법 등을 강구해야 할 필요가 있다.

주생활에 있어서는 대상자 개인의 거주 장소를 확보하는 시점에서 다양한 배려가 필요하다. 수면과 휴식 등이 이루어지는 장소이고 프라이버시가 존중된 생활을 만끽할 수 있는 장소가 되어야 한다.

4) 권리와 책임의 원칙

대상자는 건강하고 안정된 생활을 할 수 있도록 국가와 사회로부터 권리를 보장받으며, 자신의 경험을 활용하여 가족이나 사회의 발전에 기여할 책임을 갖는다.

특히 노인은 자신들이 기여한 노력에 대해서 보람과 자부심을 느껴야 하지만 산업사회에 있어서 그러한 과거의 기여에 대한 보상과 인정은 풍족하지 않다. 물질적인 부분보다 심리적·사회적 냉대는 노인들을 '자괴감'과 '소외감' 속으로 몰아넣고 있다. 분명 노인 스스로 자신들의 권리를 주체적으로 찾아야 할 필요가 있다. 사회적 권리로서의 생존권적 기본권이 존중되어야 하며, 노인들이 이러한 것을 요구할 때 이를 수용할 수 있는 적극적이며 개방적인 사회적 분위기가 조성되어야 가능하다.

뿐만 아니라, 사회발전의 선험자로서 풍부한 경륜과 지혜를 바탕으로 사회의 건전한 발전과 유지를 위해 역할을 다해야 한다. 노인들의 권리가 지켜지고 존중받는 사회를 이룩하기 위해서는 노인들 스스로 삶의 수용자가 아닌 주체자로서의 지위를 획득할 때 가능하다.

5) 생활의 자립성의 확대와 동기부여

케어실천에 있어 가장 중요한 것은 대상자에 대해 일방적으로 지원하는 것보다는 본인 스스로 실천할 수 있도록 원조해 나가는 일이다.

일상생활에 있어서의 일방적인 지원은 결코 대상자를 위한 실천이라 볼 수 없으며, 그것은 언뜻 대상자를 위하는 것으로 비추어질 수 있으나 결국은 대상자의 자립성이나 잔존능력마저도 접어버릴 수 있으므로 필요 이상의 케어는 당사자 입장에서 바람직하지 않다.

대상자가 자신의 생활을 스스로의 힘으로 해결해 가는 것을 목적으로 하는 것이 재활(rehabilitation)이다. 장애인과 노인은 언뜻 병약하게 보일 수 있지만 스스로 자립을 위한 잠재능력과 잔존능력이 있으며, 케어실천의 의의는 그 잠재된 능력을 개발하고 잔존능력을 되살리는 데 있다. 다소 시간이 걸리는 어려운 일상생활동작이라 할지라도 케어자는 여유를 가지고 대상자 스스로 할 수 있도록 격려하고 위로하는 동기부여와 측면지원을 통해 자립성을 촉진할 수 있도록 지원하여야 한다. 그럼으로써 대상자는 자신의 삶에 대해 스스로의 자신감과 의욕을 가지고 더욱더 적극적인 자세로 임하게 된다.

대상자의 잠재능력과 잔존능력을 심도 있게 평가하고 분석하여 능력이 최대한으로 발휘될 수 있도록 방법을 선택하는 것이 중요하며, 할 수 없는 것보다는 할 수 있는 일에 초점을 두는 것이 중요하다.

6) 전체성의 원칙

대상자에 대한 케어를 전개함에 있어 대상자를 하나의 전체성(holistic)을 지닌 존재로 이해하고 받아들여야 한다. 즉 신체적 · 정서적 · 사회적 · 심리적 · 영적인 측면에 대한 총체적인 이해를 기반으로 하는 케어서비스가 제공되어야 한다. 전체적인 접근이 필요한 이유는 대상자가 당면하고 있는 생활상의 문제가 복합적이기 때문이며, 단편적인 문제뿐만이 아니라 대상자가 지닌 문제로 인하여 가족과 교우관계, 사회관계에서도 엄청난 영향을 미치기 때문이다. 따라서 어느 한 부분의 문제만을 보고서 케어에 임하게 된다면 케어실천 과정에서 발생하게 되는 돌발적인 문제는 물론, 자립과 생활의 질 향상에도 많은 제약이 따르게 된다.

7) 전문성의 원칙

케어는 전문적인 교육과 훈련을 받은 전문가에 의해 실시되어야 하는 전문적인 지식과 기술을 바탕으로 하는 서비스이다. 대상자의 특성을 이해하고 대상자가 가지고 있는 문제점을 제대로 파악하여 실효성 있는 케어서비스가 전개될 수 있도록 하여야 한다.

케어자와 대상자의 관계는 일상생활 가운데 자연스럽게 형성되는 일반적인 관계가 아니다. 케어자는 극히 전문적인 기술을 가지고 대상자의 자립을 원조하는 역할을 담당하기 때문이다. 케어자는 원조의 목적과 방법을 대상자에게 전하고 대상자는 스스로 자립이라는 목표를 향해 간다고 하는 쌍방의 역할이 확인되고 계약관계가 맺어지면 처음으로 관계가 성립한다. 이 관계를 전문적 원조관계라고 하며 이는 신뢰관계를 기초로 한다.

케어복지사는 단순히 신변케어만을 전담하는 것이 아니라 사회복지사, 물리치료사, 작업치료사, 심리치료사, 영양사, 의사, 간호사 등의 전문직과 전문적인 관계설정을 통한 케어계획의 조정자(coordinator)라는 점을 상기해야 한다.

8) 타직종과의 연계

대상자는 다양한 욕구를 가지고 있다. 따라서 케어자는 자신이 제공할 수 있는 서비스뿐만 아니라, 의사, 간호사, 물리치료사, 영양사 등의 관련분야 전문가와의 업무를 제휴하고 대응하는 것이 필요하다. 제휴를 위해서는 신뢰관계가 충분히 형성되어야 하고 의견 교환과 정보 제공이 충분히 이루어져야 한다. 또한 상담과 조언을 구하는 관계가 충분히 형성되고 상호 협력하면서 문제를 해결하고, 상호 충분히 그 업무내용 등을 이해하는 것이 필요하다.

9) 지역사회자원의 활용과 사회 시스템의 개발

케어자는 대상자의 복합적이고 다양한 욕구에 대해 포괄적인 서비스를 제공하기 위해 다양한 지역사회자원을 활용하는 것을 검토하고, 새로운 사회제도를 개발하는 것이 필요하다. 예를 들면, 방문케어의 경우 새로운 욕구의 변화를 발견하는 경우가 있는데, 방문 케어자 단독으로 그 욕구를 처리하는 것보다는 어떠한 사회자원과 연결시키는 것이 좋은가를 판단하여 새로운 서비스의 이용과 연결시키는 것도 필요하다.

대상자의 사회적 생활 측면을 지원하는 경우는 지역사회 자원의 활용이 필요하다. 사회와 접촉을 도모하는 원조를 행할 경우 구체적인 실체가 있어야 하며, 그 실체는 지역사회 자원이라고 할 수 있다. 즉 시설 및 기관, 직원, 프로그램 등 공식적 · 비공식적인 것 모두를 포함한다. 기존의 사회자원만으로는 대상자의 욕구가 충족될 수 없는 경우가 있는데, 이 경우에는 지역사회자원의 개발이나 사회제도를 만들어 가는 자세가 필요하다.

케어문제의 발생배경

3장

제3장 케어문제의 발생배경

1. 노인인구의 변화

1) 노인인구와 평균수명의 변화

　전체 국민에 대한 노인인구 비율은 절대적 요인과 상대적 요인이 있는데 절대적 요인은 국민소득의 증가, 사회보장제도의 발전, 의료기술의 발달과 보급, 보건위생 및 생활환경의 개선, 식생활의 풍요 등으로 인하여 전체국민의 평균수명이 늘어나는 것이다. 상대적 요인은 저출산으로 인해 인구구조가 종형으로 변화하여 전체인구에 비해서 상대적으로 노인인구의 비율이 높아지는 것이다. 즉, 고도산업사회로의 발전은 세금과 사회보장비의 부담이 늘어나는데 이로 인하여 개인의 가처분소득이 감소하며, 여성인구의 사회진출을 촉진하는 계기가 된다. 여성의 사회진출은 연쇄적으로 출산인구를 줄어들게 하여, 전체인구에 대한 노인인구의 비율이 상대적으로 높아지게 된다.

　전체 인구대비 65세 이상 노인인구 비율이 1960년에 2.9%(73만 명), 1980년에 3.8%(146만 명), 2000년에 7.1%(337만 명)로 급격하게 증가하여 왔고, 또한 2020년에 13.2%(690만 명)가 될 전망이다. 세계보건기구(WHO)에서는 전체 인구에 노인인구가

차지하는 비율이 7% 이상을 고령화사회, 14% 이상을 고령사회, 21% 이상을 초고령사
회라고 규정하고 있는데, 우리나라는 2000년에 고령화사회에 돌입하였으며, 2022년경
에 고령사회가 될 것으로 예상하고 있다.

　한편 연령을 통하여 고찰하면 65~74세를 전기고령자, 75세 이상을 후기고령자, 85
세 이상을 초고령자(the oldest-old)라 한다. 우리나라는 평균수명이 1960년에 52.4세,
1980년에 65.8세, 2000년에 77.0세이고, 2020년에는 78.1세가 될 전망이다. 평균수명이
늘어나면 노인에게 만성병과 장애가 발생하여 소위 와상, 치매성, 병·허약노인의 증
가가 두드러진다. 이들은 거의가 75세 이상의 후기고령자로서 신체적·사회적으로
약자이고 보건서비스, 가족의 케어, 사회적 지원서비스 등에 크게 의존하게 된다.

　따라서 전 인구에 대한 고령인구 비율이 급속도로 높아짐에 따라 [표 3-1]에서 보는
바와 같이 65세 이상의 노인이 1980년에는 약 146만 명이었던 것이 2005년에는 438만
명에 이르러 무려 292만 명이 더 늘어난 것을 알 수 있으며, 2020년에는 782만 명이 되
어 노인인구비가 15.7%에 도달할 전망이다.

　또한 국민생활 수준이 향상되고 의술의 발달로 우리 국민의 평균수명도 크게 높아
져 1960년에는 52.4세에서 2005년에는 25.5세가 더 늘어난 77.9세, 2020년에는 81.0세로
전망되고 있다. 이와 같이 평균수명의 연장으로 국민은 장수를 누릴 수 있지만 여기에
다양한 노인으로 인한 문제들이 동반된다.

[표 3-1] _ 노인인구 및 평균수명의 변화추이 (단위: 천 명)

구 분	연 도	1960	1970	1980	1985	1990	2000	2005	2020
노인인구	전체인구	25,012	32,241	38,124	40,806	42,869	47,275	48,294	49,956
	65세+	726	991	1,456	1,742	2,195	3,371	4,383	7,821
	비율(%)	2.9	3.1	3.8	4.3	5.1	7.1	9.1	15.7
평균수명	평균(세)	52.4	63.2	65.8	71.6	73.5	77.0	77.9	81.0
	남(세)	51.1	59.8	62.7	67.7	69.6	73.3	74.8	78.2
	여(세)	53.7	66.7	69.1	75.7	77.4	80.7	81.5	84.4

※출처: 보건복지부, 2000: 92-96; 장래인구특별추계결과, 2005.

2) 노인가족의 변화

노인인구가 늘어나고 사회환경이 변화하게 되는데, 특히 그 중에서도 노인복지와 가족관계는 매우 중요한 요소이다. 가족의 존재유무와 역할, 기능, 구성 등에 따라서 노인의 처우나 정책이 상당히 달라지게 된다. 유럽이나 미국과 비교하면 우리나라는 아직도 부모와 자녀의 동거율이 대단히 높은데 이는 재가노인복지를 추진하는 데 중요한 요인이다. 구미에서도 노후의 경제적 보장이 공적연금 등에 의해서 보장된다고 하더라도 노인의 정서적 부양에 대해서는 가족의 기대가 높은 것이 사실이다. 그러나 현실적으로는 노인케어의 중요한 담당자인 여성의 사회진출과 협소한 주택사정, 노인부양의식의 저하 등 사회적 환경변화는 부모와의 동거부양을 더욱 곤란하게 하고 있다.

현대가족은 노인과 미혼자녀로 구성된 2세대와, 노인부부 또는 노인단독으로 구성된 1세대 노인가족으로 분리하고 있다. 따라서 현대가족에서의 구조적 유형은 3대 이상의 직계가족, 부부가족, 2세대 노인 핵가족, 1세대 노인 가족의 네 가지로 대별할 수 있다. 또한 노부모와 자녀 간의 별거지향적 경향, 즉 핵가족의 경향과 더불어 가족구성원의 수가 크게 줄어들고 있다. 앞으로 이러한 소가족화는 계속될 것이며, 그 속도도 빨라질 것이다(Gottesman et al., 1979: 263).

이러한 가족구조 및 기능의 변화는 노인부양 문제를 야기하는 하나의 주요 요인으로 작용하게 되었다. 산업화, 도시화가 진행됨에 따라 생활상의 욕구충족에 필요한 자원획득 방안의 변화, 노인과 부양인구의 지리적 또는 사회심리적 분리, 여성의 취업 및 사회참여의 확대, 의식 및 가치관의 변화가 이루어졌다. 따라서 가족구조의 변화는 대가족적 가부장의 권위를 약화시켰으며 가족에 의한 노인부양 기능을 근본적으로 흔들어 놓았다.

노인가족은 노인이 포함된 가구형태를 말한다. 즉 노인이 혼자 생활하는 노인단독가구, 노인부부만 생활하는 노인부부가구, 노인과 기혼자녀로 구성된 가구, 노인과 미혼자녀로 구성된 가구, 노인과 손자녀로 구성된 가구, 노인복지입소시설에서 생활하는 노인가구 등 수많은 형태의 노인가구가 있을 수 있다. 다만 가족은 2인 이상이어야 하므로 독신노인을 가족으로 표현하기 어렵다. 이러한 노인가구의 형태변화를 살펴보면 [표 3-2]와 같다.

[표 3-2] _ 노인가족의 변화형태   (단위: %)

연 도 가구형태	1985	1988	1994	1998	2004
독신노인가구	8.8	12.7	14.9	20.1	24.6
핵가족형 노인가구*	35.2	33.0	40.9	33.7	38.3
직계형 노인가구**	52.0	48.8	39.7	41.1	31.8
기타 친족 노인가구	4.0	5.2	4.5	4.8	5.1
비혈연 노인가구	-	0.3	0.7	0.3	0.3
계(가구)	100.0(3,050)	100.0(15,632)	100.0(1,599)	100.0(1,958)	100.1(2,456)

* : 노인부부가구 및 노인과 미혼자녀 가구
* * : 노인과 기혼자녀 가구
※출처: 이소희 외, 2000: 479; 정경희 외, 1998: 68; 정경희 외, 2005: 112 재작성

[표 3-2]와 같이 독신노인가구의 비율이 1985년에는 8.8%이었던 것이 1998년에는 20.1%, 2004년에는 24.6%로 급격하게 늘어나고 있다. 반면 노인과 기혼자녀 가구인 직계형 노인가구는 점점 줄어들고 있는 실정이다. 즉 독신노인가구가 늘어나고 직계형 노인가구의 비율이 늘어나고 있다.

3) 여성노인의 증가

노인의 인구 증가는 곧 여성노인의 증가를 의미할 정도로 여성노인이 노인인구의 다수를 차지하고 있다. [표 3-3]에서 보는 바와 같이 1990년 이래 여성 노인 인구가 압도적 다수를 차지하고 있으나 점진적으로 남성 노인이 증가하는 추세이다. 2004년 현재 여성 노인 100명에 남성 노인이 65.8% 정도에 지나지 않는 것으로 나타나 아직은 여전히 여성 노인 인구가 다수를 차지하고 있는 것으로 보인다.

여성 노인의 증가는 여성의 평균 수명이 남성에 비하여 평균 7세에서 8세 정도 길다는 사실에 연유하지만 이로 인한 개인적 · 사회적 부담은 더욱 크다. 일반적으로 장수하는 여성 노인은 가사 노동에는 어느 정도 참여할 수 있으나, 전반적으로 노후소득보장에서 남성 노인에 비하여 열악한 경우가 대부분이므로 노후소득보장을 위한 개인적 · 사회적 대책이 더욱 필요한 것에서 사회적 · 국가적 부담이 상대적으로 크다고 볼 수 있다.

[표 3-3] _ 연령 계층별 노인인구 추이   (단위 : % / 여자 100명)

연 도	1990	1994	2000	2003	2004	2010	2020	2030
성 비	59.8	59.0	62.0	65.0	65.8	69.7	75.2	78.3

※출처: 통계청, 『2004년도 고령자통계』, 2004.

2. 가족과 부양

1) 부양부담의 정의

부양부담(caregiving burden)은 일반적으로 부양 스트레스(caregiving stress), 고통(distress), 부양의 영향이나 결과, 일상적 부양과업 수행상의 애로(hassle), 긴장(strain) 등과 혼용되어 사용되고 있다. 구체적인 부양부담에 관한 정의는 노인성치매환자를 돌보는 가족이 경험하는 전반적인 고통이라는 개념과 부양에 따르는 정서적 비용으로 보는 경우에서부터 생활리듬의 변화와 같은 부양인의 일상생활의 구체적인 변화까지 포함하는 등 매우 다양하다.

일반적으로 부양부담이란 노인을 돌보는 가족(배우자 또는 성인자녀)이 겪는 육체적 · 정신적 · 사회적 · 경제적 문제들을 뜻한다고 정의할 수 있다. 즉, 부양의 결과로서 나타나는 신체적 · 심리적 · 정서적 · 사회적 측면 및 노인의 행동이나 기능변화와 같은 상황과 사건과 관련하여 가족이 경험하게 되는 정서적 안녕, 신체적 건강, 사회생활 측면에서의 어려움이나 불편함의 정도와 개인 · 사회활동의 제한, 자아존중감의 상실, 노인과의 관계상의 스트레스라고 할 수 있다.

이러한 부양부담은 부양자의 개인생활 및 집단이나 가족사정에 있어서의 부정적인 변화정도를 의미하는 객관적 부담(objective burden)과 부양자가 신체적 · 사회적 대인관계, 재정문제 등에서 경험하는 어려움에 대한 태도나 정서적 · 감정적 반응인 주관적 부담(subjective burden)으로 나눠 볼 수 있다(김태현 · 전길량, 1995: 16-17). 그리고 부양부담을 측정하는 방법에는 부양자 부담의 총량을 나타내는 총계접근방법과 특정 차원별 접근방법이 있다(이은희, 1998: 213).

부양부담의 차원은 부양부담에 대한 이해 및 부양부담을 완화시켜 줄 수 있는 정책이나 프로그램을 개발하는 데 좀 더 체계적이고 구체적인 접근을 가능하게 한다.

치매가족의 부양부담에 관해서 그 수준은 노인과의 관계에 따른 부양부담의 차이, 사회적 지지에 따른 부양부담의 차이, 성별·가사노동·직업활동 등이 부양부담에 미치는 요인 등으로 구분할 수도 있다(이은희·박경일·김춘희, 2000: 10). 노박과 궤스트(Novak & Guest, 1989: 798-803, 이윤로 1995: 391 재인용)가 구분한 부양부담의 차원을 살펴보면 다음과 같다.

첫째, 시간적-의존적 부양부담(Time-Dependence Burden)이다. 이는 부양가족이 부양활동으로 인한 시간상의 제약 때문에 경험하는 부담을 말한다. 즉 치매노인의 인지기능의 저하와 문제행동으로 인하여 부양가족은 노인의 행동에 하루종일 주의를 집중하는 등 많은 시간과 노력을 기울여야 하므로 개인시간을 갖지 못하는 등 시간에 대한 많은 제한을 받게 되기 때문이다.

둘째, 발달단계상의 부양부담(Developmental Burden)이다. 즉 대부분의 주 부양자들은 아무런 준비가 없는 상태에서 갑자기 부양활동을 하게 됨으로써 이에 대한 역할수행에 어려움을 겪게 된다. 특히, 생애주기에 있어서 중년에 접어든 부양자의 경우 자신도 이제 어느 정도 가사활동에서 벗어나 인생을 즐길 수도 있다고 생각되는 나이에 어려운 부양역할을 떠맡게 됨으로써 이에 대한 분노와 성, 긴장, 갈등 등을 경험하게 되는 것이다.

셋째, 신체적 부양부담(Physical Burden)으로 부양자들은 지속적인 부양활동과 함께 가사, 경제활동, 자녀양육 등 다양한 역할을 수행하는 과정에서 신체적 피로를 경험할 가능성이 매우 높다. 특히 치매노인가족의 부양자의 경우 노인의 주야전도증상으로 인하여 밤에 충분한 수면을 취하지 못하는 경우가 많으며 이로 인해 신체 및 정신적 건강에 부정적인 영향을 미치게 된다.

넷째, 사회적 부담(Social Burden)인데, 이는 역할갈등에서 비롯된 부양가족의 부정적인 감정을 일컫는다. 즉 가족체계는 가족성원 간의 상호작용으로 구성된 총체이기 때문에 한 부분의 변화는 가족의 항상성을 위협하고, 다른 부분의 적응을 요구하게 하는 과정에서 발생하는 것이다. 특히 갓 결혼한 부양자의 경우 기존의 역할과 새롭게 부가된 부양역할을 어떻게 수행할 것인가에 대해 배우자나 다른 가족구성원들(세대간의 관계, 형제관계 등)과의 갈등을 겪을 수 있다.

마지막으로 정서적 부담(Emotional Burden)인데, 치매노인을 부양한 결과 부양자에게서 나타나는 심리적인 부담을 의미한다. 심리적인 부담에는 부양자가 노인에게 갖게 되는 부정적인 감정과 이에 대한 죄책감, 우울증세, 무력감 등이 포함된다. 선행연구결과에 의하면, 치매노인의 부양자는 매사에 흥미를 잃어버리고 일에 대한 의욕이 생기지 않으며 크게 실망하거나 우울해하는 경우가 많고 노인에게 잘 해드리지 못하는 것, 과거에 잘못한 것 등에 대해 죄책감을 가지고 있으며, 치매의 치료가능성이 매우 낮아 자신의 노력이 헛되다는 생각으로 무력감에 쉽게 빠지게 되는 것이다.

2) 부양의식의 변화

한 사회의 부양의식의 변화는 세대간의 부양에 대한 기대욕구와 이용 가능한 자원의 예측을 가능하게 한다. 즉 부양의식의 변화는 노인의 부양에 대한 기대욕구, 자녀세대가 제공하고자 하는 부양책임(자원), 그리고 나아가서 자신의 노후를 위한 미래의 부양기대 욕구에 대한 지표를 제공해 준다. 노인의 심리사회적 부양은 노인이 기대하는 욕구수준과 자녀가 제공할 용기가 있는 부양수준이 합치되는 정도에 따라 그 만족정도가 상당히 영향을 받게 된다. 따라서 노인부양이 주로 자녀에 의하여 이루어지고 있는 우리나라에서는 부양의식의 변화가 노인부양에 미치는 영향이 매우 크다고 볼 수 있다.

농경사회에서는 노인이 농경기술을 자녀들에게 전수해주고 재산과 생산수단을 자녀에게 물려주었다. 따라서 자녀들은 부모를 통해 인간이 되고 부모의 은덕으로 사회적 생존이 가능하며 부모의 후광으로 사회적 지위의 취득이 가능했기 때문에 부모부양의식을 자연스럽게 유도할 수 있었다(고영복, 1983: 50-51).

그러나 산업사회에서는 부모와 자식의 직업이 달라짐으로써 부모는 자식에게 가르쳐줄 것이 없어지고 자녀들의 장래는 부모에게 달려있는 것이 아니라 자녀들 자신에게 달려있게 되었다. 그래서 부모는 자녀들에게 물려줄 것이 없어질 뿐만 아니라 자녀를 통제할 힘을 상실하게 되었다(엄혜정, 1990: 9).

따라서 이러한 사회에서는 전통사회와 같은 효를 기대하기가 어렵고, 사회구조의 변화와 그 필요에 의해 자녀에 의한 동거부양은 더 어려워졌다. 그러나 반대로 고도의 기술과 지식에 대한 적응력이 부족한 노인은 산업사회에서 배제되기 쉬워 과거보다 더 생활에 어려움을 겪고 있다. 즉 현대사회는 농경사회와 달리 노동과 생산수단이 분리되어 있으며, 고도의 능률을 추구하여 새로운 기술이나 지식을 필요로 하는 사회이므로 생산성과 효율성의 측면에서 볼 때 산업사회 내에서 불필요한 존재로 인식되고 있는 것이다(최경석, 1982: 173). 또한 의료기술의 발달과 영양보급이 좋아짐에 따라 노인의 평균수명은 연장되고 건강상태도 좋아지고 있으나 이에 비해 정년의 연령이 지속적으로 낮아지고 있어 경제적인 어려움에 봉착하게 된다.

이와 같이 사회의 급속한 발전추세는 노인의 경제적 능력이나 지위를 더욱더 저하시키고 있어 부양의 필요성은 증대되고 있으나 사회구조의 변화로 인해 과거의 부모부양이 지닌 통제력과 전통적 부양의식이 세대간에 전달될 수 있는 기회는 점차로 줄어들고 있는 것이 오늘날의 현실이다.

3) 노인가족의 부양형태

부양은 그 원천과 방법에 따라 공적부양과 사적부양으로 나눌 수 있다. 우선, 공적부양은 국가나 사회에서 해결해주는 것으로, 사회보장제도나 공적부조에 의한 사회적 수준에서의 부양을 의미한다. 사적부양은 노인을 가족이나 친족, 친지나 이웃이 개인적 차원 내지는 가족적 차원에서 부양하는 것을 말하며 이는 다시 가족부양과 자기부양으로 나뉘어진다. 가족부양은 자녀들에 의해서 부양 받는 것을 말하며, 자기부양은 청장년시기에 적금, 주식투자, 보험, 부동산투자 등으로 사전준비를 하거나 노년기의 생계문제를 스스로 해결해 나가는 것을 뜻한다. 한편 노인부양 형태의 기본적인 틀은 경제적(물질적) 부양, 정서적(심리적) 부양, 서비스(케어·신체적) 부양이다(那須宗一·湯澤擁彦, 1970; 本村汎·高橋重宏, 1989; 김태현, 1994; 박재간, 1985: 26).

(1) 경제적 부양

경제적 부양은 노인이 필요로 하는 금전이나 물질을 제공하는 것을 말한다. 노인들이 가정이나 사회의 일원으로서 인간답게 여생을 살아가기 위해서는 경제적 자립이 바람직하다. 우리나라 전통사회에서는 노인이 가부장권과 이에 따른 재산권 및 가사운영권을 가지고 있었다. 그래서 노인이 재산을 소유하고 있는 한 노인 자신이 재산을 통제할 수 있었으므로 경제적 부양은 문제가 없었다. 즉 전통사회에서의 경제적 부양은 노인이 재산권을 가지고 자녀와 협상하는 방법으로서, 노인들은 자녀에게 재산권을 물려주겠다는 암묵적인 계약으로 자녀들로부터 부양을 받았다. 이에 반해 현대사회의 노인들은 자녀들이 결혼할 무렵이면, 퇴직의 시기를 맞아 경제력을 상실한다. 따라서 젊었을 때 자신의 노후를 생각하지 않고 자녀들의 양육과 교육을 위해 모든 경제적 자원을 소비하였기 때문에 대부분의 노인들은 자녀에게 경제적 부양을 기대하게 된다.

한편 경제적 부양에 관해서 부모와 동거하면서 부양할 것인지 혹은 별거하면서 부양할 것인지에 의해서 그 기능과 내용이 다르다. 그리고 경제적 부양에 관해서 노인의 거주형태와 자녀와의 부양관계는 다음과 같이 분류할 수 있다.

① **동거-의존형**: 자녀와 동거하면서 생활비의 대부분이 원조되고 있다. 농업과 상공업의 자영업층과 불안정 취업자에게서 잘 나타나는 형태이다.

② **동거-자립형**: 자녀와 동거하면서 노인세대가 대부분의 생활비를 조달하고 있다. 경제적 부양을 필요로 하지 않는 중산층 이상으로 부모와 자녀의 동거는 주택사정에 달려있다.

③ **별거-의존형**: 자녀와 별거하면서 자녀로부터 대부분의 생활비를 원조받고 있다. 경제적으로 자립하고 있던 부모가 퇴직, 실직 등의 이유로 점차로 경제력이 약해져 원조를 필요로 하는 형태로 부모와 자녀의 동거조건이 정비되지 않은 경우에 볼 수 있다.

④ **별거-자립형**: 자녀와 별거하며 자녀로부터 경제적 원조를 필요로 하지 않는 경우이다. 고용주나 자영업자 등 소위 경제적 상층에서 나타나는 형태이다. 이 경우 경제적 원조가 부모로부터 자녀로 이전될 수도 있다.

⑤ **별거-불안정형**: 자녀와 별거하며 부모가 원조를 필요로 하지만 원조되지 않는 경우이다. 자녀 측에서 원조해 줄 경제력이 없거나 원조의지가 없는 경우에 나타나는 형태로 일명 기로형(棄老型)이라고도 할 수 있다(本村汎・高橋重宏, 1989: 145-6; 박재간, 1985: 27 재인용).

지금까지 우리나라의 노인과 자녀와의 거주・부양형태는 ①의 형태가 대부분이었는데 앞으로 산업사회가 성숙해 가는 가운데 자녀로부터 의존형에서 자립형으로 변하지 않을 수 없을 것이다. 미래는 노인의 거주형태와 경제적 상황을 감안하면 이상적인 것은 '동거-자립형' 또는 '근린별거-자립형'의 형태가 바람직할 것이다. 또한 이러한 거주·부양형태는 독거노인과 노인부부세대가 늘어나고 있는 오늘날의 현상을 생각하면 가족을 대신해서 노인의 경제적 자립을 지탱할 수 있는 사회적 원조시스템이 요청되고 있다. 노인의 경제적 자립을 지탱할 수 있는 주요 시스템은 역시 공적연금제도이다.

(2) 정서적 부양

정서적 부양이란 심리적으로 변화된 노인의 고독과 불안감을 해소하고 인격적·정서적 욕구의 충족을 제공하는 부양을 의미한다. 인간이 노년기에 접어들면 지금까지 경험했던 가정생활과는 다른 생활형태를 지니게 된다. 즉 노인들은 배우자를 상실하게 되거나 부부의 일방 또는 쌍방 모두가 병약자로 전락하게 되어 역할상실과 고독, 소외 등의 문제가 노인생활 주변에 파고들게 된다.

노년기의 부모자녀관계에서 노인이 생활만족도에 영향을 미치는 요인은 경제적 부양보다 정서적 부양 및 동반자 의식이며, 노부모와 성인자녀 간의 상호작용에 긍정적 영향을 주는 요인도 그들 간의 정서적 유대감인 것으로 나타나고 있어 정서적 부양의 중요성은 매우 크다.

또한 정서적 부양은 오랜 세월 떨어져 지내게 되는 경우, 혈연이라는 사실이 정서적으로 지탱해 주기도 하지만 일반적으로는 생활을 같이 하거나 빈번하게 접촉함으로써 정서적 부양이 가능하다. 그리고 접촉기회가 많은 동거의 경우에는 정서적 친밀성이 생기기 쉽지만 동거와 비교하여 접촉기회가 적은 별거의 경우에는 정서적 고립성이 생기기 쉽다(本村汎·高橋重宏, 1989: 148-9; 박재간, 1985: 28 재인용). 그러나 동거가 반드시 정서적 친밀감을 유지한다고는 말할 수 없다. 왜냐하면 며느리와 시어머니 관계의 정서적 대립, 즉 심리적 갈등과 의존의 관계에 놓일 위험이 있기 때문이다. 따라서 별거의 경우라도 수정직계가족 형태를 유지함으로써 별거 자녀와 정서적 친밀관계 및 정서적 자립이 가능할 것이다.

거주형태와 관련해서 부모와 자식의 정서적 관계를 유형화하면 다음과 같다. 부모와 자녀가 동거할 경우에 형성되기 쉬운 것은 ① 정서적 친밀감 ② 정서적 대립감 ③ 정서적 의존형이다. 별거할 경우에는 ④ 정서적 자립형 ⑤ 정서적 고립형이 형성되기 쉽다는 등의 형태가 있다. 따라서 노인에 대한 가족의 정서적 부양문제는 기본적으로 가족관계 본연의 문제이다. 그리고 정서적 부양은 가족에 의해서 행해지는 데 의미가 있고 사회적으로 대체하는 것이 어렵다. 가족에 의한 정서적 부양은 가족기능 최후의 부양기능이라고도 할 수 있다(本村汎 · 高橋重宏, 1989: 148-9; 박재간, 1985: 26 재인용). 그런데 가족을 대신해서 지역사회가 노인의 정서적 부양을 담당하는 노인학교, 노인클럽 등이 있고, 특히 우리나라에서는 '노인정'이라고 하는 광대한 지역 네트워크가 있다.

(3) 서비스 부양

서비스 부양은 노인의 일상생활에 있어서 신체적 거동 및 가사운영에 필요한 부축, 간호, 심부름, 청소, 세탁, 요리, 식사, 목욕, 보살핌과 시중을 제공하는 부양을 의미한다. 노화의 과정으로 나타나는 신체적 기능의 저하와 질병에 대한 저항력의 저하로 인하여 건강상의 욕구는 점차 증가하는 반면에 욕구충족에 필요한 자원을 획득할 수 있는 수단과 기회는 제한되고 있다. 따라서 이러한 노인의 건강상의 욕구와 욕구충족에 필요한 자원 간의 불균형 상태를 완화 또는 제거하기 위해서는 노인 자신뿐만 아니라 가족, 지역사회, 국가 등을 포함한 노인부양체계의 공동노력이 요구된다.

전통사회에서 노부모에 대한 서비스 부양은 대부분의 가족형태가 확대가족과 직계가족이었으므로 노인들이 활용할 수 있는 역할이 항상 잠재해 있었다. 또한 노부모에 대한 서비스 부양의 고전적 행위는 부모에게 시중을 드는 것이 효도의 핵심적인 실천 강목 중 가장 중요한 부분을 차지하고 있었기 때문에 잘 이루어져 왔다. 또한 전통가족에서는 일반적으로 자녀의 수가 많았고 대부분이 장남 자녀와 동거를 하였으며 차남 이하의 자녀도 부모와 가까이 거주하고 있었기 때문에 자녀들이 항상 쉽게 노부모의 병간호와 살림 돌보기 등 시중을 잘 할 수 있었다. 그러나 현대사회에서는 도시화와 핵가족화로 인한 성인 자녀의 분가 현상이 크게 증가하고 맞벌이 부부가 많아졌으며 노인을 부양할 자녀수가 감소하였기 때문에 노인에 대한 서비스 부양 기능이 약화되었다.

서비스 부양에는 재가노인과 치매성노인의 개호 등이 문제인데 이것은 가정 내에서 서비스 부양의 담당자는 거의가 여성이다. 그러나 여성과 직업, 자립의식의 고양이라는 측면에서 고찰하면 직업과 가사노동, 육아, 더욱이 중증 요개호자의 개호까지 여성의 손으로 행한다는 것은 여성에게 너무 큰 부담이 된다. 여성의 부담 편중문제로 인해 앞으로 남녀 역할분담의 필요성이 강조된다.

또한 오늘날 독거노인세대와 노인부부세대가 해마다 늘어나고 있는 상황 하에서 요개호노인의 개호를 사회화하여 사회적 서비스로 대체 내지 보완할 필요가 있고, 또 그러한 경향에 있다. 그리고 동거하는 자녀가 있는 노인이라고 하더라도 개호기간의 장기화, 질병의 만성화 등에 의해서 심신의 피로와 장기간 구속이라는 문제가 발생하고 있다. 따라서 중증노인의 개호에 대하여 가족이 어디까지 대응할 수 있을 것인지가 앞으로의 과제이다.

3. 케어문제 대상자 현황

1) 노인질환의 일반적 현황

한국보건사회연구원의 1998년 조사(정경희 외, 1998: 195-197)에서는 조사대상노인 3,535명 가운데 86.7%가 한 가지 이상의 만성질환을 앓고 있으며, 특히 75세 이상 여성 노인의 경우는 92.5%가 만성질환 유병상태에 있는 것으로 나타났다. 이 조사에서 노인 질환 가운데 관절염(43.4%), 요통 · 좌골통(29.2%), 고혈압(23.5%) 등의 만성질환은 비교적 많이 앓고 있는 질병으로서 완치되기 어렵다는 특징이 있다.

2004년의 조사(정경희 외, 2005: 420-423)에서는 조사대상 노인 3,209명 가운데 90.9%(한 가지 17.1%, 두 가지 19.0%, 세 가지 이상 54.8%)가 한 가지 이상의 만성질환을 앓고 있으며, 특히 여성은 95.0%, 75세 이상은 91.3%가 만성질환 유병상태에 있는 것으로 나타났다. 이 조사에서 노인질환 가운데 관절염(43.1%), 요통 · 좌골통(30.6%), 고혈압(40.8%) 등의 만성질환이 비교적 많이 나타났다.

한편 2001년 65세 이상 인구 본인이 인지하는 유병률 중 가장 높은 만성질병은 관절염으로 인구 1000명당 364.6명으로 가장 높고, 다음으로 고혈압(259.8명), 요통 · 좌골통(194.4명)의 순으로 나타났다. 성별로 보면 남자의 경우 고혈압(225.9명), 관절염(199.0명), 요통 · 좌골통(112.7명)의 순으로 유병률이 높았고, 여자는 관절염(471.0명)의 유병률이 가장 높았다. 관절염, 요통 · 좌골신경통의 경우 여자의 본인 인지 유병률이 남자보다 2배 이상 높은 것으로 나타났다.

[표 3-4] _ 연간 만성질병 유병률(2001)   (단위: 명/인구 천명)

구 분		관절염	고혈압	요통, 좌골통	위염, 소화성궤양	치아우식증	진균증	알러지성 비염
65세 이상		364.6	259.8	194.4	99.5	38.4	36.4	7.3
	남 자	199.0	225.9	112.7	89.0	40.4	43.5	14.6
	여 자	471.0	281.6	246.9	106.2	37.2	31.8	2.5

※출처: 보건복지부, 『2001년 국민건강 · 영양조사』 -만성질병편-

2) 케어의 현황

한국보건사회연구원에서 2004년도 노인생활실태 및 복지욕구조사(정경희 외, 2005)에서 요양보호 대상자의 소득수준 및 수발실태는, 첫째 요양보호 노인의 가구특성에서 독신(18.2%) 또는 노인부부가구(25.5%) 합계 43.7%이다. 둘째, 성별로는 남성이 28.8%이고 여성이 71.2%이다. 소득수준은 50만 원 미만이 29.4%, 100만 원 미만이 21.3%, 150만 원 미만이 13.0%, 150만 원 이상이 36.4%이다.

또 일상생활수행능력(ADL) 및 수단적 일상생활능력(IADL)에 1개 이상 제한이 있는 노인 1,191명을 대상으로 수발(요양) 대상자 수발실태를 살펴보면 수발자 없음이 63.1%, 동거 가구원 32.3%(동거 가구원 중에서 며느리, 배우자, 딸 등 주 수발자의 80%가 여성), 비동거 가구원 4.6%의 순으로 나타났다.

수발(요양) 노인가구의 수발기간은 5년 이상이 39.0%, 3~5년이 22.3%, 1~3년이 21.7%, 1년 미만이 17.0%로 나타났다. 주수발자의 연령은 65세 이상이 32.7%, 50~64세 미만이 28.4%, 30~50세 미만이 37.2%, 30세 미만이 1.7%이다. 요양보호 노인 수발자의 어려움은 우선 육체적 피로가 33.3%, 그 다음이 경제적 부담이 21.0%, 심리적 부담이 27.7%, 기타가 18.0%의 순이었다. 수발가족이 원하는 정책의 우선순위는 요양시설 확대가 35.7%, 가정봉사원 파견서비스가 30.6%, 가정간호서비스가 11.5%, 식사제공서비스가 10.7%, 기타가 11.5%이었다.

3) 케어대상자 추계

2005년부터 시범사업을 실시하다가 2008년부터 본격적인 실시를 앞두고 있고, 현재 관련입법이 국회에서 심의 중인 노인수발보장제도에서 대상은 고령화 진전에 따라 치매, 뇌졸중 등 요양보호 필요노인이 65세 이상 노인의 14.8%로 2004년 62만 명, 2007년 72만 명, 2010년 79만 명, 2020년 114만 명으로 급격히 증가하고 있다.

또 제도가 직접 대상으로 하는 수는 2008년~2009년의 1단계에서 92천 명(건보 83천 명, 의료급여 9천 명)을 우선 대상으로 하고, 2010년 이후 2단계는 180천 명(건보 163천 명, 의료급여 17천 명)을 대상으로 한다(보건복지부 홈페이지).

[표 3-6] _ 확대단계별 요양급여 대상자 수[1]   (단위: 명)

| 구분 | 건강보험가입자 | | | 의료급여대상자 | | | | | | | 합계 |
| | | | | 기초수급권자 | | | 기초제외 | | | 계 | |
	시설	재가	소계	시설	재가	소계	시설	재가	소계		
2008	57,339	25,549	82,887	7,283	1,252	8,535	303	52	356	8,891	91,778
2009	59,257	26,403	85,660	7,530	1,295	8,825	314	54	368	9,192	94,852
2010	83,489	79,514	163,003	13,152	3,640	16,793	548	152	700	17,493	180,496

---

1) 건강보험대상자와 의료급여대상자의 시설입소비율을 달리 적용.

케어복지 대상자에 대한 이해

4장

제4장 케어복지 대상자에 대한 이해

케어는 케어관계 성립을 통해 이루어지며, 원조는 곤란한 상황에 처한 인간을 돕는 것이라고 볼 수 있다. 그것이 일회의 원조로 해결되면 좋지만 즉시 해결하기 어려운 경우 케어의 원조관계를 통해 특정의 목표와 목적을 갖고 원조활동이 전개된다.

이러한 케어의 원조관계는 대상자와 케어자가 서로 곤란한 상태를 해소하기 위해 가지고 있는 것을 서로 제공하여 상대의 생각과 행동을 알고 의도적으로 교환하는 관계에서 성립한다.

케어 대상자는 건강의 회복과 생활의 자립을 원하지만 이러한 욕구가 충분히 충족될 수 없는 상태에 있으며 일련의 복지서비스를 이용하고 있는 사람들이다. 신체나 생활에 어떤 장애를 갖고 있는 대상자는 단순한 심신기능의 유지회복만이 아니라 자신의 생활 전 영역에 있어 다양한 욕구를 가지고 있다. 또한 대상자의 신체상태는 다양하며 전면 원조를 필요로 하는 경우, 그리고 간단한 원조로 끝나는 경우도 있다. 인간은 심신이 건강한 상태에 있을 때에는 본래 가지고 있는 기능을 충분히 발휘하여 자신의 의욕을 생활행동에 반영하는 것이 가능하지만, 케어서비스의 대상자는 이러한 행동에 어떤 제약이 있는 상태에 있는 사람이라고 할 수 있다.

케어를 받지 않을 수 없는 사람은 생활 전반에 수동적이 되기 쉽고 생활에 대한 의욕이나 주체성을 잃기 쉽다. 아무리 섬세하고 치밀한 대응을 한다고 해도 대상자의 심리적 · 사회적 안정을 도모하고 대상자를 마음으로부터 받아들이는 자세가 아니면 케어의 성과는 기대할 수 없으며 아울러 대상자에 대한 건강, 자립, 생활(환경)특성을 이해할 필요가 있다.

1. 건강

1) 건강의 개념

건강은 단순히 질병이 없는 상태를 의미하는 것이 아니다. 건강이란 과학적인 지식으로부터 얻어지는 것도 아니고 신체 기능의 일부에 관한 것도 아니기 때문에 건강을 정의한다는 것은 매우 어려운 일이다.

1946년 세계보건기구에서 "건강은 단순히 허약하지 않은 상태나 병에 걸리지 않은 상태뿐만 아니라 정신적 · 신체적 · 사회적으로 완전한 안녕 상태"로 정의하였다. 이러한 세계보건기구의 정의는 인간을 단지 육체와 정신의 관점에서 보지 않고 인간을 생활하는 존재로 보며 여러 가지 부분들의 합이라기보다는 총체적이고 환경 속에서 생활하고 있는 존재로 보며 건강은 생산적이고 창조적인 삶이라는 포괄적인 정의를 하였다.

(1) 신체적 건강
이는 육체적으로 질병이 없는 상태뿐 아니라 신체가 잘 있는 상태의 포괄적인 뜻을 포함한다고 볼 수 있다. 질병이 없는 상태는 질병을 어떻게 개념화하는가에 따라 질병이 있는지 없는지 판단할 수 있고, 판단하기 어려운 경우도 있다. 따라서 넓은 의미의 신체적 안녕 상태는 개인의 질병의 증상을 자각하는 것으로부터 의료인이 진단하는 질병에 이르기까지 포괄적으로 판단할 수 있다.

(2) 정신적 건강
신체적 건강보다 더 이해하기 어려운 개념으로 정신적 영역이 건강과 관련되었을 때 그 범위가 어디까지이며, 무엇을 측정 대상으로 설정할 것인가는 어려운 것이다. 사람의 정신적 활동범위를 가정과 사회에서 생활하는 범위로 정하고 일상생활에서 발생되는 인간관계를 내용으로 한정한다면 정신적 건강은 가정과 사회에서 생활을 위한 정상적 적응능력이 있는가를 판단하는 것이라 할 수 있다.

(3) 사회적 건강

사회적 건강은 개인의 어떤 상황이 사회의 어떤 상황과 어떻게 관련되어 있어야 하는가가 분명하게 제시된 바 없다. 따라서 지금까지 사회적 건강은 대체로 가정이나 사회에서 개인이 맡은 역할을 얼마나 충실하게 수행할 수 있느냐로 가늠되고 있다. 즉 세계보건기구의 건강에 대한 정의는 인간의 건강을 생활개념으로 종합적으로 개관해보는 개념이다.

2) 건강에 영향을 미치는 요인

건강은 환경과의 상호관계에 의해 성립되며, 건강한가 아닌가는 숙주(인간)측 요인, 매개체(질병)측 요인, 환경측 요인이라는 3대 요인의 평형관계에 의해 결정된다.

① 매개체는 생물학적, 화학적, 물리적, 기계적 또는 정신 사회적인 면으로 분류될 수 있다. 생물학적 매개체는 살아있는 유기체를 말하며 화학적인 매개체는 건강에 나쁜 영향을 미칠 수 있는 액체, 가스, 또는 고체이다. 물리적 및 기계적 매개체는 열, 냉 및 스트레스, 사회적 상호작용과 관련된 문제 및 정신적 힘을 포함한다.
② 숙주요소는 질병에 걸릴 위험에 처한 개인이나 단체의 신체적 · 정신사회적 상황 또는 생활방식과 관련된다.
③ 환경요소는 한 개인이나 단체가 질병에 걸릴 수 있는 가능성을 더 증가시키거나 더 감소시킬 수 있다. 물리적 환경은 기후, 생활조건, 빛과 소음수준을 말하며 사회적 환경은 스트레스와 다른 사람과의 갈등, 경제적 궁핍 및 생의 위기를 포함한다.

2. 자립생활

1) 케어대상자의 자립

요즘 들어 우리나라에서도 자립생활(Independent Living)이념이 보급되면서 자립에 대한 많은 관심과 활동들이 비록 소규모지만 장애인을 중심으로 전국적으로 전파되고 있다. 자립생활의 시작은 1960년대 초, 미국의 흑인 공민권 운동과 시민권리 회복운동이 장애인에게도 '인간으로서 누려야 할 권리'를 주장하는 진보적 사회운동으로 발전할 수 있는 하나의 계기가 되었다.

이러한 사고방식이 지금에 와서는 장애인은 물론 고령자 케어복지서비스 분야에서 폭넓게 공유되기에 이르렀다. 자립생활이념은 그동안 많이 소외되었던 케어대상자들의 의료모델중심의 재활서비스와 정상인을 목표로 한 기능 회복중심의 훈련의 한계를 명확히 하고 자립적인 일상생활을 위한 대상자 주체의 역량강화와 욕구충족, 정상화 등을 위한 케어복지의 흐름을 주도하고 있다.

2) 자립생활의 의미

자립생활의 이념을 정확히 이해하고 발전시키기 위해서는 자립적(independent)인 것에 대한 개념정의를 명확히 하는 것이 중요하다.

서구의 산업사회에 있어서 자립적인 것이란, 스스로 지원 가능한 것, 자조(self-supporting)와 스스로 신뢰할 수 있는 것, 자신감(self-reliant)의 개념으로서 자신의 능력과 관련된 개념을 중요시하고 있다. 한편 사람들이 신체적인 손상을 입었을 경우, 자신의 일상적인 역할을 자기 스스로 수행할 수 없음을 의미하고, 이러한 사람인 경우에 의존적(dependent)인 사람이라고 평가하게 된다. 이처럼 서구문화에 의하면 자립적이지 못함은 종속적인 것을 의미하고 의존적이라 함은 다른 사람들에 의해 자신의 삶이 조정의 대상이 되는 것이다.

자립적인 삶은 개인의 신체적인 이동과 일상의 생활과업을 수행하기 위한 신체활동의 가능성을 극대화함으로써 얻어질 수 있는 것이다. 개인원조(personal assistance)에 대한 욕구는 보호의 욕구와 연관되어 전이되게 되고, 개인의 원조가 필요하다는 것은 보호의 필요성을 요구하게 되는 것이다. 케어대상자의 경우에는 전문가나 혹은 가족, 친지들이 보호를 담당하고 조정하는 사람이 되는 경우가 대부분이다. 따라서 케어대상자는 보호자에게 종속되고 때로는 대상자 자신이 필요로 하는 개인 스스로의 원조활동(self-help)에 대한 책임을 담당할 수 있는 능력조차도 잃게 되는 것이다.

자립생활이란 의사결정 또는 일상생활에 있어서 타인에의 의존을 최소한으로 하기 위하여 스스로 납득되는 선택에 의하여 자신의 생활을 관리하는 것이다. 여기는 신변처리, 지역에서의 일상생활에의 참가, 사회적 역할의 수행, 자기결정, 신체적 및 심리적인 타인에의 의존을 최소한으로 할 것이 포함된다.

자립생활의 기본이념은 일상생활에 장애가 있는 케어대상자 자신의 삶에 대한 자신의 결정에 대하여 타인의 개입 또는 보호를 최소한으로 하여 자신의 의지로 선택하고 결정하는 모든 과정에 대상자 당사자의 참여와 주체적으로 '자기선택권'과 '자기결정권'을 가지는 데 있다.

이렇듯 자립의 가장 중요한 핵심적 원칙은 바로 케어대상자가 선택과 결정권을 가지고 일방적인 수혜자가 아니라 스스로 자원을 활용해 만들어 나가고 자신에게 맞는 지원을 결정하고 관리하는 당사자주의라는 것이다. 그러므로 아무리 중증 대상자라 할지라도 국가와 사회는 이제 개인의 변화만을 강요하기보다는 대상자가 가정에서, 혹은 시설에서 일상생활이 가능할 수 있도록 필요한 장애물을 제거하고 지속적인 지원서비스를 제공해야 할 것이다.

3) 자립지원을 위한 실천지침

① **개별화**: 한 사람 한 사람의 생활상태는 독특한 것이므로 따로 구체적으로 처우하는 것이 요구된다.
② **평등한 보호**: 불리한 핸디캡을 지닌 대상자에 대해 좀 더 큰 서비스를 제공하는 일은 평등의 원칙에 합당한 방식이다.
③ **정당한 절차**: 대상자에게 서비스를 제공하기 전에 설명과 동의를 충분히 얻을 수 있는 절차가 중시되지 않으면 안 된다.
④ **선택권**: 충분한 설명을 받고 나서 대상자나 대상자 가족은 설명과 선택을 행사하는 권한을 가지고 있다.

⑤ 처우권: 대상자 본인이 가지고 있는 생활이나 건강수준을 가능한 한 끌어내어 줄 만한 처우를 받을 권리를 대상자는 가지고 있다.

⑥ 처우거부권: 수혜를 받기 전이든 수혜를 받는 중이든 대상자와 가족은 적절한 처우가 아닌 경우에 그것을 거부할 권한을 가지고 있다.

이들 실천지침은 서로 유기적인 연관성이 있다. 개별화와 평등한 보호는 케어실천의 기본 이념이기도 하며 출발점이기도 하다. 정당한 절차는 대상자 본인이나 가족, 주민, 자원봉사자, 전문가 등이 고령자 케어서비스에 연관되는 경우 방향성을 제시하고 있다. 선택권에 대해서는 대상자인 고령자에게 폭넓은 서비스 메뉴를 제시하여 설명을 하고 선택하게 한다. 즉 충분한 설명을 제공자 측이 제시하고 나서 가능한 한 그의 선택에 맡기는 것이 대인서비스의 기본이라 할 수 있다. 처우권과 처우거부권은 선택권과의 관계 가운데서도 최대한 존중되어야 한다.

3. 생활(환경)

환경이란 '유기체를 둘러싸고 있는 사물', '유기체에 영향을 미치는 모든 것'으로 정의할 수 있으며, 유기체와 환경과의 관계는 서로 영향을 주고받는 관계이다. 환경은 건강과도 밀접하게 관련되어 있어 건강에 영향을 미치게 된다. 환경은 인간을 둘러싸고 있는 하나의 장으로 에너지의 장, 사회적 체계, 가족, 사회, 문화 등을 포함한다.

1) 케어대상자의 환경

(1) 가족

노인이나 장애인과 함께 사는 사람들의 생활을 보장하기 위해서는 먼저 경제적 기반이 형성돼 있어야 하며 둘째 부양, 케어, 보호 등의 생활을 뒷받침하기 위한 케어인력이 중요한 요소이다. 또 케어는 단순히 돌본다고 하는 행위뿐만 아니라 요보호자에 대한 세심한 주의, 배려, 매일 관심을 준다는 정서적·심리적인 지지가 요구된다. 목욕준비, 식사준비, 세탁, 장보기, 청소 등의 가사일체의 부담에서 식사, 목욕, 배설옷 갈아입기, 약 바르기, 투약관리라는 케어에 관계하는 일에 대해서도 가족만이 행하고 있는 경우가 있다.

(2) 지역사회

관계기관과 전문직종 간의 제휴가 적어 원조효과가 충분히 발휘되기 어려우며, 대상자도 가족도 상태가 좋아지기를 원하지만 구체적인 행동을 하기가 어렵다.

(3) 사회자원 등의 활용

각종 복지제도를 알지 못해 고통받고 있거나 제도를 알아도 권리의식의 부족과 체면 때문에 이용을 포기한다. 또한 케어서비스를 희망해도 그러한 욕구에 응할 수 있는 인적자원이 부족하다.

2) 케어대상자에 대한 관점

① 성장, 발달과정의 이해: 인간은 태어나서부터 여러 차례의 고비를 겪으면서 늙어간다. 일생을 통해 성장, 변화, 발달, 노화되는 과정은 연령에 따른 연속된 과정이다.
② 넓은 시야로 대상을 본다: 신체적·심리적·사회적 측면에서 종합적으로 파악한다.
③ 인간의 공통적인 측면과 개인차를 파악한다.
④ 장애의 정도와 개별적 상황을 파악한다.
⑤ 가족과 사회생활과의 관련하에 개인을 이해한다.
⑥ 기본적 욕구와 개인차를 이해한다.

인간을 이해하기 위한 공통적 요소로서 기본적 욕구와 욕구불만, 갈등, 불안, 적응이 있다. 매슬로우는 건강하게 살기 위해 필요한 욕구를 기본적 욕구로 보았으며, ① 생리적 욕구 ② 안전욕구 ③ 소속 · 애정의 욕구 ④ 자아존중의 욕구 ⑤ 자아실현의 욕구로 나누었다.

이러한 욕구는 계층을 이루고 있는데 가장 고차원적인 자기실현의 욕구는 좀 더 완전하게 좀 더 창조적으로 좀 더 가치 있게 자기를 실현하고 자신답게 살고 싶은 욕구이다. 이러한 인간이 가지는 공통적인 기본적 욕구를 이해함과 동시에 개인차에 대한 이해가 필요하다. 즉 대상자 한 사람 한 사람을 개별적으로 다루는 것이 케어의 시작이다.

구체적인 개인차는 다음과 같은 측면으로 파악할 수 있다.
① 이름, 연령, 성별, 주소, 가족, 생활 이력 등의 배경
② 생활습관과 장애의 정도: 기본적 욕구의 충족도, 혼자 할 수 있는 것, 도움을 받으면 가능한 것, 전면케어의 필요성
③ 성격과 행동의 특성: 성격이 급한가, 고집이 센가 등
④ 가족관계: 가족이 있는가, 가족에게 중요한 존재인가, 가족의 협력을 얻을 수 있는가
⑤ 가치관: 중요하게 여기고 있는 가치와 신조 등

4. 케어대상자의 일반적 특성

1) 일상생활에 지장이 있다

케어대상자의 특징이며 공통점이기도 한 것은 장애로 인하여 혼자서는 일상생활 영위가 곤란하다는 점이다. 신체적 장애가 있다고 해서 반드시 일상생활에 지장이 있는 것은 아니다. 신체적 장애가 있어도 장애를 극복하고 자립생활을 영위하는 사람도 많다. 케어대상자 가운데는 고령자가 많은데 고령자라고 해도 일상생활이 가능한 사람은 대상에서 제외된다.

2) 고유한 생활사를 갖고 있다

노인만이 아니라 인간은 누구라도 몸에 밴 습관과 사고방식이 그 사람의 현재 생활에 큰 영향을 미치고 있으며 장애가 발생하더라도 그 습관과 사고방식은 본질적으로 변하지 않는다. 일반적으로 노인들의 공통적 습관이 있다면 개인적 습관도 있다. 그 습관이 합리적이 아니거나 건강에 문제가 된다고 해도 본인이 장기간에 걸쳐 해 왔으므

로 괜찮다고 생각하고 있고, 또 습관화되어 있어 고칠 수 없는 것이 많다. 과도한 흡연이 그 예이다. 먼저 있는 그대로 수용하는 것이 필요하다. 신뢰관계가 이루어지기 전에 결점을 지적하는 것은 관계에 악영향을 미칠 수 있다. 신뢰감이 생기면 좀 더 깊은 생활사가 언급되고 대상자의 행동을 이해할 수 있게 된다. 예를 들면 거실을 정리할 때도 대상자의 의사를 듣는 것이 중요하다. 대상자의 습관을 무시하고 깨끗하게 치워버리면 안 된다. 마음대로 치우는 행위는 대상자의 불만과 불안을 가져온다. 오래 지켜온 개인의 방법, 생활양식을 존중해야 한다.

3) 개별성이 강하다

대상자는 각자 다른 환경에서 다르게 생활해 왔으며 다른 가치관을 가지고 있다. 출생, 학력, 직장, 수입, 취미생활 등도 각기 다르다. 케어과정에 있어서도 많이 호소하는 사람, 많이 참는 사람, 화를 잘 내는 사람, 온화한 사람 등등 천차만별이다. 따라서 케어자는 각 대상자의 개별성을 잘 이해하고 원조해야 한다.

4) 정신적으로 불안하다

개인차가 있지만 나이가 들면 누구라도 심신의 기능이 여러 형태로 저하되고 상실되는 데 대한 불안을 갖게 되고 자신감 상실, 삶의 보람 상실 등 불안을 가져오는 요소가 많다. 특히 와상노인이나 신체가 부자유한 노인은 식사나 배설도 생각대로 되지 않아 불안하고 초조하게 된다. 불안을 제거하는 좋은 방법 중의 하나는 생각하고 있는 것을 표출시키는 것이다. 또한 아무리 해도 타인에게 의존하지 않고 살아갈 수 없게 되면 자신에게 관심을 기울여주기 원하는 본능적인 욕구가 강해지고 그 욕구를 채우기 위해 이상한 언동을 하기도 한다.

대상자가 신세를 지고 있어 미안하다는 감정이 있는 경우는 불안과 욕구 등을 케어자에게 호소하지 않고 케어자의 말과 행동을 의식하는 경우가 많다. 어떠한 경우에도 원만한 인간관계와 미소, 부드러운 말이 대상자를 안심하게 함을 기억하도록 한다.

5) 생명을 스스로 지키기 어렵다

대상자는 심신의 장애로 인하여 자기관리나 위험을 피하기 어렵고 질병이나 사고가 일어나기 쉽다. 청결은 물론 각종 감염에 대한 예방능력이 부족하다. 또한 언어장애가 있으면 몸의 상태를 정확히 설명할 수 없고, 이상이 있어도 연락할 수 없다. 지체가 부자유하여 위험하더라도 피하기 어려운 경우가 많다. 정신장애가 있어 먹어서는 안 되는 것을 먹을 수도 있으며 장애가 없다면 피할 수 있는 사고도 많다. 이러한 케어서비스의 대상자는 주위 사람이 주의하지 않으면 병과 사고를 당할 위험이 많다. 그리고 케어대상자에게는 새로운 문제발생의 개연성이 늘 존재함을 인식하고 있어야 하며, 이는 대상자와 잦은 접촉과 예리한 관찰로 파악할 수 있다.

6) 케어대상자의 그 밖의 특성

① 심신의 기능저하를 초래하기 쉽다.
② 와상상태가 되기 쉽다.
③ 스스로의 노력으로 기능훈련을 계속해도 가족 등 제 3자의 도움 없이는 지속할 수 없다.
④ 지장 있는 상태가 계속되면 타인과의 대화도 적어지고 의욕저하를 초래하기 쉽다.
⑤ 외출의 기회가 적어 타인과의 교류가 적어지면 타인을 만나기 위한 몸치장 등을 할 필요가 없어 생활리듬도 깨어지기 쉽고 인간다운 생활을 하기 위한 의욕도 없다.
⑥ 회복에 대한 의욕으로 훈련에 과도한 기대를 하게 되면 오히려 초조함과 스트레스를 가져오기 쉽다.
⑦ 사람과의 교류가 적어짐에 따라 대화의 기회가 적어지고 자극이 없고 주위에 대한 관심이 적어진다.
⑧ 장애가 있는 모습을 타인에게 보이고 싶어하지 않는다.

케어복지의 실천과정

1. 케어복지의 실천
2. 케어의 실천과정

5장

제5장 케어복지의 실천과정

1. 케어복지의 실천

  케어복지란 신체적·정신적 결함으로 타인의 도움을 받아야만 일상생활이 가능한 사람, 즉 와상노인, 치매노인, 중증장애인의 일상생활 동작을 도와주어서 가능한 자립생활을 영위하도록 하여 좀 더 나은 행복을 추구하는 것이다.

  현장에서는 고령화사회의 진행에 따라 타인의 도움을 필요로 하는 와상노인과 치매노인, 중증장애인을 위한 사회적 서비스에 대한 요구가 증가해 주간보호사업, 단기보호사업이 실시되고 많은 재가 복지센터의 설립을 통해 가정봉사원 파견 사업이 실시되고 있으며 치매노인의 증가에 따라 노인전문요양시설도 확충될 전망이다.

  케어의 실천과정은 원조를 받기 원하는 대상자의 문제를 확인하고 해결하는 과학적인 방법으로서 대상자의 요구와 문제를 해결해 나가는 일련의 체계적 과정이라 할 수 있다. 이 과정은 크게 5단계로 구분할 수 있는데, 1단계 접수단계에서 대상자를 확인하고 등록한다. 2단계 사정(사전평가)단계에서는 대상자의 요구와 문제를 충족시키기 위하여 대상자에 대한 기초자료를 수집, 확인, 기록, 조직화하며, 3단계 계획단계에서 우선순위, 목표, 기대되는 결과를 수립하고 확인된 대상자의 문제점을 해결하거나 최소화하기 위한 케어를 기술한다. 4단계는 계획된 케어를 수행하는 실시단계이며 성취된 케어목표의 범위를 결정하기 위해서 실시 후 재사정을 하고 미리 정해진 기준과 비교하는 5단계, 평가단계로 이루어진다.

전 과정은 순환적인 과정으로서 사정에서 평가까지 연속적이며 상호 관련된다. 즉 각 단계는 선행단계의 영향을 받는다. 논리적인 순서에 의하여 정보가 수집되고 요구와 문제가 확인되며, 문제를 기초로 계획이 수립되고 계획에 따라 케어가 제공되며 기대되는 결과의 성취측면에서 계획이 평가된다. 이 과정은 역동적이어서 평가하는 동안에도 검토 및 수정이 가능하며 이러한 역동적인 융통성 때문에 케어복지사는 변화하는 대상자의 요구에 적절히 반응할 수 있어야 한다.

또한 생활시설 및 이용시설에서는 물론 재가노인이나 재가 중증 장애인들에 대한 간병 및 수발 등의 케어서비스가 크게 요구되고 있는 상황이므로 이를 담당할 복지전문 인력의 체계적 양성 및 수급이 요구되고 있다.

2. 케어의 실천과정

케어에 대한 실천과정은 클라이언트의 생활 전체를 관찰하면서 정신적 · 심리적 · 간호적 · 종합적인 케어로써 인간이 인간답게 살아가는 데 필요한 여러 가지 많은 일들을 모두 정확하게 관찰하여 사정하는 데 있다. 사정이란 대상자의 생활상태, 처해있는 환경 등에 관해 직접적으로 관찰하거나 본인이나 관련이 있는 사람으로부터 정보를 수집해서 포괄적으로 상태를 파악하고 잠재된 문제나 욕구를 파악하는 것이다.

케어의 실천과정은 문제해결과정으로 생활장애상의 문제를 과학적으로 해결하기 위해 해결방법을 계획하고 실시 · 평가하는 과정이다. 성명옥(2001: 146)은 케어의 과정을 정보수집, 문제파악, 케어계획, 케어실시, 케어평가로 설명하고 있다. 사라사와(조추용 · 권형주 역, 2000)는 접수, 사정, 목표의 설정과 케어계획의 작성, 케어계획의 실시, 클라이언트 및 케어 제공 상황에 대한 점검과 추후관리, 재사정 및 평가, 종결로 설명하고 있다.

실천과정에서 어느 단계를 강조하느냐에 따라 개인의 서비스 제공에 차이가 생긴다. 어떤 과정에서는 사례의 발견에 역점을 두기도 하고, 케어계획의 작성에 역점을 두거나 케어계획을 작성하고 실시하는 것에 초점을 두는 실천과정도 있다. 케어의 실천 과정은 개략적으로 다음과 같이 5단계로 이루어진다.

1) 1단계: 정보수집

정보를 수집하는 단계에서는 주로 사례의 발견, 심사, 접수가 이루어진다. 사례의 발견이란 케어복지사가 자신의 사회적 관계망을 통해서 힘이 미치는 범위를 포함하여 클라이언트를 어떻게 조기발견하는가가 관건이다. 이웃주민, 지역에 상주하는 통·반장, 의사, 약사 등이 클라이언트를 발견하면 즉시 관계기관에 연락하는 체계가 필요하다. 동시에 병원이나 노인복지 시설에서 퇴소하는 클라이언트의 연락·통보체계를 통한 사례 발견도 중요하다.

이 단계는 클라이언트의 정보를 수집하고 그 자료를 분석하여 클라이언트의 문제상황을 정확히 파악하는 것이 주 과제이다. 케어의 실천에 정확히 접근하기 위하여 대상자의 문제와 욕구를 개별적으로 파악하고 정확하게 아는 것이 필수적이다. 사전평가는 자료를 준비하고 자료를 해석하는 것으로 의사소통과 관찰의 기술을 사용하여 케어실천 현장에서 발생할 가능성이 있는 여러 가지 문제와 상황을 다양한 각도에서 과학적으로 분석하는 것이 핵심적인 과제이다. 클라이언트가 현재 처한 상황을 정확하게 알고 있어야 하며 정보는 대상자의 주변으로부터 최대한 입수해야 한다. 정보의 내용으로는 정신적 측면, 신체적 측면, 이외의 일상생활에서 인간이 가질 수 있는 모든 가능성을 열어놓고 정보에 접하여야 한다.

(1) 사회적 정보

'클라이언트를 둘러싸고 있는 가족, 친구관계, 자녀들이 대상자의 삶에 어떠한 영향을 미치고 있는가?', '사회·경제적 이탈이 정신적 측면과 경제적 측면에 어떠한 영향을 미치고 있는가?'의 여부에 대한 정확한 파악이 필요하다. 그리고 사회생활에의 참여가 정신건강에 어떠한 영향을 미치고 있는지의 내용파악이 필요하다. 사회적 측면의 정보는 대상자 자신의 의견진술만으로는 정확한 파악이 어렵다. 대상자 가족들로부터의 다양한 정보가 중요한 자료가 되는 것이다. 가족과 클라이언트와의 관계는 정확하고 구체적으로 파악해야 한다. 광범위한 정보채널에 연결되어 있어서 가족, 친구, 사회복지사 등으로부터 정보를 지속적으로 얻어야 할 것이다. 클라이언트와 케어복지사와의 친밀도의 정도에 따라 구체적이고 정확한 정보에의 접근 가능성이 높아진다.

(2) 신체적인 정보

클라이언트는 신체 · 정신의 장애가 있기 때문에 장애의 정도와 그 특성을 파악해야 한다. 즉 신체별로 나타나는 생리적 기능의 저하와 속도 및 정도는 사람마다 다르기 때문에 그 사람의 개별적 특징을 파악하고 그것이 그 사람의 일상생활에 미치는 영향을 파악하여야 한다.

노인의 생활기능 저하와 일상생활과의 관련성은 의학적 소견만으로는 부족할 것이며, 본인이 느끼는 자각증상, 각각의 정보, 케어복지사가 직접 보고 느낀 정보가 중요하다. 상태의 좋지 않음을 단순하게 판단하여, 예를 들면 늙었기 때문에 상태가 나쁘다고 생각하여 표현하지 않는 경우도 있다. 본인이 자각하고 있는 증상이나 변화를 잘 관찰한 후에 운동기능, 감각기능, 심장, 호흡, 식사, 용변 등의 기능성을 잘 파악하여 정보를 수집하는 것이 중요하다. 일반적으로 클라이언트의 호소에 귀 기울이는 것이 케어 실천의 시작이다.

(3) 정신적인 정보

정신적으로는 어떠한 장애가 존재하고 있는가, 일시적인 장애인가, 영구적인 장애인가의 여부 및 정신기능의 상태, 일상생활의 자립성을 유지하는 데 있어서의 장애 대상자가 느끼는 불안감과 불편함, 이러한 제반 문제점들이 일상생활을 영위해 나감에 있어 얼마나 불편을 초래하는지의 여부를 잘 체크하고 있어야 한다.

(4) 정보의 정리

클라이언트에 대한 정보라는 것이 분절되거나 독립되어 있는 상태로는 별 도움이 안 된다. 정보의 종합화가 이루어져야 하며 전체적이고 복합적인 존재로서 그 대상자들을 파악하여야 한다. 일상생활을 단기간에 파악한다는 것은 매우 어렵다. 정보의 양과 질의 정도란 클라이언트와 케어복지사의 친밀감에 따라 차이가 나므로 시간의 경과에 따라 그 정보의 파악이 훨씬 커질 수 있다고 본다.

정보의 정리는 일상생활에 있어서 실제모습, 현재생활의 자립정도 및 상태, 현재의 문제와 그 영향정도로 일상생활의 문제점과 불편함 및 그 원인, 그러한 상황의 상호관련성을 분석하고 가장 적절한 케어가 무엇인지의 판단이 이루어져야 한다. 또한 문제의 해법이 케어가 요구하는 것인지의 여부를 결정하여야 한다.

2) 2단계: 사정

클라이언트를 사회생활상의 전체적인 관점에서 보아 여러 종류의 문제점이나 욕구를 사정하는 것이다.

완전하고 정확하며 관련성 있는 자료를 수집하는 사정과정은 개별적이고도 적절한 케어를 제공하는 데 필수적이다. 클라이언트의 요구와 이용할 수 있는 자원을 전 범위에 걸쳐 다차원적으로 파악하고 앞으로 이루어질 원조가 어느 정도로 효과적인지를 결정하는 데 중요한 역할을 담당한다.

사정은 클라이언트를 사회생활상의 전체적인 관점에서 파악하고, 현시점에서의 각종 문제점이나 욕구를 평가 · 사정하는 일이다. 클라이언트의 요구내용이나 그 정도를 파악하며 클라이언트의 능력을 파악하며 비공식적 지원의 역량을 파악하고, 공식적 서비스의 역량을 파악한다.

사정의 방법은 기본용지와 같은 정형화된 질문항목일람에 의한 경우와 정형화되지 않은 면접기법에 의한 경우가 있다.

사정의 내용은 대상이 되는 클라이언트의 차이에 따라 달라진다. 어느 클라이언트든 주로 현재의 문제상황, 신체적 · 정신적 건강상황, 일상생활 동작능력, 심리 · 사회적 기능, 경제상황, 클라이언트의 사기, 가치관 및 대인관계의 양상, 가족 · 이웃 · 친구에 관한 정보, 세대구성, 거주상황, 클라이언트의 자조능력, 프로그램에 대한 적극성, 지금 이용하고 있는 서비스나 지원, 서비스의 자격요건과 관련이 되는 경제상황이나 거주장소 등을 포함하고 있다.

자료수집이나 사정의 방법은 다음과 같다.
①접수단계에서 대화를 통해 알아낸다.
②기록지를 이용하여 직접 알아낸다.

③ 클라이언트의 생활환경에 동참하여 알아낸다.

④ 가정을 방문하여 알아낸다.

⑤ 주위환경을 통하여 알아낸다.

⑥ 유사한 사례를 분석하여 알아낸다.

⑦ 클라이언트의 과거나 현재의 기록을 통해 알아낸다.

⑧ 클라이언트의 일상생활과 일상생활 동작을 알아낸다.

(1) 사정의 내용

① 건강상황에 관한 욕구
- ADL(Activities of Daily Living, 일상생활 동작): 식사, 배변, 옷갈아입기, 화장실 이용, 앉기, 목욕, 가까운 곳 외출 등.
- PADL(Physical Activities of Daily Living, 신체적 일상생활 동작): 보기, 씹기, 걷기, 듣기 등.
- IADL(Instrumental Activities of Daily Living, 수단적 일상생활 동작): 손가락을 자유롭게 쓰기, 손을 머리 위로 올리기, 200~300m정도 걷기, 전화걸기, 시내버스나 전철 이용하기, 간단한 장보기 등. 건강상태의 자기주관적 평가, 질병과 의사수진의 유무, 건강상태의 만족도, 치매검사, 각종 정신장애의 유무 등.

② 가족관계에 관한 욕구
가족관계의 만족도, 동거자녀와의 대화정도, 부부관계의 만족도

③ 경제적 상황에 관한 욕구
월수입 정도, 경제적 평가

④ 직업생활에 관한 욕구
직업의 유무, 일의 만족도, 일하지 않는 이유

[표 5-1] _ 일상생활동작 목록(ADL)

일상생활동작 목록(I: Independent, A: Assistant, D: Dependent)	
1. 목욕	I : 타인의 도움 없이 수행 A: 신체의 한 부분(등이나 다리 등)을 씻는 데 도움받음 D: 신체의 여러부분을 씻는 데 도움받음
2. 옷입기	I : 타인의 도움 없이 신발, 옷을 입고 벗음 A: 신발 신는 데만 도움이 필요 D: 도움을 받아야만 옷을 입고 벗고, 신발 신고 벗음
3. 화장실 사용	I : 화장실에 가고 용변 처리를 위해 옷을 올리는 것 등을 타인의 도움 없이 수행 A: 화장실 가기, 용변처리, 혹은 옷을 올리기에 도움이 필요 D: 배변을 위해 화장실에 가지 못함
4. 이동	I : 타인의 도움 없이 일어나기, 의자에 앉고 서기 A: 자리에서 일어나기, 의자에 앉고 서기 등에 도움 필요 D: 자리에서 나오지 못함
5. 배변	I : 소변과 대변을 완벽하게 통제 A: 때때로 실금 D: 배변에 지속적인 감독이 필요하거나 도뇨관이 없으면 실금
6. 식사	I : 타인의 도움 없이 식사 A: 식사하는 데 일부 동작(음식 자르기 등)에는 도움이 필요 D: 도움이 없으며 식사를 할 수 없거나 위관영양(튜브)이나 정맥을 통한 영양공급

⑤ 주택환경에 관한 욕구

주택의 소유 여부, 주거환경

⑥ 삶의 보람에 관한 욕구

개인적인 행복도, 생활 속의 즐거움, 불안과 죽음

⑦ 사회활동에 관한 욕구

취미, 교양, 신문 · 잡지 구독 여부, 종교 유무

⑧ QOL(Quality of Life)

생활의 질적인 것으로 거주환경, 노동생활, 여가, 취미, 식생활 등의 생활의 만족도

(2) 사정의 특징

① 사정은 개개인의 개별화된 욕구를 바탕으로 한 것이다.

② 사정에는 신체적 · 심리적 · 사회적인 여러 가지 영역이 광범위하게 포함되어 있어 전체적이라 할 수 있다.

③ 사정의 내용에는 학제적인 것이 있으며, 때로는 팀이 수행하는 경우도 있다.

④ 사정은 클라이언트가 참가함으로써 진행된다.

⑤ 사정은 하나의 과정이며 클라이언트의 욕구와 사회상황 역시 시간과 함께 변화해간다.

⑥ 사정에서는 기준화된 스케일을 항목으로서 도입하기 때문에 체계적이다.

⑦ 사정은 문서화되어 있고 그 자체가 하나의 제작품이다.

(3) 사정의 지침과 방법

카우저(Cawger, 1994)가 말하는 케어워커의 사정 지침은 다음과 같다.

① 케어워커는 클라이언트를 믿어야 한다.

② 클라이언트에게 자신의 강점을 부각시켜야 한다.

③ 클라이언트에게 문제를 해결할 수 있는 사람은 본인 자신이다.

④ 케어워커와 클라이언트는 사정이나 케어실천에 있어서 공동으로 함께 해야 한다.

⑤ 사정은 하지만 진단은 해서는 안 된다.

⑥ 사정에서 주위환경은 문제해결을 위한 잠재적 자원이다.

펄만(Perlman, 1957)의 4Ps를 통하여 사정의 개념을 다음과 같이 살펴본다.

① 문제(problem): 클라이언트가 가지고 있는 문제의 성격을 알아본다.

② 개인(person): 클라이언트 개인의 행동이나 육체적 · 정신적 · 종교적 · 경제적 문제 중 어느 것이 영향을 미치는지 알아본다.

③ 장소(place): 기관에 대한 클라이언트의 인식. 기관은 클라이언트에게 적절한지 파악한다.

④ 과정(process): 클라이언트에게 원조하는 유형은 무엇이고 효과적인 접근은 어떠한 것인지 유형의 개념화를 말한다.

도어무스(Doermus, 1976)의 4Rs를 통하여 사정의 개념을 본다.

① 역할(roles): 클라이언트의 생활에서 역할의 만족도를 살펴본다.

② 반응(reactions): 클라이언트의 상황에 대한 반응이 어떤지 알아본다.

③ 관계(relationships): 주위환경과 클라이언트의 관계에 있어서 누구에게 영향을 크게 받는지도 살펴본다.

④ 자원(resources): 과거 클라이언트가 해결했던 자원과 문제해결을 위한 자원을 살펴본다.

세어의 4Ms로 사정을 위한 개념을 살펴본다.

① 동기(motivation): 클라이언트는 자신의 문제나 상황에 관해, 하고 싶은 것을 찾아본다.

② 의미(meaning): 자신의 삶이나 상황에서 문제를 부여하는 의미를 찾는다.

③ 관리(management): 문제나 상황을 해결하기 위해 시간과 자원을 활용한다.

④ 점검(monitoring): 케어워커는 클라이언트에 대한 자신의 영향을 점검하고 개입의 효과를 평가한다.

사정은 일방적인 과정이 아니므로 대상자의 적극적인 참여가 장려되어야 한다. 수동적인 역할은 의존감을 강화시킬 뿐이다. 적극적인 참여의 경우로는 그들 자신의 관심과 소망을 표현할 수 있는 충분한 기회를 제공하는 것을 들 수 있다. 물론 대상자의 견해에 가장 비중을 두어야 하지만 때로 가족들과 중요한 불일치가 있을 경우에는 가족들의 요구를 사정하는 것이 적절할 수 있다.

욕구사정의 결과를 기록할 때는 사실과 그 사실에 대한 케어자 자신의 견해를 구분해서 기록해두는 것이 중요하다. 대상자의 요구, 사태의 개선, 해결을 위해서는 수집된 객관적인 정보를 다방면에서 검토하여 정확하게 문제를 파악해갈 필요가 있다.

문제의 파악은 얻은 정보를 분석함으로써 가능하다. 정보는 객관적인 상태를 나타내는 것에 불과하지만, 사정은 거기에서 무엇이 문제인가를 분석해 가는 것이다.

분석에 있어서는 시각을 명확하게 해둘 필요가 있다.

• 상대방이 무엇을 바라고 있는가를 알고 그것에 따르는 것이다.

- 현상을 개선하거나 유지(악화 방지)하는 것이다.
- 장래 일어날 수 있는 위험성을 예측하여 위험을 회피 내지 예방하는 것이다.

또한 문제를 분석하는 데 있어서는 다음과 같은 점을 배려할 필요가 있다.

- 표면에 나타나고 있는 현상을 문제로서 파악할 것이 아니라, 상황의 배후에 숨어 있는 원인을 명확하게 한다. 문제행동을 단순히 문제로서 취할 것이 아니라, 문제 행동을 일으키고 있는 원인이나 배경을 명확하게 함으로써 진짜 문제를 파악할 수 있다.
- 문제현상의 상호관련을 명확히 한다. 표면에 나타나 있는 문제는 상호간에 서로 연관되어 하나의 현상을 나타내고 있는 경우가 있다.
- 잠재화되어 있는 문제를 발견하며 또 문제가 간과되는 것을 방지한다. 표면에 드러나 있는 현상만이 아니라 잠재화되어 있는 문제도 발견할 수 있도록 노력하지 않으면 안 된다. 그러기 위해서는 대상자에게 일어날 수 있는 위험성을 예측하기 위한 정보가 파악되어야 한다. 예를 들면 넘어질 위험, 욕창발생의 위험이 예측될 필요가 있다.

광범위한 시각에서 현상과 정보를 파악하고 문제를 간과하지 않도록 해야 한다. 경험에 비추어 문제를 파악해 가면 한쪽으로 치우치게 되어 중대한 문제를 간과하는 경우도 있다. 그것을 방지하기 위해서는 미리 발생하기 쉬운 문제 목록을 마련해 두거나 문제영역 등을 설정해 두는 것이 좋다. 문제를 분석할 때 사전에 수집한 정보로는 부족한 경우가 있다. 그때는 필요한 정보를 재수집한다.

3) 3단계: 케어목표의 설정과 케어계획의 작성

이 단계의 과제는 케어목표의 설정과 케어계획의 작성이다. 먼저 케어목표를 설정하고 그것에 기초해서 케어계획을 작성하여 각 클라이언트에게 필요한 개별화된 계획을 수립한다. 구체적으로는 클라이언트의 사회생활에서의 여러 문제와 그 문제들의 바람직한 해결방법을 일람표로 짜서 각 문제에 대한 바람직한 원조의 종류나 공급주체를 필요한 시간 수나 횟수에 따라 주어진 순서대로 실시한다.

케어계획의 작성 단계는 케어 실천의 구체적인 실행과정으로 케어의 구체적인 실행계획과 목표를 세우고 실천 가능한 프로그램을 작성하는 단계이며 케어를 직접 실천해 나가는 데 매우 중요한 단계에 속한다. 이 단계에서는 문제들의 우선순위를 정하고 목표를 설정하고 구체적인 해결방안을 세워나간다.

(1) 케어계획의 내용
① 케어에 필요한 사항을 결정한다.
② 케어의 필요도에 따라 우선순위를 정한다.
③ 케어목표를 설정한다.
④ 케어실천의 방법과 해결책을 세운다.
⑤ 기록으로 정리하고 문서화한다.

목표에 접근하기 위한 가장 첫 번째 필수적인 일은 계획의 수립이라고 할 수 있다. 케어의 실천은 개인 혹은 집단으로 접근할 수 있겠지만 어떠한 경우라도 케어의 구체적인 목표에 따라 개별화되어야 하고, 구체적인 계획의 수립이 필요할 것이다.

구체적인 케어계획은 일일, 주간단위의 계획을 세우고 시간의 경과에 따른 구체적인 실행 프로그램을 준비하는 것이 중요하다. 영원하고도 불변하는 목표란 없는 것이다. 시간의 경과에 따른 클라이언트의 변화를 면밀히 관찰하면서 케어목표를 변경할 필요가 있을 것이다. 문제를 해결하는 데 처음부터 큰 목표를 세우는 것이 아니라 현재의 목표와 장래의 목표를 구별하여야 한다.

(2) 좋은 계획의 특징
① 목적이 분명하고 그 목적에 기초할 것
② 활용가능한 자원과 주위환경을 최대한 이용할 수 있을 것
③ 외부환경에 능동적이고 탄력적으로 대응할 것
④ 우선순위가 분명하게 잘 정리정돈 되어있을 것
⑤ 이해하기가 쉽고 단순 명쾌할 것
⑥ 행동의 분석과 분류가 분명할 것
⑦ 균형이 있을 것

(3) 케어계획

① 한 사람에게 하나의 계획이 있을 것

② 실행 가능해야 할 것

③ 케어회의를 거쳐야 할 것

④ 방침과 계획이 결정되어 있을 것

⑤ 케어에 관련된 전 인원이 이해하고 있어야 할 것

⑥ 구체적이고 이해하기 쉬워야 할 것

⑦ 간결하게 문장화해야 할 것

⑧ 대상자와 가족에게도 설명 가능해야 할 것

⑨ 케어 실행 후에 예측이 제시되어 있을 것

⑩ 평가의 기준이 명확히 제시되어 있을 것

(4) 계획에 있어서 고려할 점

① 합의와 집단 의사결정

대체로 케어의 실천은 일대일로 수행되는 경우가 드물다. 특히 시설의 경우는 여러 명의 케어복지사가 원조에 참여하게 된다. 클라이언트에 대한 케어를 계획할 때, 참여자 전부의 합의와 의견을 수렴하여 최종계획을 정하는 것이 합리적이다. 많은 다른 실천가의 의견을 수렴함으로써 정확한 정보의 수집이 가능하며 합의에 의한 의사결정은 실행을 통하여 좋은 상승효과를 기대할 수 있다. 의견 합의도출을 위해서는 정기적인 케이스 회의가 필요하다. 회의에서는 특정인이 전체 의사결정권을 가져서는 안 되며 자유로운 의견이 보장된 상황 아래서 상대방의 의견을 존중하며 경청하는 자세에서 이루어져야 한다.

② 본인 그리고 가족의 의사존중

케어계획을 수립하는 것은 케어복지사가 케어를 쉽게 하기 위한 목적이 아니다. 클라이언트의 욕구가 가장 우선되어야 하며, 클라이언트의 의사와 욕구가 최대한 반영되어야 할 것이다. 클라이언트의 의사가 반영되지 않고 배제되어 있다면 아무리 좋은 취지로 했다고 할지라도 강제적인 것이 되기 쉽다. 클라이언트의 참가가 어려울 경우 클라이언트의 의사와 욕구를 어떤 방법으로든 확인해야 할 것이고, 이를 반드시 반영해야 한다. 본인이 원하고 바라는 대로 케어가 실천되어야 케어의 효과가 증대되리라는 것은 분명하다. 아울러 본인의 의사뿐만 아니라 가족들의 의견도 존중되고 반영되어야 할 것이다. 특별히 본인의 의사표명이 여러 가지 상황으로 인하여 불분명할 때 가족의 의사표현이 존중되어야 할 것이다. 가족의 의사 확인 과정도 반드시 필요하다. 때때로 본인과 가족의 생각이 다를 수가 있는데 이런 경우는 각각의 의견을 수용하면서 의견을 조정하도록 한다.

(5) 회의(conference)에 의한 결정

일반적으로 케어는 여러 분야의 전문가가 상호관계를 통해 원조가 이루어지는 팀워크 과정으로 전개된다. 대상자에게 관계하는 사람들의 전체적인 의견으로 결정하는 것이 중요하다. 여러 사람들의 관찰 및 정보를 기초로 함으로써 좀 더 다양하고 정확한 정보수집을 할 수 있다. 또 행동계획을 결정할 때에 전체적인 의견으로 행하는 것이야말로 확실한 실행을 기대할 수 있다. 개개인의 의사를 반영한 전체적인 의견이 있으면 그야말로 각자의 역할이나 책임이 명확하게 된다.

전체적인 의견을 형성하기 위해 서로 의논하는 장으로서 회의를 가질 필요가 있다. 회의는 특정한 사람이 권한을 독점하거나 결정권을 가지는 것이 아니라 모든 사람이 자유롭게 의견을 말할 수 있는 분위기어야 한다. 그러기 위해서는 상대방의 의견을 경청하고 존중하는 태도를 가질 필요가 있다.

케어복지사는 하나의 계획과정에 많은 전문가들의 다양한 관점을 조합·조정하는 노력을 수행해야 한다. 즉 대상자의 요구에 관해 관련된 사람들이 검토·논의하고 서로 정보를 공유하는 통합적인 과정을 이끌어 가야 한다.

(6) 케어계획과 케어플랜의 이해

케어계획은 케어복지사가 입안한 케어를 실행하기 위한 계획이다. 장애인이나 고령자에 대한 케어는 케어복지사만으로는 모두 처리할 수 없고 의사나 간호사, 보건간호사, 영양사, 장애인의 사회복귀(rehabilitation) 관계자 등의 협력이 불가결한 경우도 적지 않다. 타 직종과 서로 협력하여 업무를 진행하는 케이스에 관해서는 각 전문직마다 계획을 따로 세울 것이 아니라, 한 사람의 대상자에 대해 하나의 케어플랜을 작성할 필요가 있다.

케어플랜이 세워진 케이스에 관해서는 케어플랜에 따른 형태로 케어계획을 세워 가지만, 케어플랜의 실행이 곧 케어의 실천이 되기도 한다. 케어플랜을 작성하는 데 있어서는 각각의 직종이 전문성이나 전문기능, 역할 등을 살리면서 정보를 공유화하고 공통목표를 설정하며 각각의 역할분담에 기초한 행동계획을 명확히 하게 된다. 장애인이나 고령자의 케어가 관련직종의 연계하에 팀케어로 행함으로써 효과를 올리는 것을 생각할 때 케어복지사는 케어플랜의 작성에 관해서도 깊이 이해할 필요가 있다.

4) 4단계: 실시

케어의 실시는 클라이언트가 안전성과 편안함이 보장된 가운데 케어기술이 실천되어야 한다. 잠재된 능력을 잘 파악하여 클라이언트의 잠재된 에너지를 잘 끌어낼 수 있도록 해야 한다. 관찰과 주의집중을 통하여 매일 매일 대하는 클라이언트의 행동과 표현에 주의를 기울여야 한다. 결정된 케어계획은 각자의 결정과 판단에 따라 실시되어야 한다. 케어계획이 다소 불만족스러운 부분이 있더라도 일단 결정된 계획은 그대로 따라 주는 것이 바람직하다. 특히 케어서비스는 팀접근이 많기 때문에 팀전체의 의견과 의사는 항상 지켜져야 한다. 계획의 적절성 여부는 케어서비스 결과의 평가를 통하지 않고서는 판단하기가 어렵다. 실시한 케어서비스의 과정들은 상세히 기록으로 남긴다.

이 실시단계는 개별화의 원리, 주체성 존중의 원리, 변화가능성 존중의 원리 등의 가치에 입각하여 대상자의 선택, 자립(율)성, 자기해결을 존중하는 것이 중요하며 가치원리를 기반으로 하여 전문적 지식과 기술이 전개되는 과정이다.

또한 이 단계에서는 계획서에 명시된 서비스와 자원을 확보하고 조정한다. 서비스 조정은 지역사회 내에서 대상자가 필요로 하는 자원을 발굴하여, 대상자가 이용할 수 있도록 연결시켜 주는 작업이다.

한 기관 또는 한 전문가의 노력만으로 대상자가 필요로 하는 모든 서비스를 제공하기는 어렵기 때문에 케어복지사는 서비스의 공급 주체들과 평상시 좋은 관계를 맺으면서, 대상자가 그들의 서비스를 잘 이용할 수 있도록 원조해 주는 것이 중요하다. 아울러 실시과정은 케어종사자와 대상자의 협력과정이어야 한다. 전문직의 판단이라고 해도, 케어종사자의 일방적인 판단으로 일을 진행해서는 안 된다.

케어복지는 케어서비스가 제공되는 실천 장소에 따라 재가, 시설, 병원 등으로 구분할 수 있는데 클라이언트의 신체적 · 사회적 · 정신적 · 영적 여건 및 가족 간의 사정에 따라 케어유형을 선택할 수 있다. 그러므로 어떠한 내용의 서비스가 필요한지 어느 장소에서 케어를 원하는지에 따라 그것에 적합한 케어복지서비스의 실천 장소를 결정하는 것이 중요하다.

(1) 재가 케어서비스

클라이언트 자신의 가정에서 일상생활을 영위할 수 있도록 그 욕구에 따라 케어서비스를 받는 경우로서 현재 생활하고 있는 그 지역사회에 거주하면서 케어복지서비스를 받을 수 있어 가족 및 친족과 더불어 지역의 이웃들로부터 클라이언트가 필요로 하는 서비스를 지원받을 수 있다.

그러므로 클라이언트가 행복하고 건강한 생활을 영위하고 스스로 인간다운 삶을 유지할 수 있도록 도움을 주려고 할 경우에 적절한 케어서비스이다.

(2) 시설 케어서비스

사회복지시설 케어복지서비스는 심신의 장애와 경제적 이유 등에 의해 자력으로 케어할 수 없는 사정으로 인하여 기본적으로 24시간 전일제 보호가 필요하다고 인정될 때 선택하게 되는 서비스를 말한다. 대부분 재가 형태로 케어하다가 전문적인 케어가 힘든 경우 시설의 케어복지서비스로 전환하게 되는데 집중적인 간호, 치료, 훈련 등 지속적인 간호와 서비스가 요구되고, 그 목표는 자립과 재활에 중점을 두게 되며 케어의 연속성을 가지고 지속적으로 케어할 수 있어야 한다.

(3) 병원 케어서비스

병원에서의 케어복지서비스는 질환으로 인해 케어가 필요한 경우에 이용하게 되는 서비스를 말하고 질병을 예방 · 치료하며 재활뿐만 아니라 건강과 체력을 증진시켜 수명의 연장을 도모하고 활동적인 생활을 영위할 수 있도록 하는 케어서비스이다.

(4) 실천과정에서 케어복지사의 역할

케어의 실천에서 케어복지사는 역할에 따라 치료자의 역할, 중개자의 역할, 조력자의 역할, 교사의 역할, 변호자의 역할로 구분할 수 있다.

① 치료자

치료자의 역할은 케어실천 과정 중 가장 중요한 역할이라고 할 수 있는데 많은 클라이언트는 질병 때문에 케어를 요구한다.

케어복지사는 질병 케어를 함에 있어 대상자에게 활력징후(vital sign: 체온, 호흡, 혈압, 맥박) 등을 체크하여 의료기관에 통보하고 전문의사의 조언 등을 들을 수 있다.

케어복지사는 클라이언트의 영양상태를 파악할 수 있어야 하며 욕창 방지를 위해 클라이언트의 누워있는 자세의 이동 및 체위변경을 해 주어야 한다.

② 중개자

중개자로서의 역할은 목표달성을 위해서 공식적·비공식적 자원과 클라이언트를 연결시켜 주는 역할을 한다. 예를 들어 클라이언트에게 사회의 일원으로 삶을 살 수 있게 하기 위하여 생활상담원과 가정봉사원에게 서비스를 받게 하고, 경제적 케어를 하는 경우에는 공적부조금을 받게 해 주거나 민간에 의한 도움을 연결하여 클라이언트를 돕는 역할을 한다.

③ 조력자

조력자로서의 역할은 클라이언트가 스스로 자립할 수 있도록 확신을 심어주는 것이다. 대부분의 클라이언트는 심적으로 소심해져 있고, 미래에 대한 두려움이나 경제적·신체적 고통과 소외감에서 오는 불안감으로 인해 의욕이 저하된다. 이때 케어복지사는 클라이언트인 노인들에게 잠재력 및 내면에 숨어있는 힘을 최대한 발휘하면서 생활의 자립과 삶의 질이 향상될 수 있다고 조언해야 한다. 이러한 능력은 클라이언트 스스로 기회를 개발하거나 재활교육으로 얼마든지 가능할 수 있다고 설명한다.

④ 교사

교사로서의 역할은 클라이언트에게 프로그램을 이용한 교육을 하거나 질병예방교육을 하여야 한다. 예를 들어 클라이언트는 치매 예방 수칙을 정하여 클라이언트에게 숙지시키고 숙지능력을 점검하거나 새로운 수칙을 첨부하여 교육을 시켜야 한다. 노인들의 사회복귀를 위한 교육도 케어실천 과정 중 하나로 컴퓨터 교육이나 실생활에 적용할 수 있는 교육을 통해 자신감을 부여하고 재활할 수 있도록 하여야 한다. 이 밖에도 체험학습, 현장답사, 노인자원봉사 교육을 통하여 클라이언트도 사회의 구성원이라는 자부심을 갖도록 교육하여야 한다.

⑤ 중재자

중재자로서의 역할은 클라이언트와 주변환경과의 갈등을 완충시키는 역할이다. 클라이언트는 자식과의 갈등, 배우자와의 갈등, 그리고 사회모임이나 친구간에 갈등을 가질 수 있다. 현대의 노인들은 자식과의 갈등이 자주 등장하는데 여기에 재산문제나 부양문제로 인한 갈등이 많다. 재산문제는 법률적 자문을 얻어서 개입하여야 하고 부양문제는 클라이언트보다는 자식과 대화를 통하여 해결하여야 한다.

⑥ 변호자

클라이언트 중 지적 능력이 저하된 클라이언트와 치매로 인한 고령자들은 의사능력이 충분하지 않기 때문에 스스로 권리를 행사하기 위해서 법적 소송을 하는 경우가 있다. 이때 클라이언트는 능력이 미약하거나 해결할 방법을 모르는 경우가 많다. 케어복지사는 법정 대리인은 아니지만 공적 기관의 판결이나 검증을 받아 대리인 역할을 할 수 있는데 이것이 변호자로서의 역할이다. 케어복지사는 클라이언트의 권리를 위해서 이러한 변호자의 역할도 수행해야 한다.

5) 5단계: 종결 및 평가

종결단계는 클라이언트와 케어복지사 간에 공적으로 맺어진 관계를 끊는 단계이다. 종결과정에서는 다음 사항을 준수하여야 한다.

① 종결시점이 다가올 때 케어복지사가 종결시점을 통보하기보다는 클라이언트 스스로가 준비하게 하여야 한다. 클라이언트의 감정이나 마음의 변화를 최소로

하여야 한다.

② 클라이언트 스스로가 종결을 원할 때 케어복지사는 종결로 인한 위험이나 부정적인 면을 클라이언트에게 설명하고 클라이언트의 가족에게 종결을 알려야 한다.

③ 종결 후에도 클라이언트가 사회적 서비스를 지속적으로 받아야 할 경우는 해당 기관에 종결을 통보하여야 한다.

④ 종결 시기가 가까울수록 케어복지사는 클라이언트와의 접촉 횟수를 줄여야 한다.

⑤ 케어복지실천 윤리규정 중 비밀 준수의 의무를 지켜야 한다.

종결을 마친 후 케어복지사는 그동안 해온 프로그램이나 서비스의 결과, 수집된 자료를 가지고 사례별 보고서로 작성하여 실천사항을 기록으로 남겨두어야 한다.

평가는 실제 케어수행의 결과가 얼마나 안정되게 유지될 것인가를 결정하는 단계이며, 의도했던 결과가 달성되었는지 목표달성이 케어수행에 기인된 것인지 여부에 대한 평가를 포함한다. 이 단계의 목적은 다음과 같다.

① 계획이 어느 정도 적절히 수행되고 있는지 확인한다.

② 계획에서 언급한 목표가 달성되고 있는지 확인한다.

③ 개개의 서비스나 지지의 내용이 적절한지 검토한다.

④ 계획의 변경을 요하는 대상자에게 새로운 요구가 생겨나고 있는지 등을 평가한다.

평가는 케어가 수행된 즉시, 혹은 수행되는 동안에 이루어지는데 이것은 수행되는 동안에도 필요하면 수정이 가능하도록 해준다. 평가는 특정한 간격으로 수행되기도 하는데 이는 목표달성을 향한 진행과정의 정도를 보여주며 케어자가 부족한 것으로 교정하고 필요시에 케어계획을 수정할 수 있도록 해준다.

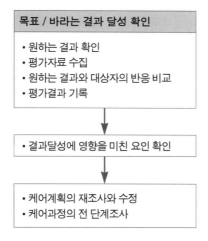

평가의 기준은 다음과 같은 점에 유의해야 한다.

① 일상생활 동작(ADL)의 자립도

② 정신적 · 신체적 증상의 변화: 호전, 유지, 악화 등

③ 생활환경의 쾌적성, 안정성

④ 가족, 주위 사람과의 인간관계: 개선 혹은 악화

⑤ 만족의 정도: 자기결정에 따라 성취된 욕구검사, 케어자에 대한 만족도, 삶의 보람 정도

케어서비스의 최종목적지는 클라이언트이므로 결과에 대해서는 가능하면 클라이언트로부터 정보를 얻는 것이 중요하다. 케어의 결과가 처음 추정치와 다르게 나타났을 경우 욕구의 정확한 파악이 처음부터 잘못 세워졌을 가능성이 높거나 클라이언트의 상황이 변했을 가능성도 있음에 주의해야 한다.

케어복지 종사자의 활동영역과 관련직종 간의 연계

6장

제6장 케어복지 종사자의 활동영역과 관련직종 간의 연계

1. 케어복지 종사자의 활동영역

케어복지 종사자의 활동영역을 개략적으로 살펴보면 사회복지시설 및 기관, 재가 가정봉사원 서비스 센터, 실버비즈니스 분야, 노인보건시설, 노인병원 등이 있다. 이러한 활동영역은 케어를 주된 목적으로 하는 곳도 있고 그렇지 않은 곳도 있지만 케어업무를 둘러싼 여러 유형의 전문직종들로 구성되어 있다. 케어복지 종사자는 이러한 전문직종과의 긴밀한 연계하에 케어업무에 종사하고 있다.

케어를 필요로 하는 사람들은 고령노인이나 장애인이 주를 이루며, 신체적 · 정신적인 장애로 인하여 통상적인 일상생활을 영위하는 데 곤란을 겪는 사람들이다. 국제장애분류 2001년 판의 장애모델의 측면에서 볼 때 케어대상자는 심신기능 장애, 활동제약과 참여제한을 가진 사람들로 볼 수 있다.

케어복지 영역에서 활동하는 전문직종으로서는 케어복지사, 의사, 약사, 간호사, 작업치료사, 물리치료사, 언어치료사, 심리치료사, 의지보장구 기사, 영양사, 복지주거환경 설계사, 자원봉사자 등이 있다.

이와 같이 많은 전문직과 자원봉사자들이 케어업무와 관련되어 있는데, 이는 우리

사회가 발전하고 사람들의 삶의 질이 높아지면서 다양한 욕구를 충족시키기에는 단일 직종으로는 어렵기 때문이다. 따라서, 대상자들의 다양하고 복합적인 욕구를 효과적으로 대응하기 위해서는 케어복지 종사자와 관련 직종 간의 긴밀한 연계가 필요하다. 오늘날 우리나라에서 케어복지사로서 활동할 수 있는 사회복지시설 및 기관을 개략적으로 살펴보면 다음과 같다(모선희 외, 2005).

1) 노인주거복지시설

노인주거복지시설은 양로시설, 실비양로시설, 유료양로시설 등이 있으며 이용대상자의 경제력과 부양자 유무에 따라 구분된다. 즉 양로시설은 일상생활에 지장이 없는 65세 이상 노인 가운데 국민기초생활보장 수급노인과 수급노인은 아니지만 부양의무자로부터 적절한 부양을 받지 못하는 노인이 무료로 이용할 수 있다. 실비양로시설은 정부에서 정한 일정한 소득 이하(2005년의 경우 1인당 월평균소득은 90만 원)의 일상생활에 지장이 없는 65세 이상의 노인이 이용할 수 있으며, 유료양로시설은 단독취사 등 일상생활에 지장이 없는 60세 이상 노인이 이용할 수 있고 전액 본인 부담으로 되어 있다.

2) 노인의료복지시설

노인의료복지시설은 치매, 중풍, 노인성질환 등으로 치료와 요양을 필요로 하는 노인이 이용할 수 있는 생활시설로 노인의 경제력과 부양자의 유무 및 질환의 중증에 따라 노인요양시설, 실비노인요양시설, 유료노인요양시설, 노인전문요양시설, 유료노인 전문요양시설, 노인전문병원으로 구분된다.

3) 재가노인복지시설

재가노인복지시설은 가정봉사원파견시설, 주간보호시설, 실비주간보호시설, 단기보호시설이 있다. 재가노인복지시설을 이용하는 노인들은 경제력과 부양자의 유무에 따라 무료, 실비, 유료서비스를 받을 수 있다. 65세 이상 국민기초생활수급권자와 65세 이상 저소득층 노인 중 부양의무자로부터 적절한 부양을 받지 못하는 노인에게는 무료로 서비스가 제공되며, 실비는 65세 이상 노인과 그 가족의 월평균소득이 정부에서 정한 월평균소득액 이하의 소득일 때 적용된다.

4) 장애인생활시설

장애인생활시설은 장애인이 필요한 기간 동안 생활하면서 재활에 필요한 상담·치료·훈련 등의 서비스를 받아 사회복귀를 준비하거나 장기간 요양하는 시설을 말한다. 시설은 대상장애인 유형별로 구분되며 지체장애인 및 뇌병변장애인 생활시설, 시각장애인 생활시설, 청각·언어장애인 생활시설, 정신지체인·발달장애인 생활시설, 중증 장애인 요양시설, 장애인영유아 요양시설 등이 있다.

장애인생활시설의 대상은 등록장애인에 해당하며 국민기초생활보장법상 수급자와 입양기관 보호아동은 우선적으로 입소할 수 있다. 그리고 복지시설기관이 직권 또는 장애인이나 그 가족 등의 입소신청에 의하여 당해 장애인에 대한 검진과 상담 또는 가정실태조사 등을 행하고 장애인복지시설에 입소 및 통원 또는 그 시설을 이용하게 하는 것이 필요하다고 인정되는 사람도 보호대상이다.

5) 재가복지서비스

장애인에 있어 재가복지란 재가에서 생활하면서 자립조건이 결여되어 타인의 지원을 필요로 하는 사람에게 치료와 교육, 직업훈련서비스 등을 받을 수 있도록 통원이 가능한 이용시설을 설치, 운영하여 각종 서비스를 제공하는 것을 말한다.

우리나라에서 장애인을 위한 정부 주도의 재가복지사업은 1992년에 이들 가정을 직접 방문하여 필요로 하는 서비스를 제공하는 재가복지봉사센터를 사회복지관 부설로 설치하면서 본격적으로 시작되었다. 현재 장애인을 위한 재가복지기관은 장애인종합복지관과 장애인종합복지관 부설로 설립되어 있는 장애인 재가복지봉사센터, 한국사회복지협의회 부설로 설립되어 있는 자원봉사정보안내 센터, 장애인 체육관, 주간보호시설, 단기보호시설, 공동생활가정 등이 있다. 일반 사회복지기관에서도 장애인복지사업을 실시하고 있으며, 재가복지봉사센터의 재가복지서비스 중에서 장애인이 자주 이용하는 서비스로는 장애인을 위한 가사서비스, 간병서비스, 정서서비스, 의료서비스, 자립지원서비스 등이 있다.

2. 케어복지 종사자와 관련직종 간의 연계

연계라는 것은 대상자에 대해 서비스를 제공함에 있어서 좁은 의미로는 케어복지 종사자들만의 연계도 있지만 넓은 의미에서는 케어복지, 의료, 보건분야가 한 팀으로 구성되어 움직이는 경우도 많다. 어쨌든 연계를 효과적으로 행하기 위해서는 다음과 같은 조건들을 충족시키는 것이 중요하다.

첫째, 정보의 공유이다. 이는 케어복지서비스 대상자가 처한 환경(가족관계, 이웃관계, 케어 정도, 경제문제, 심리적 문제, 기타)에 대한 정보공유이다.

둘째, 관련 직종 업무에 대한 이해이다. 케어복지 대상자에 대한 정보수집 및 평가와 케어실천과정에 있어서 관련 직종의 전문가와 정확한 역할분담을 위해 필요하다. 이를 위해서는 우선 관련 직종의 업무내용과 가치, 그리고 그 직종이 가지고 있는 목표에 대한 이해 등이 중요하다.

셋째, 목적공유와 명확화이다. 관련직종의 역할에 대한 이해를 바탕으로 공유하고자 하는 사례에 대한 평가와 케어플랜을 공유하고 명확히 하는 것이 중요하다.

이와 같은 조건을 전제로 하여 관련 직종간의 정기적인 사례회의나 다양한 발표회 등을 통하여 의사소통 구조를 원활히 가지는 것이 대상자의 욕구파악과 실천서비스에 효과적이다.

1) 의료진과의 연계

케어복지서비스 대상자는 어떠한 장애나 질병을 가진 허약한 사람들이 많기 때문에 신체적인 상태가 좋지 않다. 따라서 케어복지사는 대상자의 신체적인 징후를 정확하게 관찰할 수 있는 능력이 요구되지만 한계가 있기 때문에 의료관계자와 긴밀한 연계가 필요하다.

2) 케어복지직과 간호직과의 연계

케어복지활동은 서비스 대상자에 대해 '생활'에 시점을 두고 생활기능의 유지향상을 목적으로 하고 있다. 케어복지사의 자격은 민간자격증으로서 명칭독점이다. 이에 반해 간호영역에서는 간호사가 아니면 안 되는 업무독점의 영역이 있다. 간호직의 업무에는 건강에 시점을 두고 질병예방, 건강의 유지증진, 질병회복, 진료보조업무 등이 있다. 따라서 간호직과 케어복지 종사자의 협력과 연계를 하는 것이 대상자의 질(QOL)을 높여나가는 데 중요하다.

그러나 케어실천과정에서는 간호직과 케어복지직과의 연계만으로는 한계가 있기 때문에 의사, 물리치료사, 작업치료사 등의 지원을 받아 일상생활상의 케어의 질을 높여나가야 할 것이다.

3) 사회복지관련 직종과의 연계

케어복지 종사자가 케어활동을 영위함에 있어서 사회복지분야에서 활동하는 전문가와의 연계는 매우 중요하다. 같은 시설 내에서 일하는 직원과는 케어방법이나 목표 등에 대하여 일치된 방침으로 협력하는 것이 기본전제가 된다. 사회복지사나 영양사, 사무직원, 이송담당자 및 시설의 안전정비담당자, 자원봉사 관리자 등과의 연계도 빼놓을 수 없다.

최근, 케어복지시설이 주간보호센터나 단기보호센터 등 재가케어 프로그램을 점차 도입하고 있는 추세이기 때문에 지역사회와 시설의 서비스를 동시에 이용하고자 하는 사람들이 증가할 것이다. 따라서 지역사회에 어떠한 사회복지관련 자원이 있는지, 또는 그 자원이 가진 서비스의 기능을 잘 이해해 둘 필요가 있다.

3. 케어복지사 · 간호사 · 사회복지사 간의 관계

1) 케어복지사와 간호사와의 관계

　　케어복지사와 간호사는 다른 전문직종에 비해 케어활동업무에 있어서 매우 밀접하고 유사한 관계에 있지만 업무내용상 상이한 부분이 많다.

　　먼저 간호사는 국가자격을 가진 의료영역의 전문직으로서 의료법 제2조(의료인)에 의하면 "간호사는 상병자 또는 해산부의 요양상의 간호 또는 보조 및 대통령령이 정하는 보건활동에 종사하는 임무로 한다"로 규정되어 있다. 이에 반해 케어복지사는 민간자격에 의한 복지영역의 전문직으로서 민간자격 가운데 가장 공신력을 갖고 있는 한국케어복지협회에 의하면 "케어복지사는 케어복지에 관한 전문지식과 실천기술을 가지고 신체적 또는 정신적 장애로 인하여 일상생활에 제한이 있는 자에 대해 입욕, 배설, 식사, 기타 케어행위 및 케어에 관한 지도를 행하는 것"으로 규정하고 있다. 한국케어복지협회에서는 협회 주관의 자격시험을 통하여 케어복지사 1급(협회 회원대학이나 대학원에서 소정의 교과목을 이수하고 자격시험을 합격한 자)과 2급(협회에서 승인한 양성기관에서 200시간 이상의 2급 교육과정 이수 후 자격시험에 합격한 자)을 부여하고 있다.

　　이상에서 보면 간호사는 환자에 대한 '요양상의 케어'와 '진료보조'를 하는 것으로 설명할 수 있고, 케어복지사는 장애가 있는 자에 대해 일상생활상의 '케어'와 '케어지도'로 설명할 수 있다. 또 다른 관점에서 간호영역에서의 케어는 환자에 대한 치료나 회복시점에서 케어를 실천하는 것이며, 케어복지영역에서의 케어는 복지 시점에서 대상자에 대한 일상생활상의 신체적 및 심리적 케어이다.

　　결론적으로 간호사와 케어복지사의 관계는 간호적 케어와 복지적 케어로 구분하여 분류할 것이 아니라 대상자의 관점에서 케어영역을 동일 업무로 하는 상호보완적 관계로 나아가야 할 것이다.

2) 케어복지사와 사회복지사와의 관계

　　사회복지사는 민간자격인 케어복지사와는 달리 1985년 사회복지사업법이 개정되

[표 6-1] _ 간호사 · 케어복지사 · 사회복지사 간의 관계

구 분	영역	대상	욕구	기능	특징
간호사	의료	건강문제 대상자	질병의 안정적 처치 및 정신적 안정	진료보조, 요양케어, 의료기기 취급	치료회복을 통한 자립지원
케어복지사	복지	복지서비스 대상자	케어, 가사상담 및 조언, 복지기기 이용 요망	케어지원, 가사지원, 심리 · 정신 · 사회적 지원	신체적 케어를 통한 자립지원
사회복지사	복지	복지서비스 대상자	상담 · 지원의 요망	직접적 · 간접적 지원기술에 의한 상담과 지원활동	심리적 · 정신적 상담과 지원

※출처: 成清美治, 『新 介護福祉槪論』, 學文社, 2003: 14에서 재구성

면서 사회사업가 또는 사회사업 종사자의 명칭이 '사회복지사'로 규정되어 사회복지전문직으로 탄생한 국가자격이다. 다만, 간호사와 같이 업무독점이 아니라 아직까지 명칭독점이다.

　사회복지사의 업무내용을 보면 사회복지사업법 제2조(정의)에서 사회복지서비스를 행하는 자를 사회복지사로 해석하였을 때, "'사회복지서비스'라 함은 국가 · 지방자치단체 및 민간부문의 도움을 필요로 하는 모든 국민에게 상담 · 재활 · 직업소개 및 지도, 사회복지시설의 이용 등을 제공하여 정상적인 사회생활이 가능하도록 제도적으로 지원하는 것을 말한다"로 정의되어 있다.

　이상의 내용에서 보면 케어복지사가 장애가 있는 노인이나 장애인에 대해 일상생활상의 신체적 또는 정신적 케어업무에 국한되어 있는 반면, 사회복지사의 업무는 모든 국민을 대상으로 하면서 상담 및 재활, 지원 등 폭넓게 정의되어 있다. 그러나 사회복지사나 케어복지사의 관계는 양자 모두 사회복지의 지식 · 기술 · 가치/윤리를 공통기반으로 하는 사회복지전문직이다. 광의의 개념에서 양자의 관계를 살펴보면 양자는 인간존엄성에 기반을 두고 서비스 대상자의 생활상의 문제에 대해 전문적 기술을 구사하여 지원활동을 실천하는 사회복지전문직이다. 또한 협의의 개념에서 양자의 관계는 사회복지사의 업무가 주로 상담이나 지원업무이지만 케어복지사의 업무는 일상생활상의 케어이다.

　그러나 케어복지사 양성과정에서도 사회복지실천론이나 사회복지실천기술론 등

사회복지사에게 요구되는 과목들이 필수과목으로 개강되어 있고, 또한 케어를 실천하는 과정에서 서비스 제공자와 대상자 간에 신뢰관계나 사회자원 활용 등에 있어서 상담과 지원업무는 필요불가결한 것이다. 또한, 대상자에 대한 케어가 개별화를 지향하는 패러다임으로 전환되는 시점에서 사회복지사와의 관계는 더욱 밀접하다고 볼 수 있다.

4. 케어복지 종사자의 안전관리

케어복지종사자는 케어활동을 함에 있어서 케어복지사 자신이 신체적으로 건강하고 정서적으로 안정되어 있는 것이 중요하다. 자기 자신이 안정된 상태가 아니면 질 높은 케어활동을 할 수가 없으며 사고를 일으키기 쉽다. 케어복지 종사자가 안전하게 케어활동을 하기 위해서는 다음의 안전예방 방법을 들 수 있다.

1) 자기관리

케어활동은 그 업무 특성상 불규칙한 근무형태가 많고 다양한 욕구를 가진 대상자를 상대로 하여 서비스를 제공하기 때문에 정신적인 스트레스를 받기 쉽다. 따라서 자기 스스로 기분전환을 꾀할 수 있는 방법을 연구하거나 찾는 것이 중요하다. 또한 하나의 예로서 케어복지 종사자는 요통을 일으키기 쉽기 때문에 보디메카니즘의 원칙에 따라 케어를 하거나 요통에 걸리지 않도록 요통체조를 평상시에 해두는 것도 좋다.

2) 건강관리

산업안전위생법에 따라 고용주에게는 피고용자의 건강진단이나 산업재해 방지를 위한 대책을 강구하거나, 건강지도를 실시할 것을 의무화하고 있다. 법적으로 정해진 정기건강진단이나 특수한 검진은 반드시 진료받을 수 있도록 하는 것이 좋다.

3) 안전대책 매뉴얼 준비

케어복지 대상자 중에는 간염 경력을 갖고 있거나 전염병을 발병할 가능성이 있는 사람도 있다. 이러한 대상자에 대해서는 시설 내에서나 각 기관의 독자적인 케어 기준이 되는 매뉴얼을 작성해 둘 필요가 있다. 케어복지 종사자는 이와 같은 질병에 대해서 올바른 지식을 가지고 무서워하거나 거부하지 않도록 전문가로서의 자각을 가져야 한다. 예를 들어 B형 간염의 경우에는 예방접종으로 예방이 가능하기 때문에 고용주에게 요청하여 접종하도록 하는 것도 좋은 방법의 하나이다. 또한 대상자에게서 어떠한 사고가 발생한 경우에는 대상자나 가족과의 트러블이 일어날 가능성도 배제할 수 없다. 이러한 때에는 대상자에 대한 기록을 어떻게 하였는가에 따라 문제가 달라질 수 있다. 대상자의 상황이나 케어내용 등을 정확히 기록하여 둔다면 케어복지 종사자 자신을 지키는 길이 된다. 기록은 매회 정확하게 시설이나 기관의 양식에 의해 공식적으로 기재하는 것이 좋다.

일상생활에 대한 기본 기술

7장

제7장 일상생활(ADL)에 대한 기본 기술

1. 의사소통

1) 의사소통의 의의

우리들은 일상생활을 영위함에 있어서 다양하고 많은 사람들과 인간관계를 맺기도 하고 때로는 어떠한 이유로 끊기도 한다. 하루 하루를 즐겁고 건강하게 보내기 위해서는 사람들과의 관계를 잘 유지시켜 나가는 것이 중요하며, 이를 위해 중요한 요소로서 작용하는 것이 의사소통이다.

의사소통에는 언어에 의한 언어적 의사소통과 몸짓, 동작, 표정, 느낌 등 비언어적 의사소통이 있으며, 전달하는 사람과 받는 사람이 함께 공동행위를 해야만이 성립될 수 있다. 즉, 전달자의 내용에 따라 전달받는 자가 반응을 하면서 상호 진행시켜나가는 것이다.

케어에 있어서도 쌍방 간에 의식적으로 의사소통을 잘 활용함에 따라 서로가 의도하는 것이나 정서적 교류 등이 가능하게 되며, 그 결과 케어자와 대상자 간에 원만한 관계가 이루어진다.

또한, 의사소통에 있어서는 당사자들의 자세가 중요하다. 상대방에게 적극적으로 관심을 가지고 수용적인 태도로써 대하는 것이 기본이다. 상대방이 안고 있는 문제나 현재의 기분, 장애정도나 상태, 생활의 어려움 등 상대방의 입장이 되어 생각하는 것도 중요하다(中島紀惠子 외, 2001: 46-49). 완전하게 상대방의 입장이 된다는 것은 불가능하지만 적어도 이와 같은 태도로써 대하는 것이 상대방과의 신뢰관계를 형성하는 데 밑거름이 된다.

아울러 케어복지사라는 전문 직업인으로서 가치관이나 감정도 의사소통에 있어서 중요하다. 케어복지사 개개인의 감정이나 가치관이 있겠지만 본인의 가치관이나 주관적인 생각을 우선으로 할 것이 아니라 케어직업인으로서의 가치관을 우선으로 하여 대상자의 주체성과 자기존중을 중요한 과제로 삼아야 한다. 이를 위해서는 상대방의 말을 신중하게 듣고 충분하게 대화를 나눌 수 있는 환경과 마음가짐이 중요하다.

2) 케어에 있어서 의사소통

일반적으로 케어의 장면에서 가장 많이 활용되는 수단은 언어적 의사소통이다. 일상생활 속에서 큰 비중을 차지하는 대인관계도 '말하기, 듣기'를 반복하는 언어적 의사소통에 의해서 상대방의 기분을 이해하고 반응이나 행동에 따라 의사를 전달하는 경우가 많다. 따라서, 말하는 내용이나 서로의 이해정도에 따라 상대방에게 좋든 싫든 반응하면서 대인관계가 좋게 되든지 나쁘게 되든지 하게 된다.

말할 때에는 정확한 단어사용과 표현방법, 말의 속도에 주의하고 상대방의 반응을 보면서 이해정도를 확인하는 것이 중요하며, 또한 상대방이 말한 것을 본인은 이렇게 이해하고 있다고 상대방에게 확인하는 것도 중요하다.

그러나 케어를 필요로 하는 사람 중에는 언어적 의사소통이 원활하지 못한 사람도 많기 때문에 언어의 형태가 아닌 비언어적 의사소통으로 자기의 기분이나 상태를 전달하고자 하는 사람도 적지 않다.

비언어적 의사소통의 영역에는 다음과 같은 것을 들 수 있다(片山信子외, 1999: 3-4).

(1) 신체적 동작
손발의 움직임이나 머리의 움직임, 얼굴표정, 눈 동작, 자세 등 동작이나 몸짓으로

자기의 기분을 전달하는 것

(2) 소유적 행위

자기 소유물에 대한 관심이나 반응, 자기생활공간을 지키려는 행위 등으로 자기의 소유물이나 생활을 지키려고 표현하는 것

(3) 심리적 공간 활용

공감이나 사랑, 분노나 적의 등 자기의 심정을 침묵으로 표현하여 전달하는 것

(4) 시간적 공간 활용

조금 서둘면서 말을 건넨다든지, 빠른 걸음을 한다든지 평상시와는 다른 시간 활용을 하면서 자기의 기분을 전달하는 것

(5) 신체접촉(skinship)

손을 잡아주고 아픈 다리를 주물러주고 머리매무새를 바로 고쳐주고 상대방의 신체에 접촉하는 등 자기 속에 있는 배려, 이해, 동정, 안정 등 긍정적인 감정을 전달하는 것

3) 의사소통의 유형

(1) 언어를 통한 의사소통

말과 글의 발달은 인간으로 하여금 지극히 복잡한 사회를 만들게 하였고, 정확한 지식을 발전 · 소유하게 했으며, 또한 그것을 다음 세대로 전달할 수 있도록 하였다.

일단 언어가 발달된 이상 표면적으로는 언어적 의사소통이 가장 간편하고 솔직하며, 또한 만족스런 과정으로 생각된다. 의도적으로 의미하는 바를 말로써 전달한다는 것은 지극히 복잡하고 어려운 과정인 것이다. 이러한 어려움은 사용하는 언어의 차이 또는 같은 언어 내에서도 방언간의 차이, 특정한 단어의 의미나 용법의 차이, 단어의 정확한 의미에 대한 지식이나 대중합의의 결여, 특별한 감정이나 뉘앙스를 표현하는 어휘의 제한 등에서 비롯될 수 있으며 그 난점을 열거하면 수없이 많다.

흔히, 말하는 사람은 실제로는 그 말이 무엇을 의미하고 있는지, 또는 듣는 사람에게 미치는 메시지의 영향이 무엇인지를 깨닫지 못한 채 자신의 일부인 양 매우 습관적으로 어구나 단어들을 사용하곤 한다.

사람이 말로써 자신의 생각이나 감정을 표현한다는 것은 쉬운 일이 아니다. 왜냐하면 듣는 사람의 문화가 자유로운 표현을 금지하기도 하며, 말하는 사람은 듣는 사람의 반응을 두려워할 뿐 아니라 애써 표현할 바를 찾으려는 자신을 용납할 수 없기 때문이다. 말하는 사람이 이러한 상황에 처할 경우 자신이 말하는 진정한 의미를 숨기는 위장된 방식을 취할 수 있다. 만일 표현하는 것이 고통스럽거나 그에게 위협적인 경우 그는 과잉행동을 취하거나 참된 의미와는 반대되는 말을 할 수도 있는 것이다(한국케어복지협회, 2001: 41-42).

언어적 의사소통이라고 하는 것은 말을 사용해서 전달하는 방법이다. 연령이나 사고방식, 경험, 가치관의 차이 등으로 받아들이는 방식이 다르든지 오해가 발생한 경험은 없는지, 상대에 의해서 언어가 의사소통의 도구가 되기 위해서는 언어가 가진 의미를 공유할 필요가 있다. 이때 말의 의미를 이야기하는 것이 대단히 중요하다. 또한 언어적 의사소통에는 문자로 전달하는 방법도 있다. 문자는 이야기하는 말과 달라서 사라지지 않도록 몇 번이고 다른 발음으로 읽는다. 내용을 확실하게 전달할 수 있는 이점이 있다.

(2) 비언어적 의사소통

언어를 사용하지 않는 의사소통은 한 사람에게서 다른 사람에게로 정보가 전달되는 가장 기본적이고 원시적인 형태로서 신호에 의한 메시지이다. 메시지가 타당한지 긴급한지, 내용이 유머러스한지 심각한지 또는 비꼬아서 하는 말인지를 비언어적 의사소통을 통해서 알게 된다. 적의 있는 말도 웃거나 윙크하면서 혹은 등을 치면서 하면 부드러워진다. 보내는 메시지를 보면 참으로 관심이 있는지 무관심한지 화가 났는지 등 그 사람의 태도를 알 수 있다. 이처럼 듣고 있는 메시지를 비언어적 의사소통을 통해서 해석할 수 있다.

언어적 의사소통이 '무엇'을 얘기하느냐에 관한 것이라면 비언어적 의사소통은 '어떻게' 얘기하느냐에 관한 것이다. 즉 비언어적 의사소통은 좀 더 정확하게 언어적 의사소통을 해석하게 해준다. 눈으로 보는 것은 들은 것을 더 잘 이해하게끔 해준다.

전화를 통한 경우에서는 말하는 사람을 볼 수 없기 때문에 그 말의 진정한 의미라든지 감정을 파악하기 어렵다.

비언어적 의사소통은 말 이외의 방법을 사용해서 표현하는 방법으로 음성의 크기, 속도, 말의 상태, 표정, 태도, 눈 움직임, 몸짓, 손짓거리 등에 의해서 나타나게 된다. 이러한 방법은 무의식적으로 사용하는 경우가 많지만 말보다도 강한 표현이 될 수도 있는 경우가 있으므로 주의할 필요가 있다(한국케어복지협회, 2001: 45-46). 비언어적 의사소통의 중요한 몇 가지 형태를 보면 시선접촉, 목소리의 어조, 얼굴표정, 팔과 손의 동작, 몸의 자세, 옷차림과 외모 등을 들 수 있다.

나이가 많다든가, 질병 때문에 말하고 듣는 것이 부자유한 고령자에게는 보통 이상으로 의사소통을 취할 수 있도록 연구와 노력이 필요하며 비언어적 의사소통이 중요하게 된다. 비언어적 의사소통은 언어적 의사소통을 대신한다든지 보충하는 것이 가능하다.

2. 관찰

1) 관찰의 의의

관찰이란 어떤 것을 주의해서 잘 본다든지 호감을 가지고 주의 깊게 의식적으로 실태나 실정, 상태, 욕구, 건강상태 등을 보는 것이다. 유의해야 할 점은 선입관이나 편견을 버리고 그대로 보는 것이며 왜, 무엇이, 어떻게 일어나고 있는가를 밝혀 내는 과학적인 태도를 갖는 것이다.

모든 것을 관찰할 수 없기 때문에 관찰은 케어복지사가 알고자 하는 것을 선택하여 대상으로 삼는 의도적이고 계획적인 활동을 의미하는데 훌륭한 케어자는 훌륭한 관찰자가 되지 않으면 안 된다. 왜냐하면 케어를 필요로 하는 사람은 생활장애와 심신기능의 장애를 갖고 있기 때문이다. 적절한 원조는 먼저 그 사람의 건강상태와 장애정도를 정확히 파악하는 것에서부터 시작된다. 일상생활에 어떠한 불편함이 있으며 무엇을 어떻게 원조하며 건강할 때와 비슷한 생활리듬과 습관을 유지할 수 있을까를 판단해야 한다. 케어과정에서 가능한 한 빨리 불편함의 징후를 잘 판단한다면 필요한 대처를 빨리 할 수 있고 상태가 크게 악화되지 않을 수 있다. 따라서 케어자가 개발해야만 하는 가장 중요한 기술 중의 하나가 관찰기술이다(케어복지협회, 2001: 62).

케어현장에서 관찰이란 시각, 청각, 후각, 촉각 등 모든 감각을 동원하여 상대방의 상태를 정확하게 파악하는 것을 말한다. 관찰 대상은 사람이기 때문에 항상 변화하여 간다는 것을 잊어서는 안 된다. 신체적인 외견뿐만이 아니라 심리적 상태, 미묘한 감정의 움직임 등 전반적으로 종합하여 관찰하여야 하며 다음의 사항에 유의하면서 관찰하여야 한다.

첫째, 단지 막연하게 관찰하는 것이 아니라 평상시 상태와 어떻게 다른지, 어제와 비교하여 어떤 상태인지를 살펴야 한다.

둘째, 작은 변화라도 놓치지 말고 파악하여야 한다. '어쩐지 이상해', '평상시 상태하고는 달라' 라는 느낌을 받음으로써 위험상황을 예방하고 문제를 발견할 수 있다.

셋째, 질병이나 장애부분은 중점적으로 관찰하기 쉬우나 건강하고 생기있는 부분도 중요하게 여기면서 잔존능력을 유지하고 향상시키는 데 노력하여야 한다(介護福祉ハンドブック 편집위원회, 2001: 34).

따라서, 고령자나 장애인의 케어장면에서 관찰 목적으로서는 먼저, 이용 대상자의 건강상태나 장애에 의한 생활상의 문제를 파악하는 것에서부터 시작하게 되며, 구체적인 목적은 다음과 같다.

첫째, 일상생활에 있어서 어떠한 불편함이 어느 정도인지를 파악한 다음 건강했을 때와 가장 근접한 상태의 생활습관을 유지하는 데 어떠한 케어가 필요한지를 판단할 수가 있다.

둘째, 가급적 빠른 시일 내에 좋지 않은 징후를 발견함으로써 필요한 조치를 신속하게 행하여 큰 일이 일어나지 않도록 한다.

2) 케어에 있어서 관찰의 시점

대상자의 상태를 적절하게 지속적으로 관찰해나간다는 것은 대상자의 건강상태를 체크하고 이상을 조기에 발견하여 질병의 악화를 예방하거나 대상자의 가족의 심리상태를 파악한다는 점에 있어서 매우 중요한 일이다. 지난번 관찰했을 때와 다른 점이나 염려되는 점 등이 있으면 그 원인을 찾아내어 사전에 대처하지 않으면 안 된다(日

本醫療企劃, 2002: 171).

예를 들어 재가케어의 경우에는 가정을 방문한 시점부터 관찰이 시작된다. 우선, 대상자를 둘러싼 전반적인 가정환경을 관찰하기 위하여 방안의 냄새나 청결상태, 가족들의 반응이나 표정, 분위기 등 오감을 활용하여 관찰을 하여야 한다.

다음으로는 대상자의 안색, 표정, 말투, 생기 등을 살펴야 한다. 게다가 케어를 행하면서 구체적인 심신의 상태를 살필 수가 있다. 식사 케어시에는 식욕의 유무, 저작상태(씹는 정도), 사레가 들리지 않는지, 삼킬 때의 상태는 어떤지, 치아의 상태 등을 관찰할 수가 있다.

기저귀 교환 시에는 소변이나 대변의 상태, 피부의 상태나 체온, 사지의 운동능력이나 관절구축 유무 등을 살펴야 하며, 아울러 피부의 건조나 부종, 습진 등을 관찰할 수가 있다.

특히, 재택 케어의 경우에는 케어하는 가족의 건강상태에도 주의를 기울여야 한다. 가족의 표정을 관찰하거나 케어를 하는 데 어려운 점은 없는지, 케어자의 질병이나 요통, 정신적 스트레스 등은 없는지 체크하는 것도 중요하다.

이와 같이 관찰을 하면서 평상시와 다른 상태를 감지했을 때에는 본인이나 가족의 호소를 잘 들어보고 객관적인 방법으로 확인할 필요가 있다.

객관적인 방법으로서 가능한 것은 체온, 맥박, 호흡, 혈압 등을 측정해보는 것이다. 신체의 내부에 어떠한 이상이 일어날 경우에는 이러한 측정들이 이상치를 나타내어 준다. 감기에 걸렸을 경우에는 발열이, 심장에 이상이 있는 경우에는 맥박수가 높거나 맥의 리듬이 일정치가 않게 되는 것이 그 예이다. 체온, 맥박, 호흡 등을 측정하고 이상을 발견하면 가족이나 간호사에게 보고하거나 필요에 따라서는 의사의 진찰을 받도록 조치한다. 질병상태를 체크하기 위해 측정하는 체온, 맥박, 호흡 등은 매일 일정 시간에 측정하고 결과를 잘 기록하여 두어야 한다.

3) 관찰의 유형

(1) 언어적 측면의 관찰

케어자는 대상자와의 대화를 통하여 케어에 필요한 중요한 정보를 얻을 수가 있다. 만남의 첫인사인 "안녕하세요"라는 짧은 인사의 경우에도 목소리의 높낮이, 건강상태, 표정 등은 건강상태의 체크 포인트로서 중요한 만큼 만남은 첫 관찰이 된다(岩橋成子一, 2001: 11). 따라서 언어적 측면에서의 관찰은 일반적인 대화나 첫 대면 그리고 오랜만에 만났을 때, 몸상태가 별로 좋아 보이지 않을 때, 뭔가 이상한 느낌을 받았을 때에 대화를 통하여 관찰할 수 있다.

(2) 신체적 측면의 관찰

노인환자의 경우 건강한 사람과는 달리 증상의 변화정도가 심하고 특히, 고령자의 경우에는 젊은 사람과는 달리 증상이 확연히 나타나는 경우가 드물기 때문에 가족이나 케어자가 모르는 사이에 갑자기 증상이 악화되는 경우가 많다. 따라서 케어자는 주의깊고 세심하게 관찰하는 것이 중요하다. 전신의 신체적인 관찰을 위한 포인트로는 안색과 표정, 눈, 귀, 코, 입, 목, 피부, 손톱, 관절, 변과 뇨, 자세와 움직임, 식욕 등이 있다.

(3) 심리 · 정신적 측면의 관찰

상기에서 기술한 신체적인 측면의 관찰과 동시에 정신적인 면의 관찰도 중요하다. 특히 고령자의 심리적 상태의 변화는 증상의 악화에 많은 영향을 미치게 된다. 나이가 들어감에 따른 심리 · 정신적 측면의 변화에 대한 관찰은 평소 그 고령자의 상태를 충분히 파악하고 나서 행하는 것이 바람직하다. 왜냐하면 개인차가 크기 때문이다. 결국 기억력의 저하나 감정의 기복 등이 그 사람의 보통 모습에 비해 어떤지를 관찰하고 사정하게 된다. 따라서 평소에 충분한 의사소통을 통하여 대상자와의 신뢰관계를 구축한다면 정신적인 이상 징후를 빨리 발견할 수 있다.

심리 · 정신적 측면의 구체적인 관찰 포인트로서는 기억력, 이해력, 판단력, 감정, 지각 등이 있다.

3. 기록

1) 기록의 의의

기록이라는 것은 어떠한 사실이나 중요한 사항을 사람들에게 전달하기 위해 그것을 작성하고 기입하는 것이며, 또한 이를 문서화한 경우를 말한다. 케어기록의 경우에는 케어실천을 행하면서 얻게 되는 다양한 정보를 문서로 남김으로써 계획적인 케어를 의식적으로 전개해나갈 수 있다. 또한 케어의 질을 향상시킬 수 있는 수단이 될 수 있고 나아가 어떠한 문제가 발생했을 경우에는 케어자의 책임소재를 명확하게 할 수 있다(片山信子 외, 1999). 따라서, 기록은 케어의 전문성을 높이고 서비스의 계속성, 타 직종의 전문가와의 연계에 도움이 된다.

케어기록의 종류는 대상자의 업무일지, 케어복지사의 일지, 케어과정 기록일지, 케이스 기록 등이 있으며 어떠한 경우에 있어서든 비밀의 의무가 동반되어야 한다(日本醫療企劃, 2002). 또한 기록의 역할은 다음과 같다.

(1) 정보의 공유

한 사람의 대상자에 대해 복수의 케어복지사가 서비스를 제공하는 경우가 많다. 이 때에 모두가 서로 다른 케어를 제공해서는 아무런 의미가 없다. 케어 목표에 따라 통일된 케어계획을 시행하려면 정보의 공유가 중요하게 된다(中島紀惠子 외, 2001).

재택케어의 경우에도 하루하루 다른 케어복지사가 지원될 수도 있고, 이외에 간호사나 물리치료사, 작업치료사 등이 지원되는 경우도 있다. 이 때에 자기의 업무뿐만 아니라 타 직종 전문가의 업무내용을 이해할 필요가 있고, 또한 다른 케어 지원자들이 어떠한 케어서비스를 제공했는지 파악한 다음에 서비스를 행하는 것이 바람직하다(長壽社會開發センター, 2001).

케어에 필요한 정보는 좀 더 구체적이고 정확하게 다음의 케어복지사에게 전달되어야 하고, 특히 가족의 반응이나 본인의 상태 등은 반드시 교대하는 다음의 케어복지사에게 정확하게 전달되어야 한다. 이러한 정보를 입과 말로 전달하는 것은 피해야 한다. 사람의 기억에는 한계가 있기 때문에 잊어버릴 수 있고 케어에 필요한 정보들이 단순한 흥밋거리로 제공될 수 있기 때문이다. 따라서 정보의 결여를 방지하고 정확한 서비스를 제공하기 위해서는 기록으로 남겨져서 정보가 공유되어야 한다.

(2) 케어복지사의 케어기술 점검과 전문성 향상

대상자에 대한 케어 서비스를 제공하기 위해서는 대상자의 케어계획에 따라 케어 서비스를 제공하게 된다. 하지만 대상자의 상태에 큰 변화가 없고 매일 동일한 내용의 서비스를 반복적으로 행하게 된다면 케어기술에 익숙하게 되면서 안일하게 행동하기 쉽다(日本醫療企劃, 2002). 이때에 자기가 작성한 케어기록을 한번 점검해 볼 필요가 있다. 대상자의 불만이나 희망사항을 무심코 지나치고 있지는 않은지, 또한 자기가 행한 케어가 적절했는지 등을 한번 돌아볼 필요가 있다. 기록내용을 토대로 대상자에 대한 서비스를 다시 한번 점검하고 관찰하면서 자기의 케어기술을 높여나갈 수 있다.

(3) 팀 구성으로 인한 기록의 필요성

케어서비스 대상자의 경우 대부분 어떠한 장애나 질병을 갖고 있기 때문에 대상자에 대한 지원은 케어복지사뿐만 아니라 물리치료사, 간호사 등 다양한 인적자원을 이용한 팀워크로 행해지고 있다.

이와 같이 팀워크로 일을 하기 위해서는 케어복지사가 작성하는 케어업무일지는 다른 구성원들에 있어서 매우 중요한 역할을 하게 된다. 예를 들어 의사의 경우에도 케어복지사의 업무일지를 통하여 대상자의 의식이나 몸 상태, 가족관계, 일상생활의 모습, 취미 등을 파악하여 단순히 질병상태를 체크할 뿐만 아니라 한사람의 인간으로서 그 사람의 생활상태를 알 수가 있다. 이는 의사와 대상자와의 관계에 긍정적인 영향을 미치게 되고 진료활동을 원활하게 함으로써 대상자의 건강을 회복시키는 데 도움이 되며, 케어복지사와의 관계에서도 신뢰감을 높일 수 있다.

또한 사례회의나 사례연구에 있어서도 케어복지사의 기록은 많은 참고가 된다. 케어복지사는 대상자의 일상생활에 직접적으로 관여하면서 케어서비스를 제공하기 때문에 대상자의 상태나 상황을 누구보다도 더 구체적으로 알고 있다. 따라서 케어복지사가 작성하는 대상자에 대한 다양한 측면의 기록은 대상자에 대한 많은 정보를 얻을 수 있기 때문에 대상자의 생활 전반을 파악하고 이해하는 데 많은 도움이 된다. 이러한 기록을 통하여 대상자의 욕구가 명확해지고 케어계획에 따른 실천서비스가 구체화된다.

(4) 사회적 책임의 명확성

어떠한 분야나 직종에서 일을 하든 그 곳에서 행한 행동과 실천 그리고 실적들을 기록물로 남긴다는 것은 기본적인 책임과 책무라고 말할 수 있다.

케어복지사로서 일을 한다는 것은 가족이나 지인, 친구 등에 대해 단순히 도움을 주는 행위하고는 다르다. 소속된 기관(시설)의 성격에 따라 사회적인 위치가 다르고 책임의 소재에 차이는 있지만 개인적으로 도움을 주는 행위가 아니라면 자신의 행위를 기록으로 남기고 이것을 제3자가 업무로서 평가하게 된다.

한편 재가보호 대상 노인에 대한 케어복지사의 일은 가사지원 등 일상생활적인 지원업무로서 겉보기에는 누구나 할 수 있는 단순한 일로 보인다. 또한 현실적으로 대상자에 대한 케어는 가족들이 행하는 경우가 많기 때문에 케어복지사로서 전문성을 인정받기는 어려워 보이기도 한다.

이와 같은 상황에서 케어복지사로서 행한 지원업무나 생각 등을 구체적이고 정확하게 기록해 두지 않는다면 제아무리 심혈을 기울이고 사랑을 베풀고 기술을 터득한다고 해도 제3자가 평가하기에는 좋은 결과를 얻을 수가 없다. 사회적인 책임을 다하고 있다는 증거로서 또한 실천을 행하고 있다는 확인으로서 기록은 중요하다고 볼 수 있다.

2) 기록의 기본조건

(1) 문장연습을 통하여 알기 쉽게 쓸 것

문장연습을 많이 하여 쓰는 것이 습관화되어야 한다. 문장연습을 많이 하게 되면 문장의 포인트나 순서 등을 쉽게 터득할 수 있고 쓰는 속도가 빨라지게 된다. 간단한 메모라도 작성하는 습관을 길러 글을 쓰는 데 익숙해 져야만 기록을 잘 할 수 있게 된다.

누가 읽어도 간결하고 알기 쉽도록 하기 위해서는 객관적이고 구체적인 내용이어야 한다. 이를 위한 방법으로는 핵심내용을 잘 파악하고 불필요한 어미나 반복된 표현을 가능한 생략하고 짧은 문장으로 작성하는 것이 좋다. 주관적인 내용이나 객관적인 내용을 구분하여 쓰고 그림이나 도표 등을 활용하는 것도 좋은 방법이다.

(2) 다른 사람이 작성한 기록을 많이 읽고, 당일에 기록할 것

소설이나 에세이를 쓰는 것은 아니지만 표현력을 배양하기 위해서는 많은 문장을 읽는 것이 중요하다. 이를 위해서는 케어복지와 관련된 전문학회지나 다른 사람이 작성한 기록을 모방하는 것도 좋다.

기록은 케어를 지원한 당일 날 하는 것이 좋다. 인간의 기억은 한계가 있어서 시간이 지남에 따라 흐려지거나 잊어버리는 경향이 있기 때문이다. 매일매일 기록하는 습관을 붙이고 기록하는 시간이 충분하지 못하다면 요점만 메모하여 잊어버리지 않은 동안에 기록하도록 한다. 하여튼 기록하는 것을 습관화하는 것이 중요하다.

(3) 간결하고 평이하게 작성할 것

문장은 길지 않고 주어가 확실하면서 간결하여야 한다. 누가 행한 행위인지, 누구의 의견인지 명확하지 않으면 오해가 발생할 수 있다. 구어체로 기록하는 경우에는 대화내용 그대로를 쓰는 것이 좋다. 또한 문장은 알기 쉽고 평이한 단어를 사용하는 것이 좋다. 의사, 간호사 등 다른 전문직종 사람들과 함께 일하기 때문에 굳이 어려운 단어를 선택하여 쓰는 사람들도 많이 있으나 이는 바람직하지 못한 방법이다. 케어기록은 자신의 관찰과 생각을 정확하게 전달하는 것이 중요하다. 기록사항을 전문직종의 전문가들만 읽는 것이 아니라 자원봉사자, 가족 등도 읽기 때문에 가급적 누구나 알기 쉽고 파악하기 쉬운 내용이 되어야 한다.

(4) 정확하고 객관적인 표현으로 할 것

사실을 정확하게 객관적으로 기술하는 것은 매우 어려운 일이다. 대상자를 세심하게 관찰하고 체계적인 케어를 하지 않으면 기록이 정확하지 않고 애매한 기록이 되기 쉽다. 사실을 있는 그대로 쓰는 것이 좋고, 개인의 주관적인 표현보다는 객관적인 문장이 바람직하다.

(5) 기록의 비밀유지

기록은 대상자에 대해 질 높은 서비스를 제공하기 위한 필수불가결한 것이다. 그러나 기록으로 남긴다는 것은 대상자나 가족의 사생활이 표현되고 많은 사람들의 눈에 들어가게 된다는 것을 의미한다. 따라서 사생활 보호 측면의 의미에서 기록에 대한 취급은 신중하게 다루어져야 한다.

이를 위해서는 대상자나 가족에 관한 정보를 어디까지 기술할 것인지의 판단이 중요하게 된다. 기록해야 할지 하지 말아야 할지 판단이 잘 서지 않는다면 케이스 회의를 통하여 판단하는 것이 좋다. 사생활에 관한 구체적인 내용을 쓴다 하더라도 업무상 알게 된 내용이기 때문에 기록물을 업무 이외에 사용되어서는 안 된다.

예를 들어 연구목적으로 사용하게 된다면 개인의 성명과 신상은 익명으로 처리하는 것이 원칙이다. 또한 기록물은 업무와 관련 없는 사람들의 손에 들어가서는 안 되며 책상 위에 방치해도 안 된다. 보관이나 취급에 신중을 기하는 것이 중요하며 사생활을 지켜준다는 책임감도 있어야 한다.

3) 기록양식의 개발

케어복지실천 영역에서의 기록방식은 개방적 양식이나 혹은 고정선택 양식을 많이 활용하고 있다. 어떤 양식들은 실제로 이야기체 보고를 위한 개요를 담고 있으나 대부분은 단답형이나 체크마크를 하도록 설계되어 있다. 양식들은 대상자, 서비스내용과 진행과정, 결과 등을 특성화하고 비교하는 데 필요한 특정 정보를 수집한다. 따라서 양식을 대상자의 케어지원에 적합하도록 개발하고 선택하는 일이 중요하다고 할 수 있다.

양식을 개발하는 데는 계획과 설계라는 중요한 2단계가 있다. 새롭거나 최신의 양식을 구성하는 데 있어서는 다음의 사항들을 고려해야 한다:

- 첫째, 기록보존체계에 대한 양식의 연관성
- 둘째, 양식의 목적 혹은 기능
- 셋째, 양식을 완성하는 데 어떤 정보를 포함시킬 것인가
- 넷째, 효율적인 활용을 위하여 양식의 내용을 어떻게 제한시킬 것인가

준비단계에서는 수집된 정보에 중복이나 누락이 있는지 여부를 평가하기 위해 기존에 사용하고 있던 모든 양식을 분석하는 것이 좋다. 그리고 일단 양식의 목적과 기능을 정의하고 나면 양식에 포함시킬 수 있는 모든 정보의 목록을 작성하고 계획과정의 초기에서는 가능한 한 범위를 확대시키는 것이 양식의 포괄성을 높이게 된다.

새로운 양식을 개발하거나 오래된 양식을 최신화할 때에는 양식을 잘 조직화하고 잘 설계함으로써 완벽하고 정확한 문서화를 가능하게 한다. 양식을 잘 조화시킨다는 것은 정보를 쉽게 기록할 수 있고, 정보가 수집되는 순서대로 문서화될 수 있음을 의미한다.

4. 응급처치 및 대응

1) 긴급사고 시 대응

우리들은 일상생활을 영위하면서 언제 어디에서 어떠한 사고나 응급상황이 발생할지 모른다. 특히 케어 대상자에게 사고나 응급상황이 발생하게 되면 긴급 시에 침착하고 적절하게 대응하느냐 못하느냐에 따라 한 사람의 운명이 달라지기도 한다.

또한, 응급처치는 빠르고 적절할수록 환자의 증상과 고통을 줄일 수 있다. 당황하지 않고 차분하게 응급처치를 하기 위해서는 평상시에 응급상황에 대한 대처기술을 숙지하고 신속하게 주치의나 구급처에 연락을 취하는 것이 중요하다.

긴급사고 시 대처 기술에 대한 전반적인 사항은 다음과 같다(日本醫療企劃, 2002: 112-113).

① 케어 대상자의 일상생활이나 심신의 상태에 대해 잘 파악해 둔다. 또한 대상자의 심신상태에서 일어나기 쉽고 예상되는 긴급사태와 대응에 대해 사전에 주치의로부터 잘 들어두고 구체적인 방법을 취할 수 있도록 준비해 둔다.

② 긴급시 연락방법에 대해 알기 쉽게 표기하여 잘 보이는 데에 붙여둔다. 연락방법으로 적절한 연락처는 주치의, 가족 부재시 연락처, 구급차 출동요청 등이 있다. 긴급시에 연락처나 연락방법을 찾기란 어렵기 때문에 일람표로 정리하여 누구나가 알기 쉬운 장소에 붙여둔다.

③ 긴급시 필요한 물품이나 구급상자 등의 소재를 확인하고 언제든지 사용할 수 있도록 정리하고 점검하여 둔다.

④ 응급처치나 심폐소생 등이 가능하도록 평소에 기술을 익혀두면 긴급시 도움이 된다.

⑤ 환자에게 일어난 상황을 정확하게 파악한다. 이 경우 안정을 취하게 할 것인지, 곧바로 주치의나 구급차를 부를 것인지, 또는 어떠한 응급처치가 필요할 것인지 판단하는 것이 기본이 된다. 가족이 있는 경우에는 신속하게 연락을 취하는 것이 좋다.

⑥ 주치의에게 연락하는 경우에는 환자의 현 상태를 정확하게 전달하고 지금 무엇

을 우선적으로 행해야 할 것인지에 대해 지시를 받아 실행으로 옮기도록 한다.

⑦환자가 고통을 호소하거나 불안해 할 때에는 안심할 수 있도록 말을 건네면서 격려한다. 가족에 대해서도 불안해하지 않도록 차분하게 대응한다.

⑧의사 또는 구급차가 도착하기까지는 환자의 고통을 조금이라도 완화시키기 위하여 가급적 안락한 자세에서 안정을 취하도록 한다.

⑨대수롭지 않은 가벼운 질병이나 사고가 일어나도 만일을 위해 주치의의 진찰을 받도록 한다. 외견상 대수롭지 않게 보여도 고령자의 경우에는 예기치 않은 질병이나 골절 등이 있을 수 있다.

2) 의료기관의 진료

(1) 의료기관 선택
사전에 의료검진이 필요할 때에 진찰받을 수 있는 담당의사나 정밀검사 또는 입원이 가능한 설비를 갖춘 종합병원을 선택해 두는 것이 좋다.

①통원이나 입원의 경우에 집에서 다닐 수 있는 거리인지 또는 교통비가 너무 많이 들지 않는지

②진료나 입원 등으로 들어가는 비용이 어느 정도인지, 본인의 부담금이 어느 정도인지

③진료 받고 싶은 전공과가 있는지

④검사나 퇴원 후 담당의사와의 정보 교환이 가능한지

⑤본인이나 가족의 희망을 반영하고 있는지

(2) 준비
①본인의 일상생활 동작이나 신체상태를 고려하여 어떠한 교통수단을 이용할지 결정한다. 도보, 공공교통기관, 자가용, 침대차 등.

②통증이나 장애가 있는 부위 등을 고려해서 어느 전공과에서 진료할 것인지 선택한다.

③동행할 경우에는 증상을 정확하게 전달하기 위해 사전에 요점을 정리하여 둔다.

발병시기, 증상부분, 증상상태, 기타 식욕이나 불면 등.

④초진일 경우에는 수속방법, 대기시간 등에 대해서도 사전에 체크해 두는 것이 좋다.

⑤보험증을 반드시 지참한다.

(3) 의료기관에 대한 정보제공

효과적인 치료를 받기 위해서는 지금까지 진찰이나 치료를 받은 부위나 병원 등 적절한 정보를 제공할 필요가 있다.

①담당의사의 소개장, 검사기록, X-레이 필름, 배설물이나 분비물, 케어기록, 복용약 등.

②증상을 정확하게 전달하기 위해 본인의 일상생활 상태를 가장 잘 파악하고 있는 사람을 동행하는 것이 좋다. 진료 시 본인의 설명이 충분하지 못할 경우에는 보충설명을 한다.

③황색포도상구균 등 감염병이 있는 경우에는 사전에 밝혀둔다.

(4) 입원이 필요한 경우

입원이 필요하다고 진단받게 되면 다음과 같은 준비가 필요하다.

①입원에 필요한 수속을 돕는다.

②가족이나 보호자에게 입원하는 것을 알린다.

③입원에 필요한 의류나 일상생활 용품을 준비한다.

④본인이 입원을 거부할 경우에는 치료의 필요성이나 치료 후 회복가능성 등에 대해 설명하면서 입원을 권한다. 본인이 납득할 때까지 기다리는 자세도 중요하다. 하지만 긴급을 요하는 입원의 경우에는 생명의 위험이 따르기 때문에 케어자가 독단적으로 처리하여도 무방하다.

3) 약제사용

(1) 약물요법의 효과와 의의

약물은 치료뿐만 아니라 건강유지와 건강증진을 위하여 사용한다. 약물의 효과를 최대한으로 높이기 위해서는 약물의 사용설명서에 맞게 정확한 용어와 방법으로 복용할 수 있도록 도와주어야 한다.

약물의 효과와 부작용은 개개인에 따라 다르다. 그 원인은 소화기관에서의 흡수정도, 간장, 신장의 기능에 개인차가 있기 때문이다. 노인의 경우는 특히 간장과 신장의 기능이 일반적으로 현저하게 저하되기 때문에 약물의 대사기능이나 배설기능이 저하된다. 즉 간장기능이 저하되기 때문에 해독작용이 제대로 이루어지지 않고 약물이 오랫동안 체내에 축적되어 약물의 효과가 나타나기까지 시간이 걸리게 된다.

또한 신장기능이 저하되면 약물이 체외로 배설되는 데 시간이 걸리고 배설이 늦어짐으로써 부작용이 나타나기 쉽다. 노인의 경우 잘못된 판단으로 약물을 정해진 대로 복용하지 않거나 과용하는 일이 있는데, 이로 인해 약물의 효과를 제대로 볼 수 없게 되거나 부작용의 위험성도 크다. 몇 종류의 약물을 병용해서 사용할 경우 일반적으로 치료작용은 강하게 나타난다. 노인이나 장애인의 경우 복수의 질병을 가지고 있는 경우가 많기 때문에 한 번에 몇 종류의 약물을 투여하게 된다. 그러나 부작용 발현율이 높다는 것도 항상 고려해야 한다.

(2) 약물 관리

약물은 제대로 보존하지 않으면 변질되며 약의 효과도 기대하기 어렵게 된다. 약을 올바르게 보존하여 대상자의 안전을 지키도록 하여야 하며 일반적인 약물관리 방법은 다음과 같다.

① 약의 변색, 악취, 투명한 약이 혼탁되어 있는 경우에는 의사에게 보고하여 새로운 약품으로 바꿔 놓는다.

② 라벨이 오염되지 않도록 하기 위해서 액체의 경우는 라벨이 있는 반대쪽으로 약을 따른다.

③ 약은 청결하게 보존한다.

④ 보존하는 장소는 직사광선을 피하고 온도가 낮은 어두운 곳이 좋다.

⑤ 유효기간을 지킨다.

⑥ 병에 들은 약은 뚜껑을 꼭 닫아 안전한 장소에 보관한다.

(3) 약 복용

경구투여하는 약의 종류에는 약을 삼켜서 소화기관에 작용하는 것과 혀 밑에서 녹여서 복용하는 것, 트로치와 같이 녹여먹는 것 등이 있다.

약의 효과가 충분히 나타나고 부작용을 최소한으로 줄이기 위해서는 약의 복용시간과 방법을 정확히 지켜야 한다.

① 약 복용시간

시 간	방 법
식 전	식사하기 약 30분 전
식 직전	식사하기 직전
식 후	식사하고 약 30분 후
식 직후	식사하고 바로 직후
식 간	식사하고부터 다음 식사까지의 중간
취침전	일반적으로 취침 30분 전

② 가루약

복용하기 어려운 경우에는 오브레이트에 싸서 복용시키고, 고통을 덜어주기 위해 얼음조각을 물고 약을 복용하면 좋다.

• 체위를 바르게 한다(약 먹기 좋은 자세로).
• 앞가슴에 타올을 대어준다.
• 물을 소량 입에 물고 입안을 적신다.
• 미각에 무딘 혀 중간 또는 안 쪽에 약물을 넣는다.
• 물을 입에 물고 약을 복용한다.
• 다시 물을 마신다.
• 입 주위를 닦고 타올을 벗긴다.

• 입 안에 약이 남아있는지 확인한다.

③ 정제약 · 캡슐

• 캡슐 속의 약을 꺼내지 말고 그냥 복용한다.

• 정제는 잘게 부셔도 좋다.

• 한번에 많은 알약을 복용할 수 없는 경우에는 한 알씩 천천히 복용한다.

• 철분제는 차 종류, 음료수로 복용하면 효과가 없어진다.

④ 물약 · 시럽류

• 물약에 얼음조각을 넣으면 먹기 쉽다.

• 앉아서 복용할 수 없을 때는 스포이드, 스푼, 빨대를 사용한다.

• 침전되기 쉬운 물약은 일단 상하로 한번 흔들어서 복용하도록 한다.

• 지시된 양을 약컵에 부어서 복용한다.

⑤ 설하정(혀 밑에서 녹여 복용하는 약)

설하정은 혀 밑에 약물을 넣고 자연스럽게 녹을 때까지 그대로 두는 것이 효과적이다. 대표적인 약물로는 협심증 발작 증세 때에 사용하는 니트로 글리세린이 있다.

⑥ 점안

점안은 고령자에게 많은 백내장, 녹내장의 경우에 시행한다. 유의사항으로는 손을 씻고 청결히 하고 점안 용기가 직접 눈이나 안검에 닿지 않도록 주의하며 각막에는 점안하지 않아야 한다. 실시방법으로는 우선 소독된 탈지면을 안검 밑에 대고, 다음으로는 위쪽을 보게 하고 안검 하부중앙에 점안하며, 마지막으로 눈을 감고 내안각에 탈지면을 잠시 둔다.

⑦ 좌약

좌약은 항문에서 직장에 넣는 경우와 질이나 요로에 삽입하는 경우가 있다. 좌약은 소독, 진통, 해열 이외에 배변 촉진의 목적으로 항문에 넣는 방법이다.

유의사항으로는 좌약은 체온에 의해 녹기 때문에 맨손으로 만지지 말아야 하며, 프

라이버시를 지키면서 배뇨나 배변 후에 실시하고 사용 후에는 냉장고에 보관하도록
한다.

4) 감염예방

감염예방의 원칙은 병원체 제거, 침입경로 차단, 개체의 저항력 증강이다. 케어자는
감염증에 대하여 감염원, 침입경로, 매개체를 잘 알아둠으로써 감염을 예방할 수 있다.
그리고 병원체를 제거하고 침입경로를 차단한다. 대상자의 균형 있는 영양섭취, 휴식,
수면, 일상생활 동작, 정신적 스트레스 등에 유의해서 건강을 유지함과 더불어 저항력
을 높이도록 한다. 원인불명의 발열이나 설사 등의 증상, 기침, 객담 등이 지속될 경우
에는 전염성 질환에 대한 진찰과 검사를 받아보는 것이 좋다.

(1) 환경정비

오염처리 시스템을 준비함과 동시에 케어환경을 정리정돈 한다. 일상적인 청소로
쓰레기, 먼지 등을 줄이고 물체나 인체에 병원체가 달라붙지 못하게 하는 것이 기본이
다. 또한 마루, 침대, 손잡이, 세면장 등의 청결에도 신경을 쓰고 복지 기구를 다룰 때에
도 청결하게 한다.

(2) 손 씻기

손을 매개체로 하는 감염은 균의 양이 많기 때문에 더욱 주의를 해야 한다. 그러므
로 손 씻기는 모든 감염예방의 기본이 된다. 손을 씻기만 해도 손의 오염균이 대량 감
소된다. 수도꼭지는 오염으로 재감염의 위험이 크므로 수도꼭지를 팔꿈치로 누르는
식, 센서식, 발로 누르는 식으로 설비를 개선하는 것이 바람직하다. 일반적인 수도꼭지
의 경우에는 깨끗한 물을 여러 차례 끼얹은 후에 잠그도록 한다. 손을 씻은 후 종이 타
올이나 온풍 건조기로 닦는 것이 좋다. 면 타올을 사용하는 경우에는 자주 교환해 주어
야 한다. 감염증의 종류에 따라 좀 더 엄밀하게 손 씻기를 해야 하는데, 감염예방을 위
하여 손을 씻을 때의 기본 방법은 다음과 같다.

① 효과적인 손 씻기 방법

- 손톱은 짧게 깎는다.
- 반지, 시계는 벗어 놓는다.
- 양손을 비벼 닦는다.
- 담아 놓은 물보다는 흐르는 물에 씻는다.
- 손뿐만이 아니고 팔꿈치에서 손끝까지 충분히 닦는다.
- 비누, 수도꼭지, 타올의 청결에 항상 신경을 쓴다.

② 손을 물로 씻을 때

흐르는 물에서 30회 이상, 손을 마주보고 비벼 씻은 후 반대로 손등도 문질러 15~20초 정도 닦는다.

③ 비누를 사용하는 경우

우선 비누를 묻혀 가볍게 씻고 물로 충분히 흘려 씻은 후, 다시 한 번 씻는다. 두 번째는 비누를 충분히 많이 묻혀서 손을 20번 이상 비벼가며 흐르는 물에 씻으며, 비누는 젖은 대로 두어서는 안 되고 말려 둔다.

④ 소독

살균효과는 균의 종류나 다른 유기물의 오염정도에 따라 좌우되므로 소독 전에 수돗물로 충분히 세정하는 것이 중요하다. 소독제를 사용할 때에는 다음의 사항에 유의한다.

- 소독제를 담는 용기와 놓는 장소를 일정하게 정해 놓는다.
- 소독제를 담는 용기나 장소를 청결하게 한다.
- 소독제의 사용량은 최소량으로 하고, 될 수 있는 대로 새로운 소독제로 교환해 놓는다.
- 유효농도를 일정하게 지킨다. 눈짐작이 아니고 정확하게 측정해서 사용한다.
- 쓰고 남은 폐액의 처리, 소독기법, 소독액의 시간경과에 따른 변화 등에 충분히 주의한다.

(3) 양치질

양치질은 일상적으로 하는 것이지만 건강 관리면에서도 중요하다. 기침이 심한 대상자와 만날 경우에도 직접 코나 입을 통한 감염을 피하기 위해 대상자의 정면이 아닌 옆이나 뒤에 서도록 한다. 또 이런 대상자와 만난 후에는 꼭 양치질을 하도록 한다.

(4) 작업복, 마스크, 고무장갑의 사용

필요에 따라서 작업복, 마스크, 고무장갑을 사용하게 된다. 작업복과 마스크는 매일 바꾸고, 항상 청결한 것으로 사용한다. 대상자에게 직접 닿아서 처치한 경우에는 1회용 비닐장갑을 사용하는 것이 좋다. 마스크도 1회용이 좋다.

(5) 오염된 물품의 처리 방법

일광소독, 자비소독, 스팀(steam)소독, 살균제 소독, 소각 중에서 적절한 방법을 선택한다.

일상생활(ADL)에 대한 지원 기술

8 장

제8장 일상생활(ADL)에 대한 지원 기술

일반적으로 케어는 노인과 관련되어 있다고 볼 수 있다. 그것은 의학기술과 영양상태의 개선에 의한 노인인구 증가와 평균수명의 연장에도 불구하고 대부분의 노인은 유병장수로 인한 "장기 요양 보호 노인"의 증가를 의미하고 있다. 물론 현실적으로 노인인구의 대략 80%가 독립적인 삶을 영위할 수 있다고는 하지만, 그럼에도 불구하고 노인에 대한 도움주기가 요구되는 이유는 현대사회의 특징인 도시화, 산업화, 핵가족화로 인한 사회구조의 변화로 노인들의 생활세계에 대한 개연성 증가 때문이라고 할 수 있다.

기본적으로 케어라 하면 현대사회에서는 노인케어를 의미하게 되는데, 왜냐하면 일상적인 기본활동 범주에서 노화로 인한 치매에 걸린 환자들 대부분이 노인들이기 때문이다. 그런 이유로 한 사람의 노인이라도 노인케어적인 측면에서 도움주기, 즉 일상생활에 대한 지원기술이 필요한 것이다. 노인케어는 한편으로는 협의의 측면에서 바라보는 노인을 위한 단순한 케어서비스와 다른 한편으로는 광의의 측면에서 노인들의 보건, 의료, 복지 그리고 케어까지 포함하는 인간개발중심의 포괄적인 의미의 복지라 할 수 있다.

1. 이론적 토대

일상생활에 대한 지원기술이란 케어의 과학화를 의미한다고 볼 수 있다. 과학으로의 케어[1]란 케어에 대한 연구, 케어에 대한 지식의 체계화 ─ 케어의 효율과 효과성, 케어에 있어서 윤리적인 태도, 정치적인 측면에서 케어의 의미─ 와 현존하는 케어에 대한 개념의 검토, 그리고 미시적인 측면에서 케어에 대한 고유한 이론적인 관계를 분석하고 구성하는 것을 의미한다.

그러므로 노인케어를 위해 실행되는 모든 이론과 정책들은 케어에 대한 종속적인 측면이 아닌 노인들의 독립적인 삶의 유지를 목적으로 하여야 한다. 산업화를 통한 핵가족화와 가족해체 등의 가족구조의 변화와 인구구조가 고령화된 사회에서 케어와 독립성과의 관계는 노인의 삶 속에서 매우 중요한 의미를 갖는다. 왜냐하면 노인의 독립성의 측면에서 케어는 현실적으로 생활세계에서 노인들의 일상생활 동작과 밀접한 관계를 가지고 있기 때문이다. 또한 그것은 단지 노인들의 건강 회복의 측면만이 아닌, 노인들을 내면적인 케어에 대한 종속으로부터 예방하고 일상적인 활동의 유지를 목적으로 한다. 그것은 노인들의 경제적인 자립으로써 가족으로부터의 해방과 가족 구성원들의 부담 경감, 그리고 노후의 삶에 대한 여유와 풍요로움을 의미할 것이다.[2]

일반적으로 노인의 독립성[3] 유지의 범위는 독일의 수발제도와 일본의 개호제도에서 볼 수 있듯이 "보건의료와 복지정책 수립에 있어 가장 기본적인 지표로 등장하는

---

1) 독일의 수발보험은 장기간의 논의를 통하여 완성된 제도로서 그에 따른 학문적 연구가 활발하게 진행되었다. "과학으로의 케어"는 1999년에 출간된 "Die neue Pflege alter Menschen"에서 Hildegard Entzian이 사용하였던 용어로 Pflegewissenschaft을 번역한 것이며, 또 다른 용어로 "die professionelle Pflege" 수발의 전문화로 사용하기도 한다.

2) 노인의 삶에 있어서 독립성은 건강수명(Healthy Life Expectancy)과 관련이 있다. 과거에 주로 많이 논의되었던 평균수명이라는 지표는 산업화의 지속으로 인한 각종 질병의 발생으로 외상노인과 치매노인이 증가하여 삶의 질을 평가하는 데 어려움이 따른다 하겠다. 그러므로 노인케어는 건강하고 장애 없이 살아가는 기간을 확장시키는 데 역할을 할 것이다. 2003년 세계보건기구가 작성한 자료에 의하면 2002년 평균수명과 건강수명의 차이는 독일과 일본은 6.9세, 한국은 7.7세로 선진국 후진국 차이 없이 대략 7~8년으로 나타나고 있다.

3) 노인케어와 연관하여 우리나라에서 노인의 독립성의 의미는 생산적 복지라는 측면에서 접근하는 것이 적절하고 타당하다고 본다. 즉 건강수명과 평균수명이 연장된 사회에서 개인이 국가로부터 삶에 대한 보장보다는 노인 스스로 노동시장에 적극적인 참여를 통하여 사회와 가족 속에서 자신의 가치를 인정받는 작업이 장기적인 측면에서 노인복지이며 모든 복지의 토대로서 작용하여야 한다고 생각한다. 이것을 위하여 전제가 되는 것은 노인인권에 대한 재인식과 이미 우리에게 내재되어 있는 노인을 존경하는 사회적 기풍의 회복이 우선적으로 시도되어야 한다.

다섯 가지 개념(U.S. Health Department)과도 관계하고 있다. 그것은 곧 ① 건강에 대한 단계적 척도(Stages of the Health Continuum) ② 일상생활 동작 능력(Activity of Daily Living: ADL) ③ 급·만성 질환 유병률 ④ 주요활동 장애 ⑤ 스스로 느끼는 건강수준 (Self-perceived Health Status)"(이인수, 2004: 29)에 연관되어 침대에서 일어나는 것, 독립적으로 자신의 육체를 돌보고 화장실에 가는 것, 집에서 홀로 운동하는 것과 같은 일상적인 기본활동과 관련을 가지고 있다. 또한 시장보기, 교통수단의 사용, 재정적인 일의 정리, 접촉관계의 유지와 같은 대외적인 활동도 똑같이 일상적인 생활에 속하는 것이라 볼 수 있다.

독일에서 케어의 필요성에 대한 개념의 정확성은 질병보험법인 SGB[4] V에 그리고 수발보험법 §18 SGB XI에 의학적인 봉사를 토대로 규정되어 있다. 더 포괄적인 제한과, 경우에 따라서는 케어 필요의 정확성은 케어를 요구하는 자신이 최소한의 제한된 사항을 인정한다는 의미도 내포하고 있다. 그것은 습관적이며 일상적으로 반복되고 있는 다음과 같은 사항(전체 21개 항)들로 규정되어 있다.

첫째, 신체적 범위에서 세수하기, 샤워하기, 목욕하기, 치아손질, 머리빗기, 면도하기, 대소변보기

둘째, 영양의 범위에서 요리하기 또는 영양섭취하기

셋째, 움직임의 범위에서 홀로 기상하기, 의복을 입고 벗음, 걷기, 서기, 계단 올라가기, 외출하기

넷째, 재가부양의 범위에서 시장보기, 청소하기, 설거지 하기, 의복을 입고 벗음, 세탁하기, 난방하기

위의 21가지의 사항들은 다음의 5가지의 ― 이동, 배설, 식사, 청결과 입욕, 의류교환과 체위교환 ― 형태로 논의될 수 있을 것이다.

---

4) SGB(Sozialgesetzbuch, 사회법전)은 1976년에 독일에서 개별법으로 흩어져 있던 사회법의 체계화를 위한 하나의 법전으로 2004년 현재 12권으로 구성되어 있다. 구체적인 법의 명칭은 제1권 총칙, 제2권 실업자의 기본적 보장법(Grundsicherung fuer Arbeitsuchende), 제3권 노동증진법(Arbeitsfoederung), 제4권 사회보험에 대한 총칙, 제5권 의료보험법, 제6권 연금보험법, 제7권 산재보험법, 제8권 청소년 부조법, 제9권 장애인 재활에 관한 법, 제10권 사회적 정보처리와 보호법(Sozialverwaltungsverfahren und Sozialdatenschutz), 제11권 수발보험법, 마지막으로 제12권은 사회부조법이다.

2. 이동

인간의 생활에 있어서 이동은 매우 중요한 의미를 지니고 있다. 특히 이동권의 문제는 사회적 약자들에 해당된다. 특히 그 문제는 장애인들의 이동권으로부터 비롯되었다. 그들에게 있어서 이동권은 생존권적인 의미라기보다는 실내에서 실외로 나온다는 단순한 것이다. 그러나 고령사회에 도달하면서 이동권은 장애인에서 노인들의 문제로 확장되고 이중적인 의미를 갖게 되었다. 한편으로는 노인들의 건강 증진과 평균수명의 연장으로 인한 사회활동의 증가 및 이동의 필요와, 다른 한편으로는 케어를 위한 이동에 관한 것이다. 여기서 논의될 분야는 후자로서 노화로 인하여 스스로 이동이 어려운 사람들에 관한 것이다. 그러므로 장애인들과 노인들에 있어서 이동권의 의미에는 차이가 존재한다. 그것은 또한 노인들에게 적절한 이동수단의 제공을 의미한다는 적극적인 측면과, 단순히 치매와 같은 질환으로 이동이 불가능한 요보호 노인들에게 서비스 차원의 소극적인 측면으로 구분하여 볼 수 있다. 고령사회에서 요보호 노인의 증가는 노인인구 증가에 따른 필연적인 현상이다. 그러므로 그들의 케어를 위한 이동은 상황에 따른 다음과 같은 원칙이 있다.

1) 이동케어의 원칙

이동은 모든 케어를 위한 가장 기본적인 지원 기술로서 모든 일상행동을 위한 토대라 할 수 있다. 그러므로 [그림 8-1]과 같이 옷 갈아입기, 배설하기, 목욕하기, 외출준비하기, 식사하기 등을 위하여 이동은 필수적이다.

그것을 효율적으로 실행하기 위하여 케어복지사는 대상자에 대하여 다음과 같은 이동을 위한 8원칙을 숙지하여야 한다.

① 이동을 해도 좋은지 판단하기 위해 우선 대상자의 몸상태를 확인한다.
② 마비부분, 장애부분, 통증 등을 고려하여 안전이나 안락에 충분히 신경을 쓴다.
③ 잔존능력을 최대한 발휘할 수 있는 방법을 선택하여 가능한 한 스스로 할 수 있도록 격려하고, 할 수 없는 부분만을 케어하도록 한다.

[그림 8-1] _ 이동의 중요성

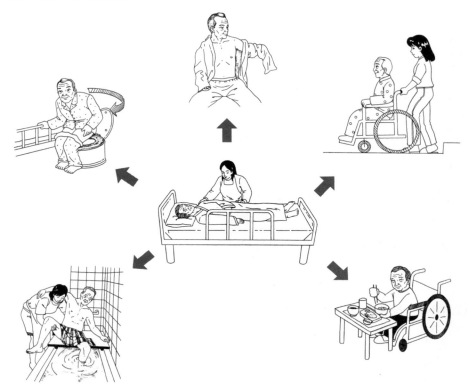

④ 이동상태를 잘 설명하고 이동시 핵심 포인트를 상대에게 이해시킨다. 어떠한 동작에 지원하려고 하는지 사전에 설명하고 이해를 구한다. 의식이 없는 상태이거나 난청이 있는 경우에도 반드시 말을 건넨 다음에 케어를 하도록 한다.

⑤ 대상자가 할 수 있는 부분에 대해서는 협력을 받는다. 예를 들어 허리를 들 때에는 "하나, 둘, 셋 하고 허리를 들어 주세요"라고 구체적으로 제시한다.

⑥ 케어복지사는 우선 자기의 몸을 안정시킨 후 케어동작을 취한다. 몸의 안정은 중심위치, 지지면적, 마찰저항이 큰 것을 의미한다. 중심위치는 허리가 낮을수록 좋고, 지지면적은 양발을 전후 또는 좌우로 넓게 하고, 마찰저항은 바닥에 잘 고정될 수 있는 신발 등이 좋다.

⑦ 힘의 원리를 이용하여 케어기술을 몸에 익히고, 중심이동을 효과적으로 행한다. 케어를 하는 데 완력으로만 해서는 안되고 요령을 익혀야 한다. 케어복지사의 중

심이 대상자에 가까울수록 케어복지사의 부담은 가볍게 된다.

⑧ 목걸이, 브로치, 장식된 반지, 시계 등은 상대방에게 상처를 줄 수 있기 때문에 착용하지 않는 것이 좋다(조추용 · 이채식, 2003: 174).

2) 케어를 위한 이동형태

이동은 식사, 배설, 청결 등 인간의 기본적 욕구를 실현시키는 데 없어서는 안 될 중요한 요소이다. 특별히 노인에게 있어서 케어와 같은 원조를 통하여 우울증, 보행장애, 방향장애, 건망증과 같은 노화증상으로 인하여 이동에 장애가 발생하면 이동을 보충하는 수단인 휠체어, 보행기, 지팡이 등의 도구를 통하여 [그림 8-2]와 같은 다양한 케어형태로써 -배설, 식사, 청결 등- 생활의 자립을 추구한다.

[그림 8-2] _ 케어를 위한 이동 도구

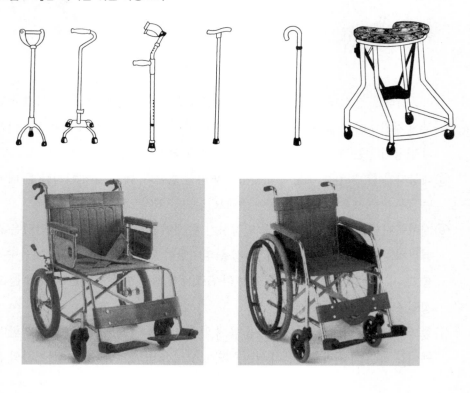

 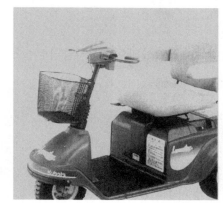

3. 배설

배설은 인간에게 가장 기본적인 하나의 욕구이다. 그런데 나이가 들면 신체적인 기능이 노화되면서 자력에 의한 배설에 어려움을 갖게 마련이다. 그것을 위한 지원 기술이 배설케어이다. 배설케어는 스스로 배설에 곤란을 겪는 사람들에게 도움을 주는 것을 의미한다. 중요한 사실은 배설행위는 누구에게도 보여주기가 어려운 매우 사적인 행위라는 것이다. 그러므로 배설을 위한 케어행위는 어떠한 케어보다도 조심스러운 접근과 심리학적인 지식을 요구한다.

배설을 위한 케어는 배뇨와 배변으로 구분할 수 있다. 전자는 노화에 따른 배뇨기능의 쇠약과 각종 질환으로 인한 배뇨장애와 요실금, 빈뇨, 요폐쇄와 같은 배뇨이상 및 배뇨곤란으로 구분된다. 후자의 배변장애의 원인으로는 노화로 인한 치아 약화, 식사량의 감소와 운동부족 등이 있으며, 정신적인 요인으로 잦은 변비와 설사가 나타나기도 한다.

배설을 돕는 기구는 소프트 웨어와 하드웨어로 구분할 수 있다. 전자는 케어복지사라 할 수 있으며, 후자에는 화장실과 보조기구가 속한다.

1) 케어복지사의 배설케어 원칙

배설에 있어서 케어복지사들의 태도는 매우 중요하며 아래와 같은 8가지의 원칙이 제시되고 있다.

① 인격을 존중해야 하며 무시하는 언동은 자제한다. 인격을 무시하는 일이 있어서 는 안 된다. 정신적인 고통이나 불쾌감을 주지 않도록 충분히 주의한다.

② 기다리게 하지 않고 언제나 기분 좋게 대응한다. 노인에게 배설은 참을 수 없는 생리적인 것이다. 언제라도 금방 원조할 수 있도록 준비해 둔다.

③ 수치심을 없애기 위하여 불필요한 노출은 피하여 케어한다. 프라이버시를 지키 고 기술적으로 케어하며, 배설 중 자세 유지 등의 필요가 없으면 안심하고 배설 할 수 있도록 퇴실한다.

④ 적절한 배설방법과 용구를 선택하고, 주위가 배설물로 오염되지 않도록 배려한 다. 주위를 오염시키면 사용하고 있는 케어용구가 적절하지 않거나 사용방법 등 이 나쁠 수 있기 때문에 재검토한다.

⑤ 배설시의 자세는 바로 앉은 자세가 가장 바람직하다. 바로 앉은 자세는 배에 압 력을 적절하게 가하고, 소변도 나오기 쉽다.

⑥ 자립성의 확대를 도모한다. 배설케어가 필요한 원인을 파악하고, 자력으로 할 수 있는 부분과 방법을 생각하여 자립성의 확대를 도모한다.

⑦ 배설물의 양과 질적 상태를 관찰하고 이상 유무를 조기에 발견한다. 배설물의 상 태는 체내의 소화 흡수의 바로미터이기 때문에 관찰을 게을리 하지 않는다.

⑧ 뒷처리는 재빠르게 하고 항상 배설용구는 청결하게 한다. 냄새에 대한 대책도 잊 지 않는다(조추용 · 이채식, 2003: 229).

2) 배설케어기구

배설을 위한 기구는 배설을 잘 할 수 있는 장소인 화장실과 그것을 돕는 보조기구로 나누어 볼 수 있다.

(1) 화장실

배설은 화장실에서 이루어지는 것이 바람직하지만, 대상자들의 장애정도에 따라 그것에 어려움이 있는 경우가 발생한다. 물론 개개인의 상태에 따라 적절한 화장실이 요구되지만, 그것이 이루어진다는 것은 현실적으로 불투명하다. 그러나 대상자들이 화장실을 극복할 수 있도록 배려하는 것은 가능하다. 다음은 그것의 내용과 그림이다.

① 화장실의 문은 무겁지 않아야 한다.
② 휠체어 사용자를 위하여 화장실의 문은 미닫이 형태가 적절하다.
③ 화장실의 바닥은 미끄럼 방지가 되어 있어야 한다.
④ 반드시 손잡이를 설치해야 하며, 기본적으로 화장실은 청결을 유지해야 한다.

(2) 배설케어를 위한 보조기구

배설을 위한 보조기구는 개개인의 장애 상태에 따라 적절하게 선택할 수 있어야 한다. 그 종류는 아래의 [그림 8-3]과 같은 변기, 소변기, 기저귀 등이 있다.

[그림 8-3] _ 배설케어를 위한 보조기구

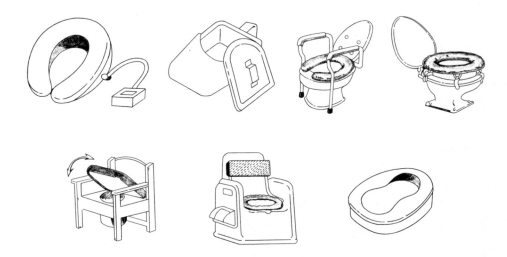

4. 식사

인간에게 있어서 식사와 식욕은 근원적인 욕구라 하겠다. 그러므로 인간에 있어서 의식이 있건 없건 식사는 생명과 건강유지 그리고 병의 회복을 위하여 매우 중요하며 반드시 행해져야 하는 것이다. 그러므로 식사케어는 충분한 영양과 안전한 음식물 섭취, 기호, 환경 등을 배려하는 것을 의미한다. 이것을 통하여 가정에서 생활하고 있는 노인들에게 좀 더 좋은 건강 상태를 유지하고 가정에서 자립할 수 있도록 도움으로써 인간으로서 주체적이고 독립적인 삶을 보낼 수 있게 한다.

1) 식사케어의 의미

식사는 즐겁고 좋은 분위기 속에서 이루어져야 한다. 이것을 위하여 대상자의 상태와 그 주변 환경을 파악하는 것은 매우 중요하다. 즉 대상자의 배설의 욕구를 체크하고 식욕을 저하시키는 물건들이 있는지, 손은 청결한지, 음식의 조건은 대상자에게 적당한지 등을 체크하여야 한다.

이런 식사케어를 위한 세 가지 원칙이 있다. 첫째, 식사케어의 기본은 대상자의 자립을 지원하는 것이다. 자력으로 할 수 있는 경우에도 불구하고 케어용구를 사용한 안이한 원조를 통하여 의존도를 증가시키는 것은 좋은 식사케어가 아니다. 둘째, 케어의 의미에서 식사는 매우 어려운 기술을 요구한다. 왜냐하면 기도가 막힐 가능성이 높기 때문이다. 그러므로 경험이 많은 케어복지사라도 안전하게 행하는 것이 무엇보다도 중요하다. 셋째, 즐거운 식사시간이 되어야 한다.

2) 식사케어의 유의점

식사케어 시 유의할 사항은 장애유형별로 자력으로 식사가 가능한 노인, 와상노인, 치매노인 등으로 구분하여 케어를 실행하여야 한다는 것이다. 이것을 위하여 공통적으로 적용되어야 할 네 가지 사항들을 짚어보도록 한다.

① 편안한 상태에서 식사할 수 있도록 물리적 · 정신적 환경을 조성한다.
② 식사를 위한 몸상태를 확인하며, 신체기능에 적절한 식사와 식사하기 좋은 자세를 취한다.
③ 손을 청결하게 한다.
④ 식사섭취와 그 양을 케어한다.

5. 청결과 입욕

1) 청결의 의미

청결과 입욕은 케어에 있어서 매우 중요한 부분이다. 왜냐하면 모든 질병의 원인은 더러움으로부터 발생하기 때문이며, 노화로 인한 면역기능의 약화로 질병으로부터 자유롭지 못한 노인들에게 청결은 질병을 예방할 수 있는 중요한 요소라 할 수 있다. 또한 신체적 청결은 생리적으로 피, 구강, 음부 등의 점막, 모발, 기타 오염을 제거하는 것이며 이것으로부터 육체적 청결뿐만이 아니라 정신적 · 사회적 청결까지도 가다듬게 할 수 있다. 청결은 부분청결과 전신의 청결을 위한 입욕으로 구분할 수 있다. 전자에는 손발 씻기기, 머리감기기, 구강 · 눈 · 귀 · 코 · 손톱의 청결 등이 속한다고 볼 수 있다. 이와 같은 부분청결은 주로 체력이 현저하게 떨어져 스스로 움직이는 데 어려움이 있는 와상 상태라든지, 정신적인 장애로 인해 자립생활이 곤란한 경우에 실시한다.
후자에는 청결을 유지하기 위한 최상의 방법으로 단지 청결만이 아닌 신체의 혈액순환을 좋게 하고 긴장을 완화하여 정신적인 편안함을 느낄 수 있게 하는 것이 있다.

2) 청결케어의 유의 사항

① 청결케어를 실시하기 전에 대상자의 배설상태나 물품 준비사항을 점검해야 한다.
② 욕실의 온도를 조절하여 한기를 막고, 커튼과 같은 것을 사용하여 수치심을 느끼지 않도록 해야 한다.

③ 대상자의 체위를 안전하고 안락하게 유지하여야 한다.

④ 물의 온도를 적절하게 유지시켜야 한다. 목욕 시 실내온도는 22~26℃, 욕탕의 온도는 여름 38℃ 겨울 40℃ 정도로 유지되어야 한다.

⑤ 식사 전 · 후 1시간 이내 목욕은 피한다.

6. 의류교환과 체위교환

1) 의류교환의 의미

인간생활의 기본 요소는 의식주이다. 그 중에서 의복은 단순히 추위를 막는 기능으로부터 현대사회에서는, 사회적 지위를 의미하는 품위의 유지나 자기 자신의 표현을 의미하는 것과 같은 사회생활에 있어서 매우 중요한 기능을 하고 있다. 그러나 케어에 있어서 의류교환은 편안하고 벗고 입는 것에 대한 장애가 없어야 한다는 것을 의미한다. 즉 적절한 의류를 입지 않으면 넘어지는 원인이 되고 움직임에 방해가 되며 화장실에서도 빨리 옷을 벗을 수가 없어서 실금하거나 옷을 입고 있는 것이 피곤해지기도 한다. 따라서 그 사람의 장애에 맞는 의류를 선택할 필요가 있다(조추용 · 이채식, 2003: 279).

(1) 의류의 선택

신체적 · 정신적 장애가 있는 사람은 의류선택을 위하여 일상생활에서 신체상태 등에 적절한 형태나 재질, 생활습관 등의 개인적인 측면과 이외에도 의류선택을 위하여 대상자의 생활환경과 대인관계, 그리고 대상자의 경제상황 등과 같은 사회적인 측면을 고려하여야 한다. 선택의 기준으로는 다음과 같은 사항들을 고려해야 한다.

① 보온성과 통기성이 있는 천연섬유가 좋다.

② 의류는 입고 벗기가 용이한 것이 좋으며 흘러내리지 않아야 한다.

③ 와상노인에 있어서 욕창발생을 예방하기 위해 ①과 ②에 유념해야 하며, 특히 의

복에 매듭이 없는 접착식의 매직테이프 같은 것이 좋다.

④면역성이 떨어져 있기에 의류는 청결을 유지해야 한다. 이를 위하여 의류는 5벌 이상을 준비할 필요가 있으며, 요실금이 있을 경우는 그 이상의 준비가 요구된다.

(2) 의류교환의 원칙

케어의 측면에서 의류교환은 매일 실행하여야 하며, 더러워질 때마다 항시 청결한 의류로 갈아입혀야 한다. 그러므로 항상 여러 상황들을 고려하여 청결한 의류를 넉넉하게 준비해 둘 필요가 있다. 의류교환 시에는 다음과 같은 몇 가지 사항에 주의를 기울어야 한다.

①의류교환 시 실내는 춥지 않도록 해야 하며 대개 22℃ 전후가 적절하다.

②신체노출을 삼가도록 해야 한다. 불가피한 경우에는 긴 타올을 사용하여 대상자가 수치심을 느끼지 않도록 한다.

③의류선택에 있어서 대상자의 기호에 맞는 것을 선택해야 하지만, 몸에 꽉 끼거나 입고 벗을 때 불편한 것은 부적절하다.

④체위교환과 연결하여 잔존기능을 최대한 살려 대상자 스스로 할 수 있도록 돕는다.

2) 체위교환

체위의 의미는 자세를 정지한 상태를 말한다. 체위교환은 좁은 의미에서 이동의 한 범주라 할 수 있으며, 인간의 자연스러운 움직임에 대해 알고 있는 대상자가 스스로 할 수 없는 부분을 원조하는 것이다. 다음은 그것을 위한 기본동작을 제시한다.

①안정된 자세를 위하여 다리를 어깨넓이로 벌린다.

②대상자와 가까이 하여 껴안듯이 한다.

③대상자의 몸을 작게 만든다.

④지렛대와 원심력의 원리를 이용하여 힘을 효율적으로 사용하도록 한다.

⑤케어자는 손으로 잡아끌려고 하지 말고 자신의 허리를 이용하도록 한다(이해영,

2003: 142 재정리).

　이것은 대상자의 의류교환과 연결되면서 케어자의 효율적인 행동이 요구됨을 의미한다. 그러므로 대상자와 케어자의 물리적인 측면에서 부담이 적은 방법을 사용하는 것이 중요하다. 다음의 그림은 장애의 차이에 따른 ―주로 누워있는 상태에서 상의와 하의의 교환― 체위교환과 의류교환에 관한 예이다.

[그림 8-4] _ 의류교환

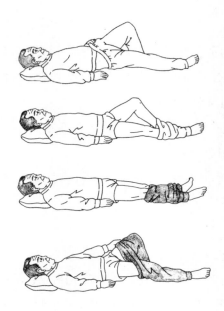

7. 소결

　케어를 위한 ADL지원기술은 전문적인 서비스를 제공하려는 의지의 표현이라 할 수 있다. 특히 기술적인 측면에서 케어는 클라이언트와 케어복지사 간의 신체적 접촉으로 이루어지므로 상호간의 신뢰가 절실히 요구된다. 신뢰라는 측면은 인간들이 타인과 나누는 신체적인 교제와 완전한 신체의 내맡김을 의미하며 이는 케어의 과정에

서 강조되는 인간관계의 표현이라 할 수 있기 때문이다. 일상생활을 위한 지원기술을
통한 케어과정에서 케어를 필요로 하는 자와 케어를 제공하는 자 간의 신체적인 접촉
은 피할 수 없는 것이다. 왜냐하면 케어는 정신적·육체적 장애를 가진 사람들이 타
인에게서 육체적인 도움을 받는 과정이라 할 수 있기 때문이다. 그러므로 앞서 논의
된 행위의 실행에 있어서 케어를 제공하는 자는 케어를 필요로 하는 자에 대한 모든
상황을 고려하면서 전문적인 이론과 방법을 가지고 윤리적인 측면에서 접근하여야
할 것이다.

치매노인에 대한 케어

9장

제9장 치매노인에 대한 케어

1. 치매에 대한 이해

1) 치매의 정의

국민의 생활수준이 높아지고 최신 의료기술의 혜택으로 평균수명이 연장됨에 따라 65세 이상의 노인인구가 급격하게 증가하고 있다. 21세기에 접어들면서 이렇게 고령화사회가 될 한국이 직면하게 될 곤란한 문제 가운데 하나가 치매, 즉 알츠하이머병 환자의 증가이다.

우리나라에서 아직 정부 의료기관의 검증을 거친 정확한 치매유병률이 제시되고 있지 않고 있어 정확한 치매노인의 숫자는 파악할 수 없으나 65세 이상 노인 1백 명 중 8.3명 정도가 치매노인으로 추정되고 있으며, 2000년에는 27만 7천 명, 2020년에는 61만 9천여 명으로 증가할 것으로 예상되고 있으나 현재의 고령화 추세로 본다면 훨씬 더 증가할 것으로 보여진다(임춘식, 2000: 226).

아직도 그 발병원인이 밝혀지지 않은 치매, 즉 알츠하이머병 환자에 대하여 효과적인 진단법과 치료법이 없으므로 세계 각국의 의학계가 암중모색을 계속하고 있다. 이 것은 다시 말하면 치매의 증가가 21세기 한국에서 의학적으로만이 아니라 사회적ㆍ 경제적으로도 큰 위협이 될 전망임을 의미한다.

　치매, 디멘치아(dementia)는 라틴어의 디멘스에서 나온 말로서 '디(de)'의 '제거한 다', '멘스(mens)'의 '정신', 그리고 '티아(tia)'의 '질병'이라는 단어가 결합된 용어이 며, 문자 그대로 정신이 제거된 질병이다. 치매의 의학적인 정의는 "이미 획득된 정신 적 능력이 현저히 저하된 상태", 또는 "언어성 및 비언어성 대뇌기능의 저하"이며, 어 린 나이에 정신적 능력의 발달이 지체되는 경우에는 치매라 하지 않고 정신지체 (mental retardation)라 한다. 치매에는 두 가지 종류가 있는데, 하나는 알츠하이머성 치매 (dementia of Alzheimer type), 즉 알츠하이머병이고, 다른 하나는 뇌혈관성치매(vascular dementia)이다. 한국의 치매환자 가운데 어느 치매형이 많은가는 우리에게 중대한 관 심거리가 된다. 우리나라에서는 아직 체계적인 연구가 없어서 확언치는 못하나 한국 과 인종적으로나 문화적으로 많은 유사성을 가진 일본의 경우를 보면 뇌혈관성치매 가 65%이고, 알츠하이머병이 24%, 기타가 7%로 되어 있다. 뇌혈관성치매 환자가 알츠 하이머병 환자보다 두 배 반 이상의 발병률이 있음을 알 수가 있다. 영국이나 독일 등 유럽에서는 이 비율이 뒤바뀌어서 뇌혈관성치매가 22%이고 알츠하이머성 치매가 53%, 기타가 25%라는 보고가 있다. 기타에는 픽크병, 크로이츠펠트ㆍ야콥병 등이 포 함된다.

　뇌혈관성치매를 북미나 유럽에서는 다발성경색치매라 하는데 이것은 뇌혈관성치 매의 원인이 뇌실질에 다수의 경색, 즉 혈관이 막혀서 혈류가 차단되는 데서 나온 병명 이며, 산소와 영양물질이 차단된 신경세포가 대량으로 변성사멸하는 것이다. 한국이 나 일본에서는 고혈압환자가 많고, 이러한 환자에서는 뇌의 중요한 동맥은 물론 가느 다란 동맥에도 동맥경화가 와서 뇌출혈을 일으키며, 이른바 뇌졸중(stroke)이 일어나는 수가 많다.

　치매는 흔히 노망(senility)이라고도 불리는데, 나이가 많은 노인들에게 자연적으로 정신기능이 쇠퇴하여 나타나는 생리적인 현상으로 생각하는 경우가 많았으나 요즘들 어 질병으로 인식하기 시작하였다.

치매는 만성 혹은 진행성 뇌질환에 의해 발생하며 기억, 판단, 상황인식, 계산, 학습, 표현 등 다수의 고위 대뇌기능장애로 이루어진 증후군(syndrome of multiple higher cortical dysfunction)으로 정의된다(오진주, 1995: 5). 또한 DSM-Ⅳ의 진단기준(American Psychiatric Association, 1994: 84-85)에 의하면 이러한 치매는 지능이 완전히 발달한 이후에 후천적인 외상이나 질병 등의 원인으로 뇌신경이 손상 또는 파괴되어 기억장애, 언어장애, 행동장애, 인식장애 등의 인지기능 장애와 망상, 우울감, 성격변화와 같은 정신증상을 동반하는 복합적인 임상증후군을 말한다.

치매가 진행되어 지적 기능의 감퇴가 뚜렷해지면 매일매일의 일상생활 즉 식사, 착의, 세면, 개인위생, 배뇨 및 배변 등에 이르기까지 장애를 초래하게 된다. 임상적으로 확실한 치매의 진단을 내리려면 앞에서 언급한 증상들이 최소한 6개월 이상 지속되어야 한다.

알츠하이머병은 1907년 독일의사 알로이 알츠하이머(Aloi Alzheimer)가 발견하였기 때문에 그 이름을 따라 지칭되었다. 알츠하이머병은 전체 치매환자의 54%를 차지하고 있으며 짧게는 5년에서 길게는 15년 이상 장기간 지속되는 퇴행성 만성질환이다 (Glickstein, 1997).

2) 치매의 원인과 진단

치매는 기억력과 지적 능력이 약해지는 질병으로 정상적인 노화과정에서 오는 기억력 및 정신기능의 약화와는 다르다. 나이가 들면서 생기는 건망증은 사소한 일들에 국한되어 있으며 개인의 생활을 심각하게 저해하지 않는다(보건복지부, 1999:1).

치매의 원인은 다양하며 지금까지 알려진 것만 무려 70여 가지에 이르는데 이 가운데 알츠하이머병과 혈관성치매가 가장 흔한 것으로 알려져 있다.

이를 원인적으로 분류해 보면 크게 가역성 치매와 비가역성 치매로 구분할 수 있다. 가역성 치매란 원인 질환을 치유하면 다시 정상으로 되돌아올 수 있는 치매를 말하며 우울증을 비롯하여 약물, 알코올 및 화학물질 중독에 의한 정신과적 질환 등이 원인이 된다. 또한 전해질 이상, 갑상선 질환, 비타민 결핍증, 상압력 뇌수종과 다발성 경색증 등도 가역성 치매를 유발할 수 있다.

그러나 치매의 대부분은 비가역성치매로 알츠하이머병, 픽크병 등을 포함한 퇴행성 뇌질환이 대표적인 원인이며 혈관성 치매, 크로이츠펠트-야콥병에 의한 치매, 대사질환으로 인한 치매, 알코올성 치매 등이 이에 속한다.

3) 치매의 진행단계에 따른 증상

(1) 기억력 장애

모든 치매에서 공통적으로 나타나는 증상으로 초기에는 단지 기억력의 감퇴가 주로 나타나며, 점차 장기 기억력도 상실하게 된다.

(2) 언어 장애

사물과 현상에 대해 적합한 단어선택을 못하는(허정무, 2000: 124) 언어장애는 기억력 감퇴와 더불어 치매 초기부터 나타날 수 있으며 변화를 포착하기 어렵다.

(3) 지남력 장애

지남력 장애란 시간 및 공간에 대한 지각능력이 떨어져 사람을 못 알아보고 배회하므로 환자가 익숙한 거리에서 길을 잃거나 심할 경우에는 집안에서 방이나 화장실을 찾아가지 못하는 증상으로까지 발전할 수 있다.

(4) 실행능력 장애

감각기관 또는 운동기관이 온전함에도 불구하고 목적 있는 행동을 실행하지 못하는 것을 말한다. 치매가 진행됨에 따라 식사를 못하거나 옷을 입는 단순한 일에서조차 장애가 나타나게 된다.

(5) 인지능력 장애

치매가 어느 정도 진행되면 단순히 사물의 이름을 기억하지 못하는 수준에서 더 나아가 사물 자체를 인지하지 못한다. 즉 남편과 아들, 이웃집 아저씨를 혼동하기도 한다.

(6) 외모, 용모에 대한 무관심

치매가 진행되면 자신의 용모에 무관심을 나타내어 흐트러진 머리를 빗지 않거나 옷에 얼룩이 묻거나 찢어져도 무관심하며, 또한 목욕도 하지 않으려고 한다. 그래서 결국 위생장애를 초래하여 타인의 조력이 필요하다(허정무, 2000).

(7) 이상행동과 인격의 변화

망상이나 환각 때문에 나타나는 행동의 장애로부터 의심증, 남의 물건을 훔치거나 숨기는 일, 심한 충동적 행동 등이 이에 속한다. 환자가 목적 없이 방황하거나 수면-각성주기가 바뀌어 섬망(譫妄)증세를 보이게 되어 신체적 상해를 입을 수 있는 사고의 위험성이 높아진다. 이러한 심각한 행동의 장애가 수동적 경향의 증가 등으로 나타나고, 외부에 대한 관심의 저하나 에너지의 감퇴 등이 초기에는 우울증으로 오인되기도 한다(현외성 외, 2001: 389).

(8) 신체적 장애

일반적으로 환자의 신체적 장애는 비교적 치매 후기에 나타나는데 시간이 갈수록 보행의 장애로 인하여 주로 의자나 침대에서만 지내게 되며 전신의 근육 경직이 나타나고 요실금 또는 변실금이 빈번해진다(이정희, 1995: 6-7).

4) 치매의 임상증상 3단계

치매의 임상증상은 3단계로 나누어지는데, 초기-건망기, 중기-혼란기, 말기-치매기에 이른다. 이러한 치매의 증상에 따라 다양한 문제행동이 나타난다.

(1) 초기-건망기

가족 중 누구 하나가 좀 이상하다는 생각이 드는 시기로 몇 번이고 같은 것을 묻고, 체험한 사실을 전혀 기억하지 못한다. 또한 기억의 손상으로 시간과 장소에 대한 지남력을 상실하며 불안하고 안절부절하게 된다. 노망과 비슷한 증세를 보인다.

[표 9-1] _ 치매의 증상과 문제행동

A	주요 증상에 따른 구분
	1. 기억장애, 고도의 인지장애, 행동 · 판단장애
	2. 기능장애, 가정 · 대인관계의 장애, 사회생활 전반의 장애

B	증상의 심각도에 따른 구분
	1. 초기(mild)-건망기(2~3년): 기억장애(특히 최근 기억), 계산 착오
	2. 중기(moderate)-혼란기(5~6년): 지남력 장애, 수면장애, 지각장애(환각), 사고장애(피해망상)
	3. 말기(severe)-치매기(5~10년): 고도의 인지장애(판단력 장애 등), 요실금 등의 신체증상

C	문제행동 증상에 따른 구분
	1. 야간착란-수면장애, 환각, 환청
	2. 지남력 장애-시간(식사시간 등)을 구분하지 못하고 사람을 못 알아보며 배회함
	3. 정신적 장애-불안, 초조, 도난망상, 피해망상
	4. 행동장애-초조, 불안, 화, 밖으로 나가려 함. 성적 문제, 목욕거부, 실금

D	노인성 치매 주요 증상
	1. 잊는 횟수가 잦고 다시 기억해 내는 일이 거의 없다. 또 한번 들은 얘기를 금방 잊어버리고 자꾸 되풀이해 묻는다.
	2. 평소에 아주 익숙해 있던 일도 잘 하지 못한다.
	3. 말할 때 적절치 않은 단어를 사용하거나 의사전달이 잘 되지 않는다.
	4. 시간과 장소의 감각이 없어지고, 판단력이 떨어진다.
	5. 숫자를 잘 모르고 숫자가 무엇을 의미하는지도 모른다.
	6. 물건을 어디다 두었는지 모르고 엉뚱한 곳에서 찾는다.
	7. 기분과 행동이 짧은 사이에 순간적으로 변한다.
	8. 성격이 급변해 흥분과 의심, 두려움을 반복적으로 나타낸다.
	9. 피동적으로 변하고, 나서는 경우가 절대 없다.

※출처: 오병훈 외, 1997.

(2) 중기-혼란기

건망증이 심화되고 판단력이 저하되며 낮과 밤을 구별하지 못하게 된다. 주위를 배회하며 언어 · 운동능력 · 사물에 대한 인식에 문제를 보이고 실어증, 실인증, 우울증, 무감동을 나타낸다.

(3) 말기-치매기

전반적으로 인지능력의 감퇴를 가져와 말을 제대로 하지 못하고, 가족얼굴이나 들은 이야기를 기억하지 못하게 된다. 실금 횟수가 빈번해지고 면역기능과 보행능력, 인격을 상실하게 된다(홍숙자, 2001: 272).

5) 치매의 유형

치매는 한 가지 원인에 의한 질병이 아니라 여러 가지 원인에 의한 복합적인 질병이기 때문에 그 유형도 여러 가지이다. 여기에서는 알츠하이머형 치매, 뇌혈관성 치매, 알코올성 치매, 외상성 치매, 산소결핍후 치매, AIDS-치매복합, 가성치매(假性癡呆)에 대해 밝히고자 한다.

(1) 알츠하이머형 치매

이 질병은 1960년 독일의사 알츠하이머(Aloi Alzheimer)가 당시 56세의 치매환자를 보고한 데서 비롯한 질병으로, 서서히 진행되며 그 원인은 유전이라고 알려져 있으나 명확히 밝혀지지 않았고 치유방법도 별로 없다. 생존율은 발병 후 5~12년 정도이다.

이 질병의 증상은 첫째, 발병 초기에는 확실히 알고 있었던 기억력에 장애가 나타나고 장애정도가 심화되면 아무 것도 기억할 수 없으며 심지어 자기 자신의 성명, 생년월

[표 9-2] _ 알츠하이머형 치매의 진행과정과 증상

진행과정	증 상
초 기	· 의욕저하: 멍해지고 무엇이든 해보려고 하는 의욕이 생기지 않는다. · 우울증: 말수가 적어지고 행동도 민첩하지 못하며 얼굴 표정도 굳어진다. · 기억장해: 물건을 어디에 두었는지 제대로 기억하지 못하고, 자주 잃어버려 일상생활에서 곤란을 겪는 경우가 많아진다. · 가족들은 차츰 환자가 이상하다는 느낌을 갖기 시작하며 업무상이나 가정 내에서도 혼란이 일어나는 경우가 있다.
중 기	· 기억하지 못하는 경우가 잦아지며 지능도 떨어지기 때문에 이해력, 판단력, 유추하고 계산하는 능력이 감퇴한다. · 사물의 명사형 이름이 생각나지 않기 때문에 '이', '저', '이것', '저것' 등의 단어를 많이 사용한다. · 자신의 기억장해를 감추기 위해 지어낸 이야기를 해서 주위 사람들을 혼란에 빠트린다. · 식사, 목욕, 배변 등 일상생활을 하는 데 있어서 다른 사람의 도움을 필요로 하게 된다.
말 기	· 기억장해가 더욱 진전되어 방금 전의 일도 기억하지 못하고 가족도 알아보지 못한다. · 자신의 이름이나 출생지 등 아주 단편적인 것은 알고 있는 경우도 있지만 그것조차도 잊어버리는 경우가 있다. · 일상생활의 모든 면에서 항상 다른 사람의 도움을 받아야만 할 정도가 된다. · 가족은 골칫거리로 여기게 되고 슬픔과 절망감에 휩싸이게 된다.

※출처: 하시즈메 고지, 1999: 16.

일의 기억도 불가능해진다. 둘째, 지능저하 정도가 급격히 떨어지며 옷, 식사, 세면 등 일상행동이 다른 사람의 도움 없이는 불가능하다. 언어도 불명확하고 조금 전의 이야기를 이을 수 없다. 마침내는 전신이 점점 쇠약해져서 사망하고 만다(최순남, 2000: 241).

(2) 뇌혈관성 치매

뇌혈관성 치매증은 심한 뇌동맥 경화에 의해서 뇌경색이 일어나고, 이로 인하여 지능이 저하되고 뇌가 위축하는 경우를 말하며, '동맥경화성 치매' 또는 '뇌혈관성 치매' 라고 부른다.

비퇴행성 질병인 뇌혈관성 치매는 '중풍' 이라고도 하는데 예방이 가능하다. 뇌혈관성 치매의 위험인자는 고혈압, 당뇨병, 심장질환, 비만, 흡연, 음주습관 등이 포함된다.

[표 9-3] _ 뇌혈관성 치매의 진행과정과 증상

진행과정	증 상
초 기	· 오래된 일은 비교적 잘 기억하지만, 2~3시간 전에 있었던 일은 떠올리기가 힘들어진다. · 물건을 둔 곳을 잊어버리거나 사람들과의 약속도 잊어버려 가정에서나 사람들과의 교제에서 혼란을 일으킨다. · 식사나 목욕, 배변 등의 일상생활은 마비현상이 없는 한 그다지 지장을 받지 않는다. · 기본적인 인격(무례한 행동과 말을 삼가는 것)은 비교적 그대로 유지한다.

중 기	· 새로운 일을 생각해 내는 것이 점점 어려워지며 인식에도 장애가 일어나기 시작한다.
	  a. 장소에 대한 인식: 외출했을 때 집을 찾지 못해 경찰의 보호를 받게 되는 경우도 있다.
	  b. 사람에 대한 인식: 가족을 알아보지 못하는 경우도 있다.
	  c. 시간에 대한 인식: 낮과 밤을 구분하지 못하고 계절감도 없어진다.

말 기	· 기억력이 극도로 저하되어 젊은 시절의 기억만이 단편적으로 남아있다. · 식사, 목욕, 배변 등의 일상 생활에 항상 누군가의 보살핌이 필요하다. · 주위에서 일어나는 일에 대해 반응이나 흥미를 나타내지 않는다. · 자신의 의사를 제대로 전달하지 못하게 되며 차츰 말을 하지 않게 된다.

(3) 알코올성 치매

만성적이고 반복적인 과음이 치매를 일으킨다. 병원 환자들, 또는 지역사회 노인들 대다수가 여기에 해당되고 알코올 중독이 많은 우리나라의 경우 심각한 문제가 발생될 소지가 있다.

술을 많이 마신 사람이 알츠하이머병에 걸릴 위험은 그렇지 않은 사람의 3배이며, 정규교육을 받지 못한 사람은 받은 사람에 비해 발병 위험이 4배인 것으로 나타나고 있다. 알코올 중독이 되면 비합리적·비논리적인 생각을 하는 사고장애, 잠을 잘 못자면 수면 중 악몽을 꾸는 수면장애, 한 일을 기억 못하는 기억장애, 공격적이고 잘 흥분하는 행동장애, 금주 시 손떨림과 불안 및 공포가 나타나는 신경정신장애, 위염, 식욕부진, 간질환, 췌장염을 일으키는 신체장애 등 각종 장애가 일어난다(허정무, 2000: 120).

(4) 외상성 치매

두부 외상 후의 치매는 극심한 지속적 식물상태로부터 경미한 지적 장애에 이르기까지 그 정도가 천차만별이다. 지속적 식물상태는 의식은 있으나 모든 정신기능을 상실한 상태로서 보통 1년 내에 사망한다. 이처럼 심한 상태가 아니면 수개월 혹은 수년에 걸쳐서 매우 서서히 호전되어 간다. 그래서 정신기능의 둔화, 반응의 둔화, 기억장애, 그리고 감정의 둔화 등의 증상이 특징적인 영구장애로 남는다. 경미한 지적 장애가 있는 환자는 건망증과 주의집중장애를 호소하기도 한다. 권투 선수들의 경우 위험이 상존하고 있고 많은 경우 이 증세를 호소한다고 한다(이윤로 외, 2000).

(5) 산소결핍후 치매

산소결핍후 뇌증은 외국에서는 대부분이 심장발작 때문이나 우리나라에서는 대부분 급성 일산화탄소 중독 때문이다. 이 때문에 인지기능장애, 성격변화, 신경학적 이상 등을 가져온다.

(6) AIDS-치매 복합

후천성 면역결핍증(AIDS)은 중추신경계에 기회감염이나 악성종양을 일으킴으로써 정신증상을 나타내는 것 이외에도 HTLV-Ⅲ 바이러스가 직접 두뇌에 침범하여 치매를 유발시킨다. 시작은 잠복성이고 증상은 진행성 치매, 보행성 실조, 그리고 우울증이 나타난다. 인지기능장애는 수개월 동안 계속 악화되어 함구증(mutism)이 나타나고, 혼수에 이르며 정상적인 판단능력을 상실한다(허정무, 2000: 123).

(7) 가성치매(假性癡呆)

가성치매는 원발성 정신장애가 있는 환자에게 지적장애를 발생시키고 신경심리학적 이상의 양상이 신경병리학적으로 생긴 인지기능장애와 유사하다. 또 지적 장애는 가역적이며 이런 장애를 일으킨 원발성 신경병리학적 이상이 없는 상태로 정의된다.

6) 치매의 치료와 예방

현재까지 치매를 야기시키는 질병은 약 70여 종에 달하는 것으로 알려져 있다. 이들 질병 중 20% 정도가 치료 가능한 것으로 알려져 있다. 치매를 치료하려면 정확한 발병 원인과 탐색 및 조기 발견이 필수적이다.

(1) 치매의 치료

① 원인적 접근과 치료

치료 가능한 치매 환자에게 우선적으로 적용시킬 수 있는 방법은 원인적 접근이다. 원인에 따라 수술을 하거나 영양소의 섭취 및 투여, 금주, 적절한 약제 등을 사용하여 치료할 수 있다. 치매의 원인을 규명하고 이에 따른 철저한 관리와 치매발생률을 감소시키기 위한 노력이 중요하다.

② 약물치료

치매의 근본적인 치료라고 할 수 있는 신경인지기능 개선을 위한 활성제로서 약물 치료 접근이 중요시되고 있다. 치매환자에게서 흔히 나타나는 우울증, 망상, 환각 등의 정신증상, 난폭한 행동과 수면장애 등을 치료하기 위하여 항우울제, 항정신병 약물을 인지기능 개선제와 병행 투여하기도 한다. 약물치료제는 초기 또는 중기의 환자에게만 한시적으로 개선시키는 효과가 있다.

③ 사회환경적 치료

적절한 자극이 있는 일상생활을 유지시키는 등 재활행동요법도 자주 이용되고 있는데 치매환자의 재활을 위해서 가장 중요한 것이 사회환경적 치료이고, 이는 치매의 원인을 가족 간의 갈등이나 주거환경 등 외부의 환경적 요인에 초점을 두어 개선시켜 나가는 방법이다. 여기에는 각종 지역사회서비스와 장기요양시설, 양로원, 노인들을 위한 복지주택과 같은 노인주거시설이 포함된다.

④ 심리사회적 치료

치매환자의 심리사회적 재활을 위한 치료접근법은 신경기능이 손상된 사람이 지역사회 내에서 기능하는 데 필요한 기술을 개발·보유할 수 있게 하는 데 목적이 있으며, 치료법에는 지남력 증가나 의사소통 증진을 위한 현실감각 훈련과 인생회고 및 회상치료, 사회기술훈련, 활동치료, 작업치료, 오락치료, 인지치료, 행동치료 등이 있다.

2. 치매노인 보호의 기본원리

치매는 대부분 만성적이고 원인적 치료가 불가능한 경우가 많으므로 치매관리의 원칙은 예방과 조기발견, 치료, 장기환자에 대한 지속적인 관리 및 재활에 초점을 두고 있으며 무엇보다 치매노인 간호를 통한 관리가 매우 중요하다. 또한 치매는 인지장애와 특유한 정신적 이상행동과 문제행동으로 인해 일상생활이 어렵게 되므로 일반 노인과는 질적·양적으로 다른 간호가 필요하다. 그러므로 본 장에서는 치매의 증상에 따른 간호와 일상생활 유지를 위한 간호, 재활간호, 가족간호에 초점을 두고 간호와 대처방법을 기술하고자 한다.

1) 치매노인의 간호 목표

치매노인 간호의 일반적 목표는 ① 환자의 안전 도모 ② 잔존기능의 유지와 상실된 기능의 대체 ③ 가족기능의 유지와 삶의 질 개선에 두고 있다. 치매노인 간호의 일반적 원칙은 환자의 최적기능의 유지와 치매환자의 문제행동의 조기발견 및 관리, 환자와 가족의 교육에 두고 있다. 치매노인의 건강관리는 치매에 대한 충분한 이해를 바탕으로 하여 환자와 적절한 의사소통이 이루어져야 한다.

2) 치매노인의 환경

치매환자는 질병의 특성상 인지능력의 저하와 다른 제반 증상으로 환경의 영향에 민감하게 반응하게 된다. 치매환자의 문제행동 중에는 이러한 환경자극에 대한 대처 능력의 결여로 일어나는 것이 상당 부분 차지하고 있다.

(1) 환경자극과 치매노인의 흥분

일반가정에서 치매노인이 조작하기 어려운 주방기구나 욕실의 위생기기, 복잡한 환경 등은 치매노인의 좌절감만 더하게 한다.

또한 치매노인의 스트레스에 대한 폭발점이 정상인에 비해 떨어지기 때문에 치매 환자의 안전과 편안한 환경을 조성하기 위하여 치매환자에 대한 면밀한 관찰을 통해 스트레스의 발생요인과 자극정도를 이해하는 것이 매우 중요하다.

과도한 환경자극이나 과도한 요구에 직면할 때 좌절감과 발작적인 흥분상태가 되기 쉬우며 이러한 상태가 계속될 때 치매노인의 상태는 급속히 악화된다.

치매환자의 과도한 환경자극은 치매환자의 흥분적 행동(방황, 때리기, 발로 차기, 붙잡기, 소리지르기, 고의적 낙상, 반복행동, 자해행동)을 야기하여 간호자를 매우 어렵게 한다. 이러한 상황을 개선하기 위해서는 환자의 행동 특성을 이해하여야 하며 간호자의 교육과 환경적 조성이 중요하다.

(2) 치매노인의 안전보호를 위한 환경

① 집안 전체
- 가까운 병원 등 긴급 연락처와 전화번호를 적어둔다.
- 방마다 연기 탐지기를 설치한다.
- 안에서 자물쇠를 잠글 수 있으므로 치매노인을 혼자 집안에 두고 나갈 때에는 비상열쇠를 꼭 가지고 다닌다.
- 치매노인이 전선에 발이 걸려 넘어질 수 있으므로 선은 벽에 고정시킨다.
- 계단에는 손잡이를 해 두고 계단이나 마루에는 흡착 계단매트나 미끄럼방지 왁스를 발라둔다.
- 약은 모두 약장에 넣고 열쇠를 채워둔다.
- 술은 치매를 악화시키므로 보이지 않는 곳에 보관한다.
- 비닐봉지는 덮어써서 질식할 수 있으므로 손이 닿지 않는 곳에 둔다.
- 애완동물은 키우지 않는 것이 좋다.
- 틀니를 끼는 경우 예비 틀니를 준비하는 것이 좋다.

② 집 주위
- 치매노인은 외부인을 만나면 두려워하므로 대문에 '외판원 금지'라고 써 붙여둔다.
- 외출할 때에는 연락처가 적힌 명찰을 옷에 붙여둔다.
- 파출소, 동사무소, 슈퍼마켓 등에 치매노인이 길을 잃을 수 있다는 점을 미리 알려둔다.

③ 부엌
- 가스레인지 옆에는 휘발성 가연물을 두지 않는다.
- 칼과 같은 날카로운 물건은 보이지 않는 곳에 보관한다.
- 부엌의 가스관은 반드시 밖에서 잠근다.
- 치매노인은 성냥, 금속 물체, 지우개, 냉장고에 붙이는 과일 · 채소 모양의 자석을

삼킬 수 있으므로 용기에 담아 자물쇠를 채워둔다.
- 하수구에 귀중품을 버리는 경우가 있으므로 배관구에 망을 씌워둔다.
- 냉장고에 오래된 음식을 두지 않는다.

④ 욕실, 화장실
- 치매노인을 혼자 목욕탕에 두어서는 안 된다.
- 욕실 문을 안에서 잠그지 못하게 잠금장치를 빼둔다.
- 욕실바닥에 고무매트를 깔아둔다.
- 변기 옆이나 벽에 손잡이를 설치한다.
- 수도꼭지에 플라스틱 커버를 씌워둔다.
- 치약, 화장품, 향수, 로션, 샴푸, 비누, 세제들을 먹을 수 있으므로 따로 보관한다.

⑤ 침실, 거실
- 벽지는 무늬없이 밝은 색으로 한다. 그림자를 보고 당황할 수 있으므로 적당한 조명을 유지하는 것이 좋으나 너무 밝지 않게 한다.
- 노인은 거울에 비친 모습을 보고 놀랄 수 있으므로 거울을 두지 않는다.
- 시각적 혼란을 주면 증세가 악화될 수 있으므로 가구 배치는 되도록 바꾸지 않는다.
- 폭력적이고 자극적인 TV는 보지 않도록 한다. 치매노인은 이것을 현실로 믿을 수 있다.

3. 치매환자의 증상에 따른 문제관리

치매노인은 기억력의 장애를 비롯한 인지이상과 의사소통의 장애, 물건 훔침, 뒤짐, 쌓아두는 행위, 망상, 환각, 배회 등 다양한 행동반응을 보인다. 이러한 행동이상으로 간호자는 고통을 겪게 된다. 따라서 안전하고 안정된 환경을 조성하고 활동프로그램을 활용하며 각 상황에 맞게 적절한 조치를 취하여 관리한다.

1) 사고예방 및 안전관리

치매환자의 사고와 판단기능의 손상은 위험을 초래한다. 따라서 안전상의 위험이 항상 따르고 있으므로 일상적으로 매우 세심한 주의를 기울여야 한다. 안전을 위한 조치는 일단 환자의 일상생활과 생활습관에 대한 파악에서 나온다.

① 환자가 흥분상태이거나 스트레스 상태일 경우, 육체적 질병을 갖고 있는 경우는 위험이 더 커진다. 따라서 환자를 흥분시키는 상황이나 급성 질병에 충분한 주의를 기울임으로써 이러한 사건을 줄이도록 한다.

② 환자가 방에 있을 때 잠재적 위험을 초래할 상황은 제거되어야 한다. 즉 뾰족한 모서리, 독극물, 넘어지거나 쏟아질 물건 등은 없애도록 한다.

③ 환자가 너무 많은 현금을 갖고 있지 않도록 한다.

④ 환자가 자기의 소유물을 나눠주거나 다른 사람들이 환자를 이용하여 이익을 얻고 있는 경우는 없는가 관찰한다.

⑤ 환자가 어떤 위험한 행위를 하려고 할 때 천천히 조용히 접근하여, 관심을 다른 곳으로 돌리도록 하고 위험한 물건을 없앤다.

⑥ 머리맡에 위험을 경고할 문구를 써 붙인다(예: '담배위험').

⑦ 사고 시에는 신속히 처리하고 가능한 일상적 생활로 빨리 돌아온다.

⑧ 침대, 목욕탕, 베란다 등에서의 낙상을 예방한다.

⑨ 화재나 화상을 입지 않도록 한다.

⑩ 환경을 조절한다.

• 노인에게는 감시당하고 있다는 느낌을 주지 않도록 주의하면서 계속적인 감시를 해야 한다.

• 환자의 방은 간호자의 방에 가깝도록 배치하고 환자 혼자서 하루종일 있게 해서는 안 된다.

• 기관에서는 공동 장소를 만들어서 직원을 배치하는 것이 바람직하다. 이는 여러 환자를 한꺼번에 감시할 수 있기 때문이며, 환자를 자극하고 상호작용을 돕기도

한다.
• 음악이나 운동 등의 활동 프로그램을 활용한다.

2) 기억력 장애

① 글을 읽을 수 있는 환자에게는 메모 등을 이용하여 기억을 상기시킨다.
② 친숙한 물건은 환자가 찾아보기 쉽게 볼 수 있는 곳에 둔다.
③ 그림으로 표시를 해 놓는다.
④ 가족사진이나 친구의 사진을 활용한다.
⑤ 야간에는 화장실에 불을 켜 두거나 줄을 연결해 둔다.

3) 의사소통의 장애

치매노인의 의사소통의 문제로는 첫째, 표현상의 문제가 있다. 이는 치매노인이 말을 알아들을 수는 있지만 발음을 할 수 없거나, 적절한 단어를 찾지 못하거나, 친숙한 사람이나 물건의 이름을 기억하지 못하는 경우이다. 둘째, 다른 사람을 이해하는 데 있어서의 문제이다. 이는 뇌손상이 있는 환자일 경우 금방 이해한 것을 잊어버리거나, 글을 읽을 수 있는 환자임에도 불구하고 적혀진 정보에 대해 이해하지 못하는 경우, 주의집중이나 이해하려는 의지 박약에 의한 이해력 결핍이 원인인 경우이다.

이러한 치매노인과 효과적으로 의사소통하는 방법은 다음과 같다.

① 인내를 가지고 대화에 임한다.
② 노인의 말을 경청한다.
③ 일상적으로 사용하는 쉬운 단어나 같은 단어를 사용하고 구체적이고 짧은 단어와 문장을 사용한다.
④ 한 번에 한 가지씩 간단히 질문하고 응답을 받은 후 다시 질문한다.
⑤ 지시는 한 번에 한 가지씩 간단하고 구체적으로 하되 필요시 반복한다.
⑥ 노인의 시야 내에서 이야기하고 제스처를 충분히 사용한다.

⑦ 긴장을 풀고 천천히 부드럽게 이야기한다.

⑧ 이해를 도울 수 있는 그림이나 글을 활용한다.

⑨ 주변을 산만하지 않게 정리하고 소음을 제거한다.

⑩ 대화 중에 초조한 행동이나 위축행동, 피로감 등을 보이면 대화를 중단한다.

4) 뒤지고 훔치고 쌓아둠

치매노인은 자기 물건을 누군가가 훔쳐갔다고 의심하고 자기 것과 남의 것을 구분하지 못하므로 아무 방에나 들어가서 서랍을 뒤지고 가져다가 비밀리에 쌓아두는 행위를 한다. 이때에는 다음과 같이 대처한다.

① 물건을 억지로 빼앗거나 강제로 노인의 행동을 억제하지 않는다.

② 노인이 주로 가져오는 물건을 파악하여 같은 종류의 물건을 마련해 주고, 또한 노인의 개인 보관함을 만들어준다.

③ 귀중한 물건은 환자가 손댈 수 없는 곳에 잘 보관한다.

④ 쓰레기통은 비우기 전에 살펴보도록 한다.

⑤ 집안의 장식은 가능한 한 간단하게 하고 옷장이나 사람이 없는 방은 꼭 잠궈둔다.

5) 망상

망상은 잘못된 믿음이 고정되고 지속적으로 나타나는 현상으로 이러한 믿음은 환자 자신에게 매우 놀랍고 좌절을 안겨 주며 가족들을 당황하게 한다. 망상은 흔히 환상에 근거하거나 불유쾌한 현실에서 도피하기 위한 시도이다. 망상을 통해 환자에게 가치 있는 활동에 관한 중요한 단서를 잡을 수 있다.

① 환자의 망상이 환자를 어느 정도 괴롭히는지를 판단한다. 그 증상이 환자를 흥분시키거나 좌절시키는 것이 아니라면 그냥 환자의 망상대로 행동해 줄 수 있다.

② 환자에게 그 망상이 틀린 것이라는 설명을 하지 말고, 다만 환자가 두려워하는

망상 상황에서 도와줄 것을 약속한다.

③ 필요시 선의의 거짓말로 환자를 안심시킨다.

6) 환각

환각이란 타인에게는 경험되지 않는 시각, 청각, 느낌 등의 감각적 경험을 지칭한다. 내용으로는 돈을 도난당했다고 느끼는 피해망상이나 배우자가 바람을 핀다고 생각하는 질투망상이 많다. 이런 환자의 망상은 가족에게 분노와 반발의 감정적 반응을 일으키기 쉬우며 환자 가족 간의 관계를 악화시키는 결과를 초래하므로 이에 대한 이해가 요구된다.

① 증세가 심각하지 않을 경우는 그대로 환각 현상을 인정하고 환자를 기다리게 한 후 자신이 그 문제를 해결했다고 안심시킨다.

② 수면과 식사에 장애를 느낄 경우는 항정신성 약물을 투여할 수 있다.

③ 환자에게 환각을 본 장소나 물체를 물어보고 환각을 일으키는 환경을 가능한 한 감소시킨다.

7) 배회와 방황

배회는 "목적이 없거나 목적이 없다고 생각되는 이동 또는 목적을 달성하기 위해 틀리거나 부적절한 이동"으로(일본치매가족협회, 1997) 정의하며 치매환자를 가정에서 간호할 때 가장 곤란한 행동 중의 하나이다.

배회하는 치매노인의 배회는 멈추기도 어렵고 배회할 때마다 붙어서 다니는 것도 대단히 피곤한 일이라 할 수 있다. 배회는 가정에서 간호하는 가족뿐만 아니라 병원, 노인복지시설 등에서도 대응하기 어려운 문제행동이다. 가정에서의 간호를 곤란하게 하는 배회 때문에 방과 집에 가두어 두거나 때로는 치매노인의 학대로 이어질 수 있다. 치매노인의 배회문제에 대한 관리는 다음과 같다.

① 배회하는 데 있어서 목적 여부를 확인하고 만약 목적이 있다면, 어떤 목적(물, 음식, 안정감, 배뇨/배변)으로 배회하는지를 파악한다.

② 침실과 화장실에 불을 켜 두거나 벽을 따라서 야광테이프를 화장실까지 붙여놓아 치매노인이 그것을 길잡이로 삼도록 한다.

③ 낮 동안에 더 많은 활동을 할 수 있도록 하되, 특히 저녁시간에는 함께 산책한다.

④ 목걸이나 팔찌 형태로 치매노인의 이름과 주소, 전화번호 등을 써서 간직하게 해 준다.

⑤ 각 방문에 방의 이름을 크게 써 놓거나 사각지대가 없도록 거울 등을 적절히 이용한다.

⑥ 현관이나 문을 커튼 등으로 숨기거나 출입구에 센서 등을 설치해 벨이 울리도록 한다.

⑦ 야간에 문을 잠가두고 열쇠를 잘 보관한다.

⑧ 이웃이나 아파트 경비원 등에게 치매노인의 상태에 대해 설명하고 양해를 구하도록 한다.

⑨ 최근에 찍은 사진을 준비하여 행방불명 시 빠르게 대처할 수 있도록 한다.

⑩ 배회에서 치매노인이 돌아왔을 경우 따뜻하게 맞이하고 화를 내거나 꾸짖지 않도록 한다.

⑪ 노인을 무리하게 집안에 가두어 두지 않도록 하고 정기적으로 집 주위를 같이 산책하거나 차를 타고 함께 집 주위를 돌아본다.

8) 파괴적인 행동반응

치매노인은 어떤 상황에서 일반적인 반응보다 지나치게 완고해지고, 비판적이거나 과도한 감정 상태가 되기 쉬우며, 충동을 억제하지 못하고 혼돈이 증가하며 초조한 행동을 보인다. 이 상황에 대한 간호는 다음과 같다:

① 이러한 행동반응을 유발하는 사건을 사전에 예방한다.

② 일상생활은 가능한 변형을 주지 않고 일정하게 하여 환자로 하여금 자신이 하는

활동을 예측할 수 있게 한다.

③환자가 혼돈하지 않도록 한 번에 한 가지씩 제시하거나 단순한 말로 지시한다.

④이상행동 반응을 보이면 질문을 한다거나 일을 시키는 것 등의 자극을 더 이상 주지 말고 조용한 곳에서 쉬도록 한다.

⑤환자가 당황하고 흥분되어 있음을 이해한다는 표현으로 가만히 손을 잡아 주거나 옷자락을 잡는다.

⑥여유를 두고 점차적으로 환자의 관심을 돌린다. 행동이 진정된 후에는 왜 그런 행동을 했는가 질문하거나 이상행동에 대하여 상기시키지 않는다.

⑦환자의 공격적 행동에 대해 부정적인 감정을 가지고 대하지 않는다.

9) 우울, 위축

치매초기에 기력이 약해지거나 능력저하를 자각하여 우울해지는 경우가 있다. 대부분 치매환자는 무엇인가 잘못되어 간다는 자각을 하게 되면 실패감, 격리감 등을 경험하게 되며 우울감의 원인이 된다. 따라서 노인의 활동이 위축되며 초조하고 집중을 할 수 없게 되며 일상적인 기능이 더욱 저하되고 집중시간은 더욱 짧아진다.

①환자에게 무가치하다는 느낌을 유발시키는 상황을 관찰한다.

②의사와 상의하고 투약 필요성에 대해 자문을 구한다.

③환자에게 활동에 참여하고 타인과의 상호 교류를 강요하지 않는다.

④환자가 편하게 느끼는 사람과 자유로이 말하고 시간을 보내도록 한다.

⑤위험한 물건을 제거하고 자주 감시할 필요가 있다.

⑥환자가 한가한 시간에 활동하는 행위들을 관찰하고 이를 근거로 활동을 계획한다.

⑦환경을 조절한다.

• 지나치게 밝은 색은 환자를 자극할 수 있으므로 전체적으로는 중간색으로 하고 밝은 색으로 강조점을 두는 것이 바람직하다.

• 과거 기억을 촉진하는 옛 물건을 진열한다.

• 잔잔한 음악을 틀어 놓아 주변의 불유쾌한 소음을 차단하도록 한다.

- 가족 구성원이 유쾌한 분위기를 유지하도록 노력한다.
- 환자가 좋아하는 특수한 시설(벤치, 연못)을 설치한다.
- 환자가 좋아하는 음식을 자주 만든다.

10) 부적절한 성적 행동

부적절한 성적 행동은 가끔 치매환자가 아무 곳에서나 옷을 벗거나, 옷을 입지 않고 거실이나 길거리를 배회하는 것, 또는 아무 곳에서나 자위 행위를 하는 것 등을 말한다.

① 민감하게 반응하지 말고 자연스럽게 방이나 목욕탕으로 데리고 간다.
② 피부 자극 시 다른 옷으로 교체해 준다.
③ 옷을 쉽게 벗지 못하도록 뒷단추나 뒷지퍼가 달린 옷을 선택해 입혀준다.

11) 의심행동

의심행동은 질병의 한 단계이며 질병이 진전될수록 그 빈도가 점차 감소된다.

① 환자가 잃어버렸다고 주장하는 물건을 예비로 준비하여 환자가 흥분해 있을 때 내어준다.
② 잃어버렸다는 것을 일단 긍정하고 같이 찾아보자고 권하며 같이 찾는다.
③ 환자의 감정에 주의를 기울여 줌으로써 환자가 이해받고 있다는 느낌을 갖도록 한다.
④ 잃어버려서 안 됐다고 수긍하고 기분 전환을 위해 다른 일을 하자고 권하는 등 환자의 관심을 다른 곳으로 돌린다.
⑤ 잃어버렸다고 주장하던 물건을 다시 찾는 경우에는 환자를 훈계하지 않는다.
⑥ 환자 간호에 지장을 줄 정도로 의심의 정도가 심각할 경우는 약물투여가 도움이 될 수도 있다.
⑦ 활동 프로그램을 활용한다.

- 가능한 한 간호하는 사람을 자주 바꾸지 않는다.
- 남들 앞에서는 환자에 대해 이야기하지 않는다.
- 환자가 도둑으로부터 자신의 방을 지키려고 고집할 경우는 방에 그대로 있도록 해준다.
- 간호자는 자기가 하는 모든 행위에 대해 짧고 반복적인 설명을 하도록 한다.
- 환자에게 다가갈 때 서두르지 않는다. 환자는 자신이 공격당하는 것으로 오해할 수 있다.

4. 치매환자의 일상생활관리

치매환자의 일상생활관리에 있어서 자리에서 일어나고 옷을 갈아입고 세면, 식사, 목욕, 배설, 수면에 이르기까지 일상생활의 흐름 가운데서 명심해야 할 것은 치매환자 자신의 능력을 가능한 한 발휘하도록 해야 한다는 것이다. 이를 위해서는 규칙적인 동작을 반복하고 동작의 동기를 부여하고 쉬운 방법으로 유도하며 적절히 보조하고 용기를 주는 것이 필요하다.

1) 영양과 식사

식사는 인간에 있어서 생명 유지를 위한 매우 중요한 행위이다. 식사 계획의 기본 방침은 다음과 같다.

① 노인의 식습관을 존중하고 좋아하는 음식을 만든다.
② 식사는 영양상 균형이 있어야 하고 섭취하기 좋은 형태로 제공되어야 한다.
③ 식사시간을 일정하게 규칙적으로 하는 것이 바람직하다.
④ 식기는 될 수 있는 대로 노인이 항상 이용하던 것을 사용하는 것이 좋으나 안전도 고려한다.
⑤ 식사를 준비할 경우 가능하면 장보기, 조리, 설거지 등에 노인을 참가시킨다.

식사에 있어 문제행동은 다음과 같다.

(1) 식사거부

①치매환자는 식사를 전혀 하지 않거나 극히 조금만 먹거나 식사를 권해도 필요 없
   다며 거절하는 등 불규칙적인 식습관을 보인다. 환자가 식사를 거부하는 이유는
   파악하기 쉽지 않다. 그날의 기분 변동에 의한 것이거나 간호자가 알지 못하는
   극히 사소한 일 때문일 수도 있다. 환자들은 흔히 마시는 것도 잊어버리므로 탈
   수를 초래하고 환자를 혼돈에 빠뜨릴 수 있다. 따라서 간호자는 환자에게 적절한
   영양과 수분을 공급하는 데 유의하여야 한다.
②그 원인이 무엇인지 찾는 것이 매우 중요하다. 우선 신체적인 원인(부적절한 의
   치, 구강병변)을 생각해 보고, 다음으로 정신적인 원인(망상, 환청, 환시)을 생각
   해 본다.
③식사시간을 늘리거나 식사횟수를 늘린다.
④의치의 점검, 상처 등 구강 내부를 검사한다.
⑤망상, 환청, 환시 등은 전문의에게 의뢰한다.

(2) 연하곤란

연하곤란은 음식을 먹기 어려워하거나 목구멍으로 삼키지 않는 것으로 신체적으
로 불편하거나 자기 스스로 식사가 가능하지 않은 경우이다. 이것은 치매환자가 음식
에 무관심하거나 혈관성 치매와 같이 식사 및 저작, 연하에 필요한 기능을 손상시키는
질병 혹은 노인이 투약하고 있는 질병에 의해 발생되며 간호는 다음과 같다.

①노인이 좋아하는 음식을 씹기 쉬운 형태로 만들어준다.
②식사에 사용하는 도구를 익숙하게 이용하도록 삼키기 쉽게 해준다.
③침상에 누워있는 노인은 상체를 약간 높여 삼키기 쉽게 해준다.
④음식이 입에 남아있는 경우나 입을 열려고 하지 않는 경우 의사의 진찰을 받는다.
⑤음식을 가지고 장난하는 경우에는 밥상에 한 가지 음식만 놓고 다른 그릇은 눈에

띄지 않게 치운다.

⑥ 중증 치매의 경우에는 적극적으로 간호한다.

(3) 과식

과식은 지나치게 먹거나 여러 번 식사를 요구하는 경우를 말한다. 간호자와 환자 관계가 친밀한 경우는 설득을 시도할 수 있으나, 환자가 강하게 화를 내는 경우는 소량의 먹을 것이나 소화되기 쉬운 과자를 주기도 한다. 환자와 같이 달력에 그날그날 식사 여부를 표시해 나가면 쉽게 설득할 수 있다.

(4) 도식

도식은 남의 음식을 몰래 훔쳐 먹는 것으로 이는 자신과 남의 음식을 구별할 수 없기 때문에 생기는 현상이다. 이때는 섭취량이 부족한지 우선 점검한다. 식사시 노인의 속도에 맞춰 충분히 먹이고, 반찬을 먹지 않을 경우는 밥 위에 얹어 먹이면 효과적이다.

(5) 이식

이식은 아무 것이나 먹는 것으로 먹어서는 안 되는 물건(예: 옷, 대변, 식물, 고무 등)도 손에 닿기만 하면 먹는 것을 말한다. 이 경우 가장 좋은 방법은 노인으로부터 위험물을 제거하는 것이다. 독약, 세제, 약품 등은 환자의 손에 닿지 않게 두고 음식봉지 안의 방부제는 환자에게 주기 전에 미리 제거한다. 위험한 물건을 가지고 주지 않으려 할 때는 환자가 좋아하는 물건과 바꾸도록 유도한다. 이식은 예방이 중요하나 먹은 경우에는 조기 발견하여 그 종류와 양을 고려한 응급처치가 요구된다.

2) 개인위생

(1) 구강위생

구강위생은 일반적인 편안함뿐만 아니라 식욕과 음식물의 섭취에도 영향을 미친다.

① 칫솔은 부드러운 것을 사용함으로써 잇몸과 치아의 출혈을 예방한다.
② 의치는 적어도 하루에 6~8시간 정도는 빼서 잇몸에 무리를 주지 않도록 한다.
③ 침분비 자극을 위해 껌이나 사탕을 물고 있도록 한다.
④ 세면도구를 가지런히 순서대로 놓아 가능한 환자가 혼자 칫솔질을 하도록 한다.
⑤ 칫솔질의 동작을 옆에서 보여주는 것도 도움이 된다.

(2) 배설

치매노인의 경우는 화장실의 위치를 몰라 어두운 구석이나 계단 밑에 방뇨, 배설하는 경우가 많다. 화장실에 가도 의복을 잘 내리지 못하거나 변의나 요의를 느끼지 못하여 실금하기도 하며, 변기에서 변을 꺼내 벽에 문지른다거나 뭉적거리는 등 불결행위를 한다. 그러나 그렇다고 하여 기저귀를 쉽게 사용해서는 안 된다.

치매노인의 배설간호는 크게 배설유도와 기저귀사용으로 나눈다.

① 배설유도

• 요의나 변의가 없는 노인: 원칙적으로 화장실이나 변기 등을 사용하여 배설을 유도한다. 노인의 24시간 배설상태를 점검하여 배설유무, 배설량, 배설간격을 잘 알아두는 것이 필요하다. 대부분의 노인은 2~3시간 간격으로 배설하는 경우가 많다. 배설의 의미나 하의를 벗는 것을 망각한 노인일지라도 때로는 친숙한 사람과 같이 화장실에 감으로써 자연스럽게 배설을 행하는 경우도 있다. 이렇게 배설유도가 필요한 노인일지라도 의외로 자존심을 가지고 있으며 수치심이 남아있기 때문에 다른 사람 앞에서 무안하게 하거나 야단치는 일이 없도록 한다. 그런 경우는 반발과 흥분을 초래하므로 사전에 배설하게 한다.

• 요의나 변의가 있는 노인: 이 경우 화장실에 간신히 도착해도 이미 시간이 늦어 실금하는 경우가 많다. 따라서 화장실에 쉽게 가도록 어디에서든 알기 쉬운 표시를 해 놓거나 화장실과 가까운 방에 배치하며, 입고 벗기 쉬운 옷을 입힌다.

• 변비: 변비 예방을 위해서는 섬유질이 많은 신선한 야채나 과일을 충분히 공급한다. 수분의 부족도 변비의 원인이 되므로 식단에 국을 첨가하고 식사 중간에 물을 공급한다. 하복부를 따뜻하게 하고 마사지를 한다. 필요하면 하제를 사용한다.

- 기저귀 사용: 노인이 아무런 호소없이 침상에 방뇨하거나 요도 괄약근의 변화로
  웃음, 기침 등 복압상승시에 소변이 나올 때, 뇌졸중의 후유증으로 편마비 등과
  뇌 · 신경계의 장애에 의해 야기되는 방광기능성 장애, 요도 · 방광 등의 질병이
  있는 경우에 기저귀를 착용한다.

일단 기저귀를 착용하게 되면 노인은 수치심을 상실하고 그나마 갖고 있던 모든 요
의를 나타내는 신호(몸짓, 소리)의 능력도 없어지게 된다. 또한 간호자도 노인이 배설
을 특별한 신호 없이 행하는 것을 무관심하게 받아들이게 되고, 이로 인해 더 한층 노
인의 감정표현과 지적 기능을 감퇴시키게 된다. 간호자 측도 기저귀의 편리함이 습관
이 되어 노인이 스스로 소변보는 기회를 감소시키게 만든다. 따라서 기저귀를 사용하
려는 경우는 그 방법이 아니면 안 되는지 다시 한 번 고려해 보아야 한다.

(3) 수면

치매환자의 대다수는 밤에 상태가 더 나빠지며 밤중에 돌아다닌다거나 바깥으로
나가기도 한다.

① 낮 동안에는 깨어있게 하고 활동을 권유한다.
② 늦은 오후에 먼 거리를 산책하도록 한다.
③ 자기 전에 화장실에 다녀오도록 한다.
④ 착각을 막기 위해 방에도 침실이나 화장실에 불을 밝혀둔다.
⑤ 잠자리의 조건을 고려한다.
⑥ 조용하고 부드럽게 수면을 권유한다.
⑦ 수면제나 안정제를 복용시킨다.

(4) 운동기능의 장애관리

운동기능의 장애는 그 일을 하고 싶고, 어떻게 하면 된다는 것을 알고 있으면서도
마음대로 손가락이나 팔다리를 움직이는 데 장애가 있는 것으로 초기에는 글씨쓰기
가 안 되는 경우에서부터 시작하여 나중에는 걸음걸이에도 변화가 생길 수 있다. 이 때

는 다음과 같이 간호한다.

①실행방법을 가능한 한 간단하고 단순하게 바꾸도록 한다.

②부드러운 분위기로 환자의 어색함을 덜어준다.

③한 가지 일을 여러 단계로 나누어 시행하도록 한다(시범을 보여준다).

④반복해서 가르친다(현외성 외, 2000: 149-166).

[표 9-4] _ 치매체크리스트(Mini-Mental State Examination: 간이정신상태검사)

지남력	
(1) 오늘은 ( )년 ( )월 ( )일 ( )요일이고, 요즘은 ( )계절입니까?	[총5점]
(2) 집주소는 도(시), 군(구), 면(동)?	[총4점]
(3) 여기는 무엇을 하는 곳입니까?	[총1점]

기억등록	
(4) 물건이름(나무, 자동차, 모자)	[총3점]

기억회상	
(5) 3분 뒤 물건이름 회상	[총3점]

주의집중, 계산기능	
(6) 100에서 7을 5회 연속해서 빼기(100-7×5회) 또는 '삼천리 강산'을 거꾸로 말하기	[총5점]

언어기능	
(7) 물건이름 맞추기(연필, 시계)	[총2점]
(8) 오른 손으로 종이를 집어서 반으로 접어서 무릎 위에 놓기	[총3점]
(9) 오각형 2개 그리기	[총1점]
(10) '간장공장 공장장' 따라하기	[총1점]

판단능력	
(11) 옷은 왜 빨아서 입습니까?	[총1점]
(12) 길에서 남의 주민등록증을 주웠을 때 어떻게 하면 쉽게 주인에게 돌려줄 수 있습니까?	[총1점]

※ 점수
· 24점 이상일 경우 정상노인.
· 24~13점은 치매노인 가능성이 높다.
· 13점 이하는 치매노인.

종말기 케어

10 장

제10장 종말기 케어

1. 종말기 개념과 케어의 기본

일반적으로 종말기(終末期)란 "'완치'가 불가능한 병으로 인하여 죽음이 예측된 시기부터 죽음에 이르는 시기"라고 정의한다. 즉, 한 사람의 인생의 마지막 시기를 종말기라고 한다. 이렇게 죽음을 앞두고 있는 사람들과 그 가족들에게 죽음의 현실을 정직하게 받아들이고 죽음을 맞이할 준비를 할 수 있도록 돕는 것이 종말기 케어의 요점이다.

따라서, 종말기의 사람들에 대한 케어는 정신적·신체적 불안이나 공포, 통증 및 괴로움을 완화시키는 것이 중심적 과제이며 의사, 간호사, 가족과 충분히 협력해서 시간이 허용하는 한 그 대응에 노력하는 것을 원칙으로 한다. 또 현재의 신체상황을 파악하는 것만이 아니라 대상자가 오랜 생활의 역사 속에서 키워 온 모든 것을 중요시하고 이제까지의 생활습관을 이해하며 몹시 싫어하는 사항 등도 알아서 모든 욕구가 이루어질 수 있도록 케어팀의 연계를 더욱 강화하며 원조하는 것이 기본이다.

1) 신체적인 면에 대한 케어

종말기에 들어서면 신체적 기능이 저하됨과 동시에 케어자에게 자신의 신체를 맡기게 된다. 말수가 적어지고, 그와 동시에 거리낌이나 사양하는 마음에서 원하는 바를 나타내지 않는 경우도 있다. 따라서 케어자는 관찰과 세심한 배려를 해야 하며, 신체적인 면에 대해 신경을 쓰는 것이 중요하다. 케어의 질은 케어받는 사람들의 삶의 질이 되며 이 점을 항상 의식하는 것이 중요하다.

(1) 구체적 원조

① 바이탈 사인(vital sign)의 확인

바이탈 사인(체온, 맥박, 심박동, 혈압, 호흡, 의식)에 변화가 나타나면 그것에 수반해서 여러 증상들이 악화되기 때문에, 항상 관찰을 하여 신체의 징후를 파악하지 않으면 안 된다. 안색, 표정 등을 통해서 고통이나 동통이 있음을 알아차리고 바이탈 사인의 변화가 뚜렷한 경우에는 의사나 간호사에게 그 상태를 정확하게 전하는 것이 중요하다.

② 환경의 정비

청결하고 밝게 함과 동시에 거실의 온도와 습도를 적절하게 조정하고 살아오면서 익숙해진 지금까지 그대로의 환경을 제공할 수 있도록 배려하는 것이 바람직하다. 시설의 경우 가족의 면회나 의료의 필요성에 따라 정양실로 이동하는 경우도 있지만 어디까지나 대상자와 가족의 희망에 따르도록 마음을 쓴다. 가족이나 손자의 사진, 눈에 익은 장식품 등 안도감을 유지할 수 있는 물건이 손에 닿는 위치에 있도록 배려한다. 단 침대곁이나 발치 등은 긴급한 경우 신속하게 대응할 수 있도록 정리해서 공간을 확보해 둘 필요가 있다.

③ 안녕 · 안락에 대한 배려

장기간 자리를 보전하고 있으면 신체에 대한 영향이 현저하게 드러나는 경우가 있다. 관절의 구축, 발적(發赤), 부종 등 병상(病狀)에 따라 갖가지 변화가 일어난다. 우선, 가장 중요한 것은 대상자가 가장 안락한 자세를 유지하도록 배려하는 것이다.

욕창을 피하기 위해서는 장시간의 압박과 같은 자세를 피하고 기분이 좋을 때는 의사와 간호사와 상담을 한 뒤 자리에서 일어나 리크라이닝식[1] 휠체어로 산책 등을 시도하고 사철에 따라 지은 풍물시를 접하는 것도 좋다. 또, 음악을 듣는다든지 창밖으로 경치를 감상한다든지 대상자의 희망에 따라 행동하는 것이 욕창의 예방으로도 이어진다.

복지용구의 적절한 선택과 이용 역시 안락을 원조하는 데 있어서 중요하다.

④ 청결에 대한 배려

종말기에는 건강할 때에 비해서 신진대사는 저하되지만 식은 땀, 발한, 분비물 등에 의해 신체가 오염된다. 또 요실금, 유치(留置) 카테터(catheter)가 새는 등으로 인해 불쾌감이 생기게 된다. 따라서 목욕이 불가능한 경우에는, 전신을 깨끗이 닦아서 청결하게 하는 것이 중요하다. 특히 이차적 장애와 감염을 예방하기 위해 유의할 필요가 있다. 또 구강 및 음부의 청결은 구강 내 감염이나 요로감염에 의한 고통을 야기하지 않도록 하기 위해서도 중시하지 않으면 안 된다.

⑤ 영양과 수분 보급

종말기에는 삼키는 힘이 현저하게 저하되어 영양보급이 곤란하게 되는 경우가 있지만, 가능한 한 입을 통해 보급하는 것이 좋다. 유동식, 칼로리식, 좋아하는 음식 등을 연구하여 충분히 얘기를 건네면서 조금씩 보급할 수 있도록 지켜보는 것이 중요하다.

수분은 식사 중이나 식사 후에 반드시 보급하도록 마음을 쓴다. 반드시 차가 아니어도 좋다. 관찰할 때마다 주스류나 스포츠드링크, 좋아하는 음료를 권해도 좋다.

더구나, 환자용 주전자 등으로 수분보급을 하기 곤란하게 된 경우에는 권면자나 면봉에 물을 묻혀서 느긋하게 보급한다든지, 얼음을 아주 작게 깨뜨려서 볼에 넣게 한다든지 갖가지 궁리를 해야 할 필요가 있다.

---

1) reclining: (드러누워 잘 수 있도록) 뒤로 젖힐 수 있는 휠체어.

특히, 이 시기에 주의해야 할 것은 객담의 유무이다. 제거하지 않은 채 식사개조를 하면 위험하다. 또 음식물이 기도로 들어가면 연하성폐염을 일으키는 수가 있으므로 주의를 충분히 해야 할 필요가 있다.

종말기 후기의 영양보급은 의료관계직이나 영양사와 상담하고 잘 알 수 없을 때는 주위의 스태프와 협력하며 개인적 판단만으로 대상자에게 절대 무리하게 강요하지 않는 것이 원칙이다.

⑥ 배설에 대한 배려

병의 상태에 따른 배설에 주의할 필요가 있다. 혈변이나 혈뇨, 투약에 따른 색깔 및 냄새의 변화, 변실금, 뇨실금에 의한 음부의 짓무름 등 그 때마다 충분히 관찰한다. 처치는 필요에 따라 간호사와 함께 행하며 고통이 최소한으로 끝나도록 배려한다. 방광에 카테터(catheter)를 연결해 둘 경우, 소변량을 반드시 기록해서 상태를 파악한다. 요도, 항문, 카테터관은 충분히 청결하게 하여 감염을 막는 것이 중요하다.

⑦ 발열, 동통에 대한 배려

발열이나 동통 등에 수반되는 고통에 의해 일어나는 반응은 개인차가 크다. 의료처치(주사나 약물 사용)로 다스려지지 않는 경우나, 병용해서 행해지는 찜질 및 마사지도 대상자의 고통 완화에 도움이 되는 것이다. 그러나 케어자 자신의 판단으로 행할 것이 아니라, 반드시 의사나 간호사에게 상담할 필요가 있다.

⑧ 마사지, 무찰법(撫擦法)의 효과

가볍게 신체를 문지르는 것은 정신의 안정을 가져 오고 곁에 누가 있어 돌봐 준다고 하는 안도감을 조장하는 효과가 있다. 또, 케어자가 아픔을 함께 나누는 수법으로서 마음을 전하기 위해 자연스럽게 행해지는 행위이기도 하다. 손의 온기에서 전해지는 공감과 위로받는 느낌이 대상자의 마음을 풀어주는 것이다. 그러나 신체를 계속 문질러 주는 것도 병태(病態)에 따라 금기가 있으므로 의사나 간호사에게 상담하는 것이 중요하다.

2) 심리적인 면에 대한 케어

(1) 죽음에 대한 심리적 상태

"언제 데리러 와도 좋다", "아파서 아파서 빨리 죽고 싶다", "정말 죽고 싶은 건 아니야" 등 죽음에 대한 고령자의 심리는 다양하게 변화한다.

퀴블러 로스(E. Kübler-Ross)는 죽음에 대한 심리를 다섯 가지 단계로 제시하고 있다.

① 거부

치명적인 병이라는 선고를 받는다든지 스스로 죽음을 감지했을 때 받아들이지 않고 "뭔가 잘못되었다", "그런 일은 있을 수 없다"고 자신에게 타이르며 부정하는 상태.

② 분노

"왜, 내가 이런 불행한 꼴을 당해야 하는가?"라는 불안과 불만이 분노가 되어 나타난다. 주위 사람들이 위로하거나 하면 오히려 그 사람을 원망한다든지, 마구 화풀이 한다든지 하는 상태.

③ 타협

"어떻게 하면 죽지 않고 구제받을까?"라며 생명을 연장할 수 있기를 바라는 감정이 강해져서, "담배를 끊는다면…", "어떤 약을 먹는다면…", "어떤 음식이 필요할까…" 등으로 고뇌하고, "그때 그런 짓을 하지 않았다면…"라고 하면서 과거에 대한 죄책감을 나타낸다. 의사에게는 개방적으로 되는 시기.

④ 우울

"이제는 회복할 수 없다" 등 거부도 부정도 넘어서서 그저 한탄하고 슬퍼하며 상실감이 증대하고 의기소침해져 버리는 상태.

⑤ 수용

자신의 운명으로서 죽음을 조금씩 수용하지만 "어쩔 도리가 없다"고 하는 체념이

강하다. 주위 사람들의 협력으로 남은 생명을 조금이라도 즐겁게 살려고 하는 심정을 수반하는 시기.

이런 심리상태들은 누구에게나 꼭 들어맞는 것은 아니지만 고뇌의 단계로서 이해해 둘 필요가 있다. 연령이나 생활력, 생사관의 차이 등에 따라 복잡하게 반응한다고 여겨지고 있다.

케어자는 어떤 단계에 있어서도 삶의 용기를 계속 유지할 수 있도록, 희망을 잃지 않도록, 그 심정을 이해하며 관계하는 것이 중요하다. 케어자의 말 한마디 행동 모두가 심리적으로 영향을 미치고 있음을 자각해야 한다.

(2) 구체적 원조

① 신체적 고통의 완화

신체의 아픔은 정신적인 면에 강한 영향을 미친다. 의료적인 대응이 불가능한 경우 그 아픔과의 공생이 필요하게 된다. 낫지 않는 아픔 속에서 신체를 문질러주고 곁에 있어 주더라도 불안은 해소되지 않지만, "지금 이 사람이 나의 아픔을 덜어 주려고 아주 열심히 몸을 문지르고 따뜻하게 해주며 아픔을 없애려고 노력하고 있구나"라며 혼자 싸우고 있는 건 아니라는 것을 느낌으로써 조금이나마 통증은 완화될지도 모른다.

어쨌든 성심 성의껏 정신의 안정을 도모하며 신체적 고통을 완화시킬 필요가 있다. 또 "곁에 있어 주었으면…"하고 대상자가 생각할 때, 가지 않고 곁에 있어 주는 케어자가 되었으면 한다.

② 의사소통

모든 장면에서의 의사소통은 독과 약이라는 양면을 가지며 격려하거나 상처를 입히는 요인이 된다. 특히 종말기에 있는 사람은 민감하게 반응한다. 따라서 케어자는 자신의 언동이 그 사람의 삶의 가치와 삶의 질을 바꿔버릴 만큼의 영향력이 있음을 자각하는 것이 중요하다. 그리고 한 사람 한 사람의 관계에서 생명의 광휘를 끌어낼 수 있는 의사소통이 되도록 노력하지 않으면 안 된다. 그러기 위해서는 특히 경청과 웃는 얼굴이 중요하다. 듣기 곤란하더라도 시간을 내서 들어주려고 하는 자세를 보임으로써 욕구를 끌어낼 수도 있다. 시간이 허용하는 한 앉아서 시선을 같은 높이로 맞추고 '잘 듣는' 것은 안도감과 신뢰감으로 이어지는 것이다.

말하는 것이 불가능한 경우에도 "알아들었으면 손을 꼭 잡아주세요" 등의 말로 부탁하면 그것에 응해주는 경우도 많이 있다. 이와 같이 비언어적 의사소통에 의해 마음을 나누는 것도 필요하다.

③ 프라이버시에 대한 배려

케어 전문직은 대상자의 생활에 밀접하게 관계하게 된다. 왜냐하면 케어자가 관계하는 한 사람 한 사람의 케어의 필요성, 세대의 협력상황, 경제상황, 인간관계에 이르기까지 대상자 개인의 정보를 살펴서 알지 않으면 대상자에게 가장 어울리는 종말기의 케어를 수행할 수 없기 때문이다. 그런 것들 중에 대상자나 가족으로서는 다른 사람에게 알리고 싶지 않은 사정이나 보이고 싶지 않은 상황 등이 반드시 존재하는 것이다. 복잡한 사정, 아주 개인적인 문제 등 대상자나 가족이 숨기고 싶어 하는 생각을 충분히 가늠해서 인식하는 것도 중요하다. 종교나 사상 및 대상자의 인권을 지키고 비밀보장의 의무를 다하면서 욕구들을 끌어내도록 노력하는 것이 요구된다.

④ 모든 것을 수용하고 욕구에 따르는 태도

종말기의 케어는 대상자의 생명과 인생의 피날레이기도 하다. 그러므로 대상자가 가장 풍요하고 충실한 나날을 보낼 수 있도록 원조하는 것이 우선된다.

좋아하는 음식이나 음료, 듣고 싶은 음악, 가고 싶어하는 장소, 보고 싶은 것, 만나고 싶은 사람, 상담해 두었으면 하는 일, 남기고 싶은 말 모두가 최후의 바램이 된다. 케어자는 대상자의 몸을 어루만지고 마음을 어루만져서 그 욕구들을 헤아려, 그것에 따를 수 있도록 모든 것을 수용하며 대응하는 것이 중요하다. 신체적 고통에 대한 욕구들에 대해서도 정신적 편안함과 만족감을 얻을 수 있도록 팀을 이루어 협력하는 것이 중요하다.

⑤ 케어자의 퍼스낼리티의 반영

종말기의 케어는 대상자의 인격과 케어자의 인격이 가장 깊이 맞닿는 때이다. 케어자의 인격은 케어를 받는 대상자의 정신을 지탱하면서 동시에 큰 영향을 미치고 있다는 사실을 깨닫지 않으면 안 된다. 상냥함이나 동정심도 그 지식과 기술과 더불어서 죽음을 향한 사람들에게는 둘도 없는 공생자로서 반영되고 있다. 케어자의 진심이 전해질 때 대상자의 표정에 웃음이 떠오르고 아직 더 살고 싶다고 생각하는 것이다.

2. 종말기 증상 급변 시의 대응

1) 증상 급변 시 신체의 증상

증상의 급변 시에는 바이탈 사인(체온, 맥박, 심박동, 혈압, 호흡, 의식)에 이상한 변화가 나타난다. 또 그것에 수반하는 여러 가지 증상들의 발현, 나아가서는 신체 각 부위의 기능 정지 등이 있다는 사실을 의식해서 세심한 주의와 관찰을 행할 필요가 있다.

(1) 호흡

남성은 복식호흡, 여성은 흉식호흡이 많다고 되어 있지만 개인차가 있다. 1분간에 15~20회인 정상치에서 급격하게 증진하고 그 수가 많아진다. 간격이 불규칙하고, 깊이도 들쭉날쭉하게 된다. 호흡이 곤란해지면, 비익호흡(鼻翼呼吸: 콧방울이 운동하는 호흡), 천명(喘鳴: 객담이 걸리는 호흡), 하악호흡(下顎呼吸: 아래턱을 움직이는 노력 호흡), 체인스톡스호흡(호흡정지로 이행하기 전에 일어나는 호흡) 등이 나타나는 경우도 있다. 호흡의 상태는 안면 · 표정에서 가늠해 알 수 있지만 호흡수를 측정하는 방법으로는 매우 얇은 휴지를 가늘게 찢어 코밑에 갖다 놓고 건드리지 않도록 배려하면서 그 종이의 움직임으로 측정하도록 하면 좋다.

(2) 맥박

맥박수는 남성과 여성이 다소 다르지만 1분간에 60~80 정도가 평균치이다. 그러나 계측시각이나 체질, 연령 등에 따라서도 다르기 때문에 개인의 평균치를 평소에 체크해 둘 필요가 있다. 특히 종말기에는 나날이 변화하므로 주의한다. 급변 시에는 심장의 박동이 높아지고 박동수도 증가한다. 리듬은 혼란스러워지고 미약해지므로 요골동맥에서는 감지하기 어렵게 되는 경우가 많다. 그 경우에는 경동맥으로 재도록 한다.

(3) 체온

체온은 체내 신진대사의 저하에 따라 서서히 저하한다. 체온조절, 물질대사 등의 중추와 간뇌의 작용이 저하되는 것이 원인이지만 투약했을 경우 그 작용으로 고열이 계속되는 경우도 있다.

(4) 의식

의식은 경면(傾眠)에서부터 혼미, 반혼수(半昏睡), 심혼수(深昏睡)로 서서히 변화한다. 대부분의 자극에 대해서 반응하지 않는 상태(극히 강한 자극에 대해서는 약간 수족을 움직이는 반응을 보이는 상태)로 되고 최후에는 강한 자극에도 반응하지 않게 된다고 하는 일련의 단계를 거쳐 변화하는 경우가 많다.

(5) 구강

연하(嚥下)곤란, 호흡곤란, 체력의 소모에 따라 수분도 적어지게 되므로 입안은 건조하고 까칠까칠해진다.

(6) 피부

촉촉하게 싸늘해지거나 땀을 흘리는 독특한 상태로 된다. 피부색은 전체적으로 창백해진다. 사지에 부종이 나타나는 경우도 있다.

(7) 사지

사지의 말단은 차가워지고, 청색증(cyanosis)[2]를 나타낸다. 운동은 거의 정지한다.

2) 임종시의 케어

병 상태의 급변을 확인한 경우에는 의사와 간호사에게 연락한다. 시설의 경우에는 바로 시설장이나 상담원에게 보고함과 동시에 팀에게도 상태를 알린다. 또한 가족에게도 연락한다.

다음은 그것을 대응하는 방법이다:

① 체위변경을 무리하지 않고 차분하게 행한다(여러 명의 직원이 한다).

② 보온에 유의한다(더운물주머니, 전기담요 등을 사용).

③ 열이 날 때는 냉찜질을 시행한다.

④ 신체를 청결하게 한다: 땀이 많이 나는 얼굴이나 목, 가슴, 등, 음부 등은 부분적으로 닦아서 깨끗이 하고 안락한 자세의 유지에 유의한다. 구강 안은 오염되기 쉽고 까칠까칠해지므로 면봉으로 물을 적셔주거나 구강세정제를 써서 몇 번이고 닦아내도록 한다.

⑤ 실내의 환경을 정비한다: 온도, 습도, 환기, 청결, 정돈 등을 배려한다. 또한 채광을 적절하게 하고, 차분한 환경을 유지한다.

⑥ 고령자와 가족이 마지막 순간을 애석해 하며, 후회 없이 보낼 수 있도록 배려한다.

죽음으로 향하는 고령자에게 있어서도 또한 가족에게 있어서도 이제까지의 인생과 인간관계를 포함하여 살아 온 모든 감정이 되살아나는 때이다. 기쁨, 슬픔, 고뇌와 더불어 살아온 인생이 주마등처럼 스쳐 지나가며 가능한 일이라면 지금 다시 한 번 건강해지고 싶다고 눈물을 흘리며 나중에는 신에게 빌기조차 한다. 그러나 이윽고 가족은 죽음을 납득하고 "두 번 다시는 만날 수 없겠지"라고 마음을 정하는 때이기도 하다. 케어자는 그 가족의 심정을 헤아리고 가만히 지켜보면서 귀중한 시간을 후회 없이 보내도록 배려하는 것이 중요하다. 가족이 차분하게 곁에서 지키고 있을 수 있는 의자나 방석, 야간이라면 접이식 침대 등을 설치해서 종말기 케어에 필요한 물건을 갖춘다.

---

2) 청색증(cyanosis): 산소결핍으로 피부가 검푸르게 된 상태.

또, 케어하는 일 중 가족이 할 수 있는 수분공급이나 땀을 흘릴 때 몸을 깨끗이 닦아주는 일 등을 협력해서 행할 수 있도록 마음을 쓰는 일도 중요하다.

[표 10-1] _ 종말기의 증상

> ### 신체증상
> - 만성적으로 보이는 증상: 전신권태, 식욕부진, 흉복부 불쾌감
>   - 가지각색의 통증, 발열, 입속 갈증, 구토기, 구내염, 변비
>   - 불면, 기침, 숨막힘, 여윔, 빈혈, 쇠약
>   - 피부의 이상(욕창, 건조, 발진, 부종)
> - 긴급을 요하는 증상: 호흡곤란(기도 폐쇄)
>   - 혈관폐쇄(뇌경색, 심근경색, 폐경색, 사지동맥폐색)
>   - 장폐색
>   - 출혈(토혈, 하혈, 객혈)
>   - 쇼크(혈압의 급저하, 의식의 소실)
>   - 심한 탈수
>   - 심한 감염(폐렴, 패혈증)
>   - 사고(골절 등)
>
> ### 정신증상
>   - 불안, 동요, 공포, 불온(不穩: 평안치 않고 험악함)
>   - 기분이 좋지 않음(초조해 함, 걸핏하면 성을 냄)
>   - 울(鬱)상태
>   - 건망, 지남력상실, 환각, 섬망, 혼란

※출처: 老人訪問看護硏修事業等檢討會編著, 『老人訪問看護硏修テキスト』日本看護協會出版會, 1992: 198.

[표 10-2] _ 최종말기의 증상(agony)

> 1. 고통스런 호흡: 헐떡이는 호흡(노력호흡), 하악호흡(下顎呼吸), 천명(喘鳴)
> 2. 신음: 신음소리, 으릉으릉하는 소리
> 3. 경련
> 4. 격렬한 움직임, 이상한 흥분
> 5. 전신부종(アナザルカ)

※출처: 老人訪問看護硏修事業等檢討會編著, 『老人訪問看護硏修テキスト』日本看護協會出版會, 1992: 199.

전문직으로서의 케어의 질은 그저 연명하기를 바라는 것만이 아니라, 대상자에게 가장 어울리는 여행길이 되도록 가족이 거리낌없이 최후의 대화를 할 수 있도록 어프

로치하는 데 달려 있다. "남기고 싶은 말은 없습니까?", "해드릴 일은 없습니까?", "만나고 싶은 사람은 없습니까?" 등 가족이 나중에 회한을 남기지 않도록 충분히 배려하지 않으면 안 된다. 가족이 "괴로운 것 같네요, 괜찮을까요?"라고 몇 번이고 같은 것을 묻는다든지, "만일 일을 당하면"이라고 불안감을 나타내는 경우에는 형편에 따라 성의를 다해서 대답해 주고 조금이라도 불안감을 해소할 수 있도록 대응하는 것이 중요하다. 따뜻한 위로의 말과 격려의 말을 잊지 말고 가족의 근심과 고뇌를 공유하는 것이 신뢰의 기반이 된다. 가족이 케어에 익숙치 못하더라도 결코 그것을 제한하지 말고 함께 대상자의 마지막 순간을 지키는 자세가 가족의 마음을 지지하게 된다. 또 그 광경을 지켜보고 있는 친구들은 자신들의 종말의 모습을 연상해서 자신들도 또한 가족과 함께 종말을 보낼 수 있으리라는 안도감과 케어에 대한 신뢰를 깊게 해가는 것이다.

3. 임종 및 사후대응

1) 임종시의 대응

임종시의 대응은 의사로부터 죽음이 선고되고 죽음이 결정적으로 되었더라도 인간적 존엄을 존중하고 가족에 대한 위로와 위안을 중시해서 행하는 것이 중요하다.

(1) 구체적 원조
① 케어자는 간호사와 함께 산소요법 기구나 흡인기, 얼음베개나 더운물주머니 등 치료 및 케어에 썼던 기구나 장착했던 것들을 조용히 제거한다.
② 외견을 아름답게 가다듬고 눈과 입이 닫힐 수 있도록 개조한다(후두부를 높게 해서 입이 닫히기 쉽게 한다). 의치를 빼놓았을 경우에는 의치를 장착한다. 의류를 갖추고 가족이 "말기의 물"로 이별할 수 있도록 준비한다.
③ 가족 및 친족, 친구 등이 망자와 이별의 시간을 갖고 "말기의 물"을 넣어줄 수 있도록 가족과 망자에게 목례를 하고 자리를 뜬다. 가족이 조금 불안을 느끼고 있는 경우에는 방의 구석진 곳에서 조용히 지켜준다.

④시설에서 만일 사후에 가족이 아직 도착하지 않았을 때에는 그대로의 상태로 가족을 기다린다. 역시 그 경우 사후의 경직은 약 2시간 후에 나타나므로 1시간을 지날 무렵부터 유체를 깨끗하게 닦을 필요가 있다.

⑤유체를 닦을 전용실이 있는 경우에는 그 방으로 이동한다. 이동할 경우에는 스트레처로 조용히 이동한다. 개인용 방에서 충분히 시행할 수 있는 경우에는 그대로 침대 위에서 행할 준비를 한다.

⑥시설에서는 시설장을 비롯해서 전직원이 대상자의 임종을 확인하고 명복을 빌며 분담해서 임종시의 대응에 임한다.

⑦가족을 위로하고 위안이 되도록 하면서 다음으로 필요한 행동에 대해 조언과 협력을 한다.

⑧유체를 거실에서 옮긴 경우에는, 꽃다발을 세우는 등 아름다움에 대한 배려도 할 필요가 있다.

⑨가족은 친족에게 연락 및 고별식의 준비 등으로 바쁘고 긴장해 있으므로 거처할 곳에 유의하여 몸과 마음을 쉴 수 있도록 배려한다.

2) 사후의 대응

(1) 사후의 처치

사후의 처치는 신체를 깨끗하게 닦고 의복을 갖춰서 고별의식에 임하는 망자 자신의 예절이기도 하다. 케어자는 경건한 마음으로 유체를 잘 관찰하면서 행하는 것이 중요하다.

① 준비물[3]

수시복, 칠성판, 탈지면, 끈, 수건, 홑이불, 환자용 기저귀, 병풍, 상, 촛대(초), 향로(향), 사진과 액자, 납작한 긴 막대(약 60cm 길이, 끈을 시신 밑으로 넣을 때 필요) 등을 준비한다.

---

3) 유체처치에 사용하는 물품은 항상 일정한 장소에 수납하고, 사용 후 부족분을 보충해서 직원 전원이 그 수납장소를 알아둘 필요가 있다.

② 유의사항
- 대상자의 종교나 태어나 자란 지방의 관습을 존중하고 가족과 사전에 협의하여 희망한다면 착의나 염하는 방법 등에 대한 배려를 한다.
- 가족이 유체를 닦고자 요청할 때는 착의 등 가능한 부분을 함께 행한다.
- 대상자의 소유물, 특히 귀금속류는 처치를 시작하기 전에 빼내서 가족에게 넘겨 주거나 가족이 없는 경우에는 사무소에 맡기는 등 그 소재를 확실히 해 둔다.
- 대상자의 외관적 존엄을 유지하기 위해서 사후 1시간 반부터 2시간 이내에 그 처치를 완료할 수 있도록 한다.
- 실시는 가능한 한 여러 사람이 행한다. 단시간에 종료하기 위해서이기도 하며 예기치 않은 변화를 간과하지 않기 위해서이다. 처치 중에 관찰한 사항은 메모하여 기록 · 보고한다.

③ **구체적 원조**
- 케어자는 가운(흰색), 마스크, 장갑을 필요에 따라 착용해서 몸차림을 단정히 한다.
- 망자의 의복을 벗기고 시트 1장을 감아서 신체를 닦기 쉽게 한다(지금까지 입고 있던 옷은 비닐봉투에 담는다).
- 대변기와 소변기를 대고 하복부를 눌러 배변 · 배뇨시키고 내용물을 배출한다. 위 속의 내용물도 얼굴을 옆으로 돌려서 농반에 배출한다.
  변을 배출시킬 때는 대장에서 직장의 방향, 즉 우하복부에서 위로 밀어 올리고, 그대로 오른쪽에서 왼쪽으로, 좌상복부에서 아래로 이동하며 누른다. 소변은 방광의 위치를 고려해서 하복부를 아래쪽으로 누른다. 위 속의 내용물은 엎드려 눕힌 자세로 해서 위쪽이 높게 되도록 하여 토해내게 한다.
- 히비텐액 0.02%의 미지근한 물로 안면에서부터 전신을 깨끗이 닦는다.
  전신의 더러움이나 오물의 상태에 따라 미지근한 물과 비누를 사용하거나, 또는 뜨거운 물로만 청식을 행하는 등 상황에 따라 판단한다. 고령자의 피부는 약하기 때문에 정중하고 곱게 대응하는 것이 중요하다. 타올은 충분히 사용했으면 그 때마다 폐기한다(비닐봉투에 담는다).
- 욕창 등의 상처가 있는 경우 거즈를 새것으로 교환한다. 침출액이 배어 나올 것

같은 경우에는 거즈를 두껍게 하거나 기름종이를 사용한다.

- 체강(비강, 구강, 외이도, 항문-직장, 질) 내에 솜을 나무젓가락으로 채운다. 솜은 수분을 흡수시키기 위해 쓰이므로 처음에는 흡수가 좋은 탈지면을 밖에서 보이지 않도록 채우고 다음에 탈지하지 않은 솜을 막는다.
- 붕대재료를 교환한다. 배농관(排膿管)을 삽입하고 있을 때는 이것을 제거하고 거즈, 기름종이 등을 대고 반창고로 고정한다.
- 머리 모양은 가족의 희망에 따르지만 일반적으로 머리카락을 풀고 여성은 엷은 화장을 해서 얼굴을 단장한다. 남성은 수염을 깎는다.
- 눈꺼풀과 입을 닫는다. 눈꺼풀이 닫히지 않을 때는 솜뭉치를 적셔서 눈꺼풀 위에 놓거나 눈꺼풀과 안구 사이에 부드러운 휴지 또는 얇은 솜을 끼우도록 한다. 입이 닫히지 않을 때는 머리부분부터 턱에 걸쳐 붕대를 하고 아래턱을 올려 고정한다(붕대는 사후경직의 후에 제거한다).
- 준비해 둔 의류를 속옷부터 순서대로 입힌다. 배설물이 젖지 않도록 종이기저귀를 채우는 편이 낫다. 수의는 왼쪽 앞(보통은 오른 쪽 앞)으로 여미고, 띠는 세로매듭을 해서 위로 보고 누운 자세를 취한다. 팔을 구부려 가슴 앞부분에서 모으고 종교 의식에 따라 합장의 형태로 한다. 손의 위치가 느슨해져 흐트러질 것 같은 때는 붕대로 가볍게 묶는다.
- 까는 시트와 덮는 시트를 새로 교체하고 안면에 30~33cm 사방의 2중 거즈 또는 무명을 덮는다.

  처치 종료 후 망자에게 끝났다는 것을 표시하는 목례를 하고 과실이 없는지 확인한다.

(2) 처치 후의 대응

① 유체를 적절한 장소에 안치한다(머리는 북쪽을 향한다).
② 관 속에 넣고 싶은 물건, 대상자가 평소 소중하게 여기던 물건 등을 준비한다(빗, 사진, 안경 등의 애용품, 추억의 물건).
③ 가족에게 처치가 종료됐고 주위가 정돈된 것을 알려서 방으로 들어오게 한다. 고인과 마음껏 이별할 수 있도록 배려하고 뜨거운 차 등을 마련해서 안락한 분위기

를 만든다.

(3) 종말기의 케어 기록

종말기의 케어 기록은 특히 관찰이 중요하므로 평소의 기록보다 상세하게 기입할 필요가 있다. 기입에 빠짐이 없도록 신경을 쓴다. ① 이야기의 내용, 요망(가족을 포함) 등을 문장으로 기입하는 것과 ② 체크용지에 의한 기록으로 나누는 편이 좋다. 두는 장소는 프라이버시의 보호도 고려했으면 한다. 그러나 케어자 전원이 기입하기 쉽게 하기 위해서는 알기 쉬운 장소에 용지와 함께 필기용구도 마련해 둘 필요가 있다.

다음은 위의 ①과 ②의 기록에 관한 보충 내용이다:

① 노트(연락수첩). 대상자의 요망, 가족의 요망, 그밖에 직원 간의 연락이 있다면 기입. 종말기의 케어를 완수하고 그 질을 높이기 위해서도 필요하다.
② 간호 측면과 케어 측면을 한 눈에 알 수 있는 차트. 호흡, 맥박, 체온, 혈압, 의식, 동통, 수면, 식사(주식, 부식, 수분, 기타), 배설의 수치들을 바로 알 수 있도록 작성하고 반드시 관계했던 사람이 기입한다.

케이스 화일(case file)에의 기록은 ①, ②의 기록과 함께 병행해서 기록하지만 병상태의 변화에 따르는 정신적·신체적 고통의 상태, 대응한 케어의 과정, 가족의 협력 등도 포함하여 총체적으로 기록하는 것이 중요하다. 특히 임종시의 모습과 사망시각 등은 정확하게 기록하는 것이 중요하다.

4. 사별 후의 유가족에 대한 케어

죽음은 죽는 사람 본인의 문제이지만 임종은 죽은 사람 자신의 문제는 물론 남아서 그것을 지켜보는 생존자들의 문제도 크다. 그래서 우리가 3일장 또는 5일장을 하고, 묘를 쓴다거나 화장을 한다든가 하는 것도 사실은 죽은 분을 위한 것이지만 한편 생각해 보면, 살아있는 사람들의 마음을 정리하는 것과도 깊이 관련되어 있다. 그래서 호스피스 프로그램에 적극적으로 관여하고 있는 사람들은 죽은 사람 이외의 유가족과 친지들의 마음을 어떻게 어루만져서 정상적인 생활로 돌아갈 수 있게 할 것인가를 생각해야 한다.

유가족에 관한 케어는 사망 후 최소 1년으로 보며 케어방법은 가정방문, 전화방문, 편지 띄우기, 유가족 모임 등 다양한 방법이 있다.

1) 가족케어의 의미와 목적

호스피스환자 케어는 환자와 그의 가족을 대상으로 한다. 환자에게만 관심을 두는 것이 아니라 가족에게도 관심을 두는 것인데, 이것은 가족의 역할이 환자에게 큰 영향을 미치기 때문이다. 물론 환자가 생김으로써 가족들이 경제적 · 정서적 · 신체적으로 받는 충격도 크다. 그러나 충격에서 오는 가족들의 태도가 환자에게 영향을 주기 때문에 우리는 가족에게 관심을 갖고 그들을 알아야 한다.

호스피스 철학의 기본 원칙 중 하나는 환자와 그의 가족의 감정과 요구에 관심을 갖는 것이다. 인생을 살면서 겪는 일들 중에서 가장 큰 충격을 주는 경우가 배우자의 사망이라 한다. 이것은 환자가 죽은 후에도 살아있는 가족에게 계속 영향을 미치므로 환자의 가족에게 관심을 가져야 하는 이유가 된다. 그래서 이러한 슬픔을 당하는 과정 동안 우리가 가족들을 잘 도와주고 위로해 줌으로써 이런 슬픈 일 이후에는 도리어 가족이 성장하고 성숙하는 데 도움이 되는 그런 계기가 되도록 하는 것이 환자의 가족을 돌보는 궁극적 목적이기도 하다(김옥라, 1999: 160-161).

환자의 가족은 호스피스에서 중요하다. 그들 자신이 호스피스를 통해 이익을 얻을 뿐만 아니라, 호스피스가 어떻게 시작될 수 있을지 영향을 주기 때문이다(Christakis N.A. et al., 1998: 3). 호스피스 케어의 독특한 특징 중 하나로 케어제공 과정에 가족이 참여하는 것이 인정된다는 것이 있다. 환자의 욕구가 무엇이든 가족은 해야 할 일을 배울 수 있다. 호스피스에서 가족은 그들이 사랑하는 사람에게 할 수 있다고 생각하는 것보다 더 많은 것을 할 수 있다.

호스피스 케어는 환자가 살아있는 동안과 애도하는 기간 모두 가족의 역할과 욕구에 강조점을 두고 있다. 모어와 마스터슨-알렌(Mor & Masterson-Allen)은 "호스피스 개입의 본질은 가족과 같은 강력한 비공식적 지원체계를 필요로 하며 특히 가정 호스피스 환자에게는 더욱 가족의 역할이 중요하며 지원체계의 부족은 호스피스 활용의 제한점으로 작용할 수 있다"고 주장한다(Mor & Masterson-Allen, 1988: 119-134).

가족은 죽음을 앞둔 대상자의 상태 변화나 행동 하나 하나에 대해 민감하게 반응한다. 가까운 장래에 가까운 사람을 잃게 되는 데에 대한 슬픔과 매일 변화하는 대상자의 상태에 대한 긴장감, 처음 경험으로 예상할 수 없는 일에 대한 불안 등 실제로 많은 정신적 부담을 겪게 된다. 종말기가 되면, 대상자가 잠을 못 자는 등 케어량이 증가하고 신체적 피로도 상당히 증가하게 된다. 따라서 가족의 육체적ㆍ정신적 부담을 경감시키는 케어가 필요하다(이해영, 2004: 176-177).

2) 환자의 상태에 대한 가족의 반응과 욕구

환자의 진단에 따라 가족이 나타내는 첫 번째 반응은 절망이다. 이때 자원봉사자가 가족들에게 해줄 수 있는 것은 그 진단으로 금방 환자가 죽어서 떠나가는 것이 아니며 아직도 어느 기간 동안은 같이 사는 것임을 기억시켜 주면서 희망을 갖도록 한다. 그리고 중요한 것은 호스피스 환자가 항상 희망을 갖도록 하는 것이다. 절망감을 극복하도록 용기를 주어야 한다.

다음은 환자로 인해 충격을 받으면 보호자에게 역할의 혼란이 오기 때문에 기능적 분열이 따른다. 이때 가족은 고립감을 느낀다. 또한 간병을 하다 보면 집안에서의 역할을 못하게 되는 데서 오는 감정들이 있다. 이럴 때 도와주는 사람은 가족의 결속력을 강화시켜 주어야 한다. 즉 서로 지지해 주도록 해야 한다. 또 환자와 가족의 의사소통을 촉진시켜 주어서 개방될 수 있도록 해준다.

셋째, 현재 호스피스 환자가 갖고 있는 질병이 무엇인가 알아보기 위해 책을 찾아보는 등 정보를 수집하는 단계이다. 또 환자의 행위를 소급해서 생각해보며 그 원인을 유추해보기도 한다. 또한 환자와 자기를 동일시하여 자신의 죽음과 가족 전체의 불행을 연상하기도 한다. 그러므로 이때는 불안감을 줄이고 안정할 수 있도록 도와주어야 한다.

넷째, 다른 사람에게 알리는 단계이다. 이때는 가족 내에서만이 아니라 친구나 친척에게 알리는 시기인데, 그렇다고 해서 가족 내에서 대책이나 해결, 안정이 이루어져서 알리는 것은 아니다. 따라서 타인들에게 알렸을 때 그들의 놀라는 반응이나 원하지 않는 충고 때문에 알린 것을 후회하기도 한다. 이때는 가족들이 외부의 반응에 움츠러들지 않고 그것에 적응하도록 용기를 주어야 한다.

다섯째, 속박된 감정(engaging emotion)의 시기이다. 환자가 병원에서 장기 입원해 있으므로 오래 간병하다보면 어차피 죽을 것인데 언제까지 이렇게 도리로써 간병해야 하는가 등의 생각이 들기도 하지만 그런 감정의 표현은 억제되어야 하므로 고통과 절망감을 느낀다. 그래서 환자의 생명이 더 연장되기를 바라는 노력 자체는 계속되지만 한편 예측할 수 없는 피곤한 분위기에서 벗어나고 싶은 욕구가 있다. 그리고 환자가 점점 더 악화되어 가는 것을 보기 때문에 더욱 슬퍼지는 시기이다. 그래서 이때 자원봉사자는 가족들이 밖에 나가서 식사를 하든지 기분 전환을 할 수 있도록 해 주는 것이 좋다.

환자가 가망이 없으므로 집으로 돌아가라는 진단이 내려졌을 때는 가족들은 장지 준비 등 많은 일들을 해야 하므로 가정에서 도와줄 일이 있을 것이다. 현실을 인정하여 죽음을 받아들이도록 하고 남은 가족의 계속적인 성장을 지지해 주어야 한다. 그리고 가족들이 환자의 현재 상태에만 집착하게 되므로 환자가 병에 걸리기 이전의 모습을 잃지 않도록 가족에게 좋은 추억을 이야기 할 수 있도록 해 주는 일도 필요하다.

호스피스 환자의 가족들은 환자에 대해 다음과 같은 요구가 있다(김옥라, 1999: 168-169).
① 가족들은 항상 호스피스 환자의 옆에 같이 있고 싶어한다.
② 가족들은 호스피스 환자에게 도움을 주고 싶어한다(주물러 주거나 물을 떠다 주는 등).
③ 호스피스 환자의 정신적 평안을 확인하고 싶어한다.
④ 호스피스 환자의 상태에 대해 알고 싶어한다.
⑤ 임종의 시기를 알고 싶어한다.

다음으로 환자의 가족들에 대한 요구가 있다.
① 자신의 슬픈 감정을 표현하고 싶어한다.

② 다른 식구들로부터 위로와 지지를 받고 싶어한다. 이것은 환자의 가족을 만나고 봉사하면서 그 가족을 이해하는 데뿐만 아니라 자신의 가족을 이해하는 데도 도움이 된다.

3) 사별에 대한 슬픔의 과정과 단계

누구든지 사별로 사랑하는 사람을 잃게 되면 큰 슬픔을 경험하게 된다. 그러나 슬픔을 해결하지 못한 채 묻어 버리면, 나중에 치명적인 질병과 여러 가지 문제를 유발하는 요인이 된다고 많은 연구에서 밝히고 있다. 슬픔의 양상은 사망한 사람과의 관계, 애착 정도, 어떻게 사망하였는가, 성격, 사회적 요인 등 많은 요인에 따라 다르게 나타난다 (이해영, 2000: 153). 게다가 슬픔을 겪어 나가는 데 필요한 시간은 사람에 따라 다르다. 보통 1년에서 2년 정도 소요되지만 어떤 경우는 더 긴 시간이 필요한 경우도 있다(이해영, 2004: 178-179).

(1) 사별에 따른 슬픔의 과정

① 충격과 무감각한 단계
갑작스러운 충격에 황망해 한다. 멍해 있거나 사망했다는 사실을 부정하고 화를 내며 절망한다. 이런 상태는 약 2주 안에 가장 심하게 나타나며 제삿날이나 다른 기념일에 다시 나타나기도 한다.

② 그리워하는 단계
죽은 사람의 체취, 목소리, 모습 등을 찾는 단계이다. 모든 것이 죽은 이를 찾는 것에 집중된다. 마치 문이 열리고 발자국 소리가 들리는 듯한 느낌이 일기도 한다. 이런 상태는 약 2주부터 4개월 사이에 가장 심하게 나타난다.

③ 혼란의 단계
제대로 삶을 가꾸지 못하고 실망하여 흐트러진 생활을 하는 단계로서 삶이 위축되

고 무감각해져서 인생의 의미를 잃어버린다. 밥맛이 없고 입안이 쉽게 마르며 금방 피곤해하고 냉담한 상태가 되는 등 건강을 해치기 쉬운 단계이다. 이 상태는 4~8개월 사이에 나타나며 이때가 보살핌과 지원이 가장 필요한 시기이다.

④ 재조정의 단계

죽은 사람에 대한 기억이 추억으로 다가오고 죽은 사람에 대한 이미지가 내재화된다. 삶을 재구성하는 단계이다.

(2) 사별에 대한 슬픔의 단계

슬픔의 단계는 학자에 따라 다르게 분류하고 있으며 가장 보편적인 방법은 월펠트(Wolfelt)에 의한 3단계, 즉 회피단계, 직면단계 및 조정단계이다. 그 외에 예상된 슬픔의 단계, 급성 슬픔의 단계, 만성적인 슬픔의 단계 및 회복의 단계로 구분되기도 하며, 쇼크와 무감각, 그리워하고 갈망하는 상태, 혼돈·혼란한 상태 및 해결과 재조정의 단계로 분류하기도 한다. 또한 디켄(Deeken)은 정신적인 타격과 마비상태, 부인, 공황, 부당함에 대한 분노, 적의와 원망, 죄의식, 공상과 환상, 고독감과 억울함, 정신적 혼란과 무관심, 체념과 수용, 새로운 희망, 회복의 총 12단계로 나누었다(한국호스피스, 2003: 140).

슬픔의 반응은 각 단계마다 치러내야 할 과업이 있고 전체적으로 2~3년에 걸쳐 슬픔과정이 진행되는 것으로 보고되고 있으나 그 결과가 항상 일치하는 것은 아니며 슬픔반응과 적응단계에 따른 지지활동의 내용에도 차이가 있다(한국호스피스, 2003: 140-141).

① 회피단계

회피단계의 특징은 쇼크, 부인, 무감각함, 불신, 부당함 등 강한 신체적 반응으로 볼 수 있다. 이러한 단계는 수주 또는 수개월 동안 지속되며 이 시기에서의 과업은 고인의 죽음을 수용하는 것에 있다.

② 직면단계

직면단계는 와해, 불안, 생리적 변화, 폭발적 정서, 죄책감과 후회, 상실감, 안도감과 해방감을 주 특징으로 가진다. 개인에 따라 많은 차이가 있기는 하지만 대체로 수개월 간 지속되는 것으로 보인다. 이 시기에는 절망감, 그리움, 낙심 등이 생길 수 있음을 인정하고 이를 경험하며 슬픔의 고통을 치러내야 하는 과업이 주어진다.

③ 조정단계

이 단계에서는 문득 문득 고인에 대한 생각이 밀어 닥쳐오지만 이전처럼 강렬하지 않은 슬픔을 경험하며 미래를 위해 자신의 삶을 조직하고 계획하며 새롭고 건강한 관계를 다시 수립하고 삶의 다른 변화들에 대해 개방적으로 되는 시기이다. 각 개인마다 다르지만 24개월에서 36개월 간 지속된다. 과업은 고인이 없는 삶에 적응하는 것이다.

(3) 슬픔반응

유가족의 슬픔 반응은 신체적 · 인지적 · 정서적 · 사회적 · 영적 측면으로 구별될 수 있다(한국호스피스, 2003: 141- 143).

① 신체적 측면

사별 후 수면장애나 식욕의 변화, 심계항진, 호흡하기 힘듦, 위의 작열감, 구강 건조감, 오심, 변비나 설사, 심한 발한, 쉽게 피곤함 및 성욕감퇴가 보고되었으며 심한 경우에는 지속적으로 몸이 아픈 현상도 나타난다. 연구에 의하면 배우자나 부모를 잃었을 때보다 자녀를 잃었을 때 신체적 증상이 더 많이 나타났으며 주된 신체적 증상으로는 식욕상실, 체중감소 및 수면장애가 가장 많았다.

② 인지적 측면

사별 후 가장 힘든 것은 고인이 집에 없음을 인지하는 것이며 생각이 집중되지 않고 잘 기억이 나지 않으며 모든 것을 이해하는 데 분별력이 떨어짐을 경험하게 된다. 고인에 대해 지속적으로 생각을 하게 되고 꿈을 꾸며 때에 따라서는 환상으로 고인을 느끼기도 한다. 또한 자신의 건강과 다른 가족들에 대한 걱정이 증대하게 된다.

③ 정서적 측면

사별 후 초기에 쇼크를 경험할 때에는 혼란과 지속적인 부인이 있고, 그 이후에는 지속적으로 안절부절, 죄책감, 수치심, 분노, 불안, 허전함과 공허감, 고립감, 무력감, 우울, 슬픔, 허무감, 절망, 두려움 등의 감정을 느끼게 된다.

특히 한국인은 자식의 죽음을 예방할 수 없었다는 것에 대해 죄책감을 심하게 느끼며 또한 자녀를 먼저 보냈다는 것 때문에 수치심을 느끼게 되고 이로 인해 자녀의 죽음을 비밀로 붙이게 되는 것으로 보고되고 있다. 또, 여성이 남편과 사별했을 경우에는 미망인에 대한 사회적 편견으로 인해 자존감이 약화되며 때에 따라서는 수치심까지 느끼기도 한다. 그와 더불어 자기 자신, 배우자, 의료진, 신에 대한 원망이 생기기도 한다.

④ 사회적 측면

자녀와 사별한 부모 또는 남편과 사별한 여성은 자녀 또는 남편이 죽었다는 것에 대한 수치심과 다른 사람들과 다른 삶을 살게 되었다는 의식으로 인해 스스로 사회적으로 고립된 반응을 보일 수 있다. 때에 따라서는 과도하게 일을 하고 사회활동에 전념함으로써 사별로 인한 슬픔을 잊으려는 노력을 하기도 한다. 또한 다른 사람의 삶에 대한 관심이 감소되며 비현실적인 기대를 할 수도 있다. 자녀와 사별한 부모들은 일부에서는 자신의 자녀가 죽었다는 것을 숨기는 경우가 있다.

⑤ 영적 측면

사별 직후에는 친밀도가 강한 가족일수록 고인을 따라서 함께 죽고 싶어하며 삶의 의미를 상실하기도 한다. 사별 후 종교를 멀리하는 경우와 종교에 집중하는 경우가 다 발생할 수 있다. 그것은 사후의 세계에 대해 관심이 증대되어 점차 이러한 일이 생긴 상황에 대해 의미를 찾으려 하게 되고 자신의 삶의 가치관에 대해 다시 생각해 보게 되며 혼란을 거쳐 새로운 정체성을 찾게 된다.

4) 유가족을 위해 케어자가 할 수 있는 활동[4]

① 너무 서두르지 않는 상태에서 여러 가지 신체적 · 심리적 고통을 겪는 사망자의 가족들을 도와주어야 한다.

환자가 사망한 후에 발생되는 가족의 비통함은 상실에 대한 고도의 인간반응이다. 비통함은 정서적 · 신체적으로 혼란을 초래하여 다른 가족에게 영향을 주기도 한다. 어떤 사람은 시간이 지남에 따라 비통함을 잘 해결할 수 있고 자신들의 유용한 다른 자원을 이용하기도 하지만 이와 상관없이 간호와 지지가 오랫동안 요구되기도 한다.

② 유가족들의 이야기를 잘 들어주어야 한다.

가족들로서 하고 싶은 이야기는 많은데 들어주는 사람이 없다. 잘 들어주어야 한다는 것이 쉽지 않다. 그러나 인내심을 갖고 경청해야 하며 들으면서 "운명이 다해서", "하나님의 뜻이다"라는 말을 하지 말아야 한다.

③ 유가족들이 죄책감을 호소할 때 들어준다.

슬픔에 직면한 사람들은 "만일 내가 그의 생전에 좀 더 잘했더라면…", "만일 내가 그때 좀 더 현명했더라면 이런 일은 일어나지 않았을 텐데…"라는 말들을 한다. 이러한 이야기를 할 때 그래도 인정해주고 받아들여 주어야 한다. 특히 어린 아이가 부모의 실수로 사망하였을 경우에 그 부모들이 느끼는 잃어버린 기회에 대한 후회와 죄책감, 양심의 가책, 그리고 의기소침과 해결할 수 없는 질문들이 증가하게 된다. 이때 케어자는 환자에게 심한 충격을 주지 않는 범위 안에서 죄책감을 느끼는지의 여부를 알아본 후 마음을 평안하게 하도록 해야 한다.

④ 감정을 숨기지 않도록 이끌며, 타인 앞에서 우는 것은 자연스러운 것이라고 알려준다. 가능한 한 혼자 남아 있지 않도록 고인에 관한 말을 하도록 격려하고 경청한다. 고인에 대해 횡설수설할 때도 끝까지 들어주며, 가급적이면 죽음에 관해 토론할 수

4) 강용규,『현대케어복지개론』, 교육과학사, 2003 참조.

있는 분위기를 마련하여 주고, 임종 직후 고인이 사용했던 침대나 물건들을 얼마간 그대로 두어 가족과 친지들로 하여금 슬픔을 충분히 표현하도록 한다. 관심과 도와주고 싶은 마음을 전달하여 주고 인내하여야 한다. 애도는 긴 시간이 필요한 것이기에 유가족들은 그들이 필요로 하는 시간만큼 케어자가 옆에 있어주기를 원하기 때문에 어떠한 감정의 표현도 받아들여야 하고 마음속의 감정들을 억제하지 않고 표현할 수 있도록 격려해 주어야 한다(김영호 외, 2005: 285).

⑤ 심부름, 음식준비, 어린 아이 돌보기 등 실제적인 도움을 주고 지속적이고 사려 깊은 관심이 필요하다.

상실의 슬픔이 가실 때까지 전화, 방문, 편지 등으로 가족과 지속적인 접촉을 갖고 기일이나 고인의 생일 등 슬픈 감정이 강해지는 때, 삼우제, 49제, 100일, 1주년을 기억하여 전화를 하거나 직접 방문하는 것도 좋은 방법이다.

⑥ 주기적인 가정방문을 통해 유가족과 좋은 관계를 형성한다.

1~2주 간격으로 전화를 하여 유가족의 변화를 체크하여 유가족에게 도움이 되는 자료를 우송하거나 편지를 띄운다. 유가족들의 모임을 갖도록 하여 추후 모임과 유가족지지 모임 등의 프로그램을 진행하기도 하며 진행되는 모든 일은 비밀보장이 되어야 한다는 것을 명심해야 한다. 이때 항상 기록하는 것을 잊지 않도록 해야 한다.

로버트 버크만(Robert Buckman, 1992)은 나쁜 소식을 어떻게 전할 것인가에 대한 지침을 제공하고 있다. 버크만이 제시한 나쁜 소식을 전하는 5가지 지침은 다음과 같다:

- 단계1은 나쁜 소식을 전하기 위한 환경에 참여함으로써 시작된다. 곁에서 지켜주고 편안하게 하라.
- 단계2는 환자가 얼마만큼 알고 있는지 알아야 한다. 정서적 맥락뿐만 아니라 실제 사실에 대해 개방형의 질문을 하라.
- 단계3은 환자가 얼마만큼 알기를 원하는지 알아라. 환자가 얻고자 하는 정보의 수준을 찾아 개방형의 질문을 하라.
- 단계4는 환자의 감정에 대해 반응하라. 수많은 반응들이 가능하다. 충격, 부정, 두려움, 불안, 죄책감, 희망, 의존 등.
- 마지막 5단계는 계획과 사후관리이다. 말한 것을 요약하고 모든 선택사항들을 설명한 것을 확인하고 다음 단계에 동의하는 것이다. 선택사항이 없다면 지지원을 확인하는 것이 중요하다. 최고를 희망하는 반면 가장 나쁜 것이 계획될 수도 있다.

유가족에 대한 실제적인 케어

- 감정을 숨기지 않도록 이끈다.
- 타인 앞에서 우는 것은 자연스러운 것이라고 알려준다.
- 가능한 한 혼자 남아 있지 않도록 한다.
- 고인에 관한 말을 하도록 격려하고 경청한다. 고인에 대해 횡설수설할 때도 끝까지 들어 준다.
- 죽음에 관해 토론할 수 있는 분위기를 마련한다.
- 임종 직후 고인이 사용했던 침대나 물건들을 얼마간 그대로 두어 가족과 친지들로 하여금 슬픔을 충분히 표현하도록 한다.
- 관심과 도와주고 싶은 마음을 전달한다.
- 인내한다. 애도는 긴 시간이 필요하다. 유가족들은 그들이 필요로 느끼는 시간만큼 케어자가 옆에 있어 주기를 원한다.
- 어떠한 감정의 표현을 받아들인다. 마음 속의 감정들을 억제하지 않고 표현할 수 있도록 격려한다.
- 심부름, 음식준비, 어린 아이 돌보기 등 실제적인 도움을 준다.
- 지속적이고 사려 깊은 관심이 필요하다.
- 상실의 슬픔이 없어질 때까지 전화, 방문, 편지 등으로 가족과 지속적인 접촉을 한다.
- 기일이나 고인의 생일 등 슬픔이 커질 때(삼오제, 49제, 100일, 1주년)를 기억하여 전화를 하거나 직접 방문한다.
- 가정방문은 가장 효과적인 방법이다. 주기적인 가정방문을 통해 유가족과 좋은 관계를 형성한다.
- 1~2주 간격으로 전화를 하여 유가족의 변화를 체크한다.
- 유가족에게 도움이 되는 자료를 우송하거나 편지를 띄운다.
- 유가족지지 모임 등의 프로그램을 갖는다.
- 진행되는 모든 일은 비밀보장이 되어야 한다는 것을 명심한다.
- 항상 기록하는 것을 잊지 않도록 한다.

※출처: 이해영, 2004: 179-180.

노년기의 영양과 조리

11장

제11장 노년기의 영양과 조리

　영양은 건강증진과 건강한 육체 및 정신의 유지에 있어 기본 요소이다. 영양상태가 좋으면 건강한 삶을 누릴 수 있으며, 질병의 발생을 예방도 하고 병의 진행 및 심화를 지연시킬 수 있으며 발병 시에는 회복을 더욱 빨리 할 수 있도록 도울 수 있다. 또한 이는 삶의 질을 높이는 데에도 크게 기여한다고 할 수 있다.

　영양상태에 영향을 미치는 요소들은 어떤 연령에서든지 다차원적이고 상호 관련되어 있다. 인체의 기능은 노화에 따라 쇠퇴하게 마련이지만 노인의 건강과 장수를 위해서는 정신적인 안녕, 편안함, 알맞은 신체활동과 더불어 균형 있는 영양소의 섭취가 필수적이라 할 수 있다.

　노인들 건강문제의 1/2~1/3은 직접적으로 영양과 관계가 있다. 우리나라의 경우 노인의 영양결핍에 대한 자료는 거의 없으나 서구의 경우에는 고령으로 독신생활을 하는 사람들의 50% 정도가 영양소 결핍을 나타낸다고 한다(이선옥·김순자·하양숙, 1998: 66). 그러므로 노인들은 양호한 영양상태를 유지하기 위해서는 노화와 관련된 생리학적 변화는 물론 정서적·사회적·신체적·경제적 변화 및 생활형태, 약물 사용, 만성 질환, 교통수단의 편리성, 식습관 등까지도 고려해야 할 것이다. 예를 들면, 노인들은 수입의 감소로 식품비를 충분히 감당할 수가 없어 영양결핍이 생기거나 활동의 저하로 인하여 열량소모가 줄어들어 비만을 초래할 수도 있다.

1. 영양 요구

노인에게 요구되는 영양으로는 지방의 감소와 칼로리 양이 감소하는 것을 제외하고는 일반 성인과 같다. 섬유소(과일, 채소, 곡식, 빵 등에 함유)의 경우는 소화가 잘 되지는 않지만 식이에서는 중요한 구성요소이다. 왜냐하면 변비는 노인에게 있어 흔한 문제로 섬유소는 대변에 수분을 함유하게 하여 대변을 부드럽게 하며 규칙적인 배변을 촉진시키므로 꼭 필요하다. 노인에게 있어 저섬유성 식이는 게실염, 결장암, 담석과 같은 질환의 요인이 되기도 하기 때문이다.

또한 수분은 신체기능과 체온조절에 있어 매우 중요하다. 노인의 경우에는 흔히 수분 결핍을 유발하기가 쉽다. 이는 전체적인 열량 섭취감소는 음식으로부터의 수분 섭취가 부족하다는 것을 의미하기도 하며 노인은 설사, 과도한 발한, 다뇨, 이뇨제 사용 등으로 수분을 상실할 수도 있다. 노인이 울혈성 심부전과 같은 금기상황이 아니라면 하루에 최소한 물을 1,500~2,000ml를 마시도록 권장하는 것이 좋다.

질환이 있는 노인들은 영양결핍이 자주 일어나게 되고, 일상활동이나 운동에 있어서도 일반성인보다 활동량이 적으므로 열량소모가 적다. 또한, 노인의 경우 흔히 칼슘, 비타민 A, C와 철분, 아연 등이 결핍되기 쉬우므로 비타민과 미네랄의 보충이 필요하다. 질환 이외에도 맛, 시력, 냄새, 치아소실, 제한된 재정적 자원, 무지, 불량한 식습관, 특정 음식에 대한 잘못된 개념, 음식을 준비하는 노력의 부족, 음식 섭취 능력부족, 균형잡힌 음식의 필요성에 대한 지식부족과 먹을 때의 실증감, 친교감 부족 등의 심리적인 요인도 영양부족을 일으킨다. 또한 혼자 사는 남성 노인은 혼자 사는 여성노인보다 영양섭취가 더욱 부족할 가능성이 높다.

이와 같이 영양부족은 여러 가지 요인과 관계가 있기 때문에 적절한 영양증진을 위해서는 먼저 원인부터 파악해야 할 것이다. 그리고 다양한 음식종류와 계절식품의 선택, 치아 이상 시 치과의사에게 의뢰하여 식사 준비를 돕거나, 같이 살고 있는 가족이나 친구들과 같이 식사하는 것 등을 포함시키므로 영양섭취를 더욱 증가시킬 수도 있을 것이다. 그 외에도 지역사회의 프로그램에 의뢰하여 사회적 상호 작용과 친교의 기회를 갖도록 하는 것이 좋으며 신체적으로 문제가 있어 식사가 어렵다면 의사, 간호사, 물리치료사, 작업치료사 등에게 의뢰를 함으로써 노인들을 도울 수도 있을 것이다.

앞서 언급한 바대로 노인들은 영양부족도 있으나 때로는 비만한 상태가 되기도 한다. 열량에 비해 운동량이 줄어들기 때문이다. 비만한 경우 노인의 체중감소는 점차적으로 서서히 이루어져야 하며 무리한 식이요법은 결코 좋지가 않다. 체중감소 프로그램은 의사, 간호사, 영양사와 함께 조절하는 것이 바람직하다고 할 수 있다. 갑작스런 체중감소는 과도한 체중에 적응되어 있는 심맥관계가 잘 견뎌내지 못하여 저혈압과 관련된 혼돈, 피로감, 혈관허탈, 빈혈 등과 같은 나쁜 결과를 초래하기도 하기 때문이다.

노인은 만성질환이나 다른 요인들 때문에 영양상태가 좋지 못하다. 외상, 수술, 패혈증은 영양요구를 증가시킬 수 있고 이때에는 특히 단백질과 칼로리의 요구가 더욱 커진다. 노인의 기호에 알맞게 단백질과 칼로리를 증가시킬 뿐만 아니라 5대 영양소를 골고루 섭취할 수 있도록 하여야 한다.

이와 같이 적절한 영양섭취를 하기 위해서는 일정 기간 동안의 영양섭취에 대한 관찰과 확인, 규칙적인 체중측정 등의 영양사정은 영양과잉 또는 영양결핍의 발견을 위해 필수적이라 할 수 있을 것이다.

2. 노화에 따른 영향

적절한 영양을 섭취하고 유지하는 능력은 여러 가지 요소들, 즉 생리적 영향, 사회 · 심리적 영향 등에 따라 다르다.

1) 생리적 영향

(1) 감각계의 변화

나이가 들면서 감각에 대한 민감도가 감소된다. 젊은 사람에 비해 특히 미각과 후각이 크게 저하되어 먹는 즐거움이 감소되고 음식섭취가 불량하게 된다. 미각에 있어서는 미각의 역치가 상승하기 때문에 과다한 양념을 사용하게 된다. 특히 짠맛이 제일 먼저 둔감해지므로 소금의 사용량이 현저히 많아짐을 발견하게 된다. 또한 시력 감퇴로 음식물에 부착된 상표 또는 사용법 등의 작은 글씨도 읽기가 어렵게 되기도 한다. 그외 음식 준비뿐만 아니라 보관상의 문제도 유발할 수 있다. 청각과 관계되는 주요 변화는 언어식별, 고음을 듣는 능력, 소음에 대한 어려움 등이 있으며 이러한 청각의 손상은 의사소통의 방해가 되어 당황스럽거나 곤란하게 되어 사회적으로 고립되고 음식섭취에 영향을 끼쳐 영양부족을 초래할 수도 있다.

(2) 위장계의 변화

노화에 따라 타액분비가 감소되어 음식물을 씹는 능력과 삼키는 능력이 저하되며 식욕부진과 소식증을 초래하기도 한다. 또한 나이가 들어감에 따라 위가 위축되고 위축성 위염이 증가하여 내적 인자, 염산 및 펩신 분비에 장애가 생기게 된다. 위액분비 감소로 비타민B_{12}, 엽산 및 철의 흡수가 감소하고 소장에서 박테리아 증식의 위험성이 커진다. 위축성 위염은 식품의 생체이용률을 저하시키며 무기질 흡수율을 감소시킨다. 소장 상부 점막에서 소화효소의 활성 능력이 감소되고 장관의 비타민D 수용체가 감소된다. 이로 인하여 뼈의 칼슘 소실이 증가하며 또한 칼슘의 흡수가 낮을 때의 적응 능력도 감소한다.

(3) 대사의 변화

노인은 대사율과 신체활동의 감소로 칼로리 요구량이 감소된다. 따라서 기초대사량과 활동대사량의 감소, 세포 질량의 감소, 지방 비율의 증가로 칼로리는 성인의 80% 정도가 요구되나 활동의 감소로 중년기 이후 노년기 초반까지 체중이 증가하는 경향이 있다. 노인은 대체로 음식을 적게 섭취하여 다른 필수 영양소의 섭취가 부족하게 된다. 그러므로 주로 단백질, 무기질 및 비타민이 많은 음식을 섭취하여야 한다.

(4) 건강문제에 의한 영향

① 만성 질환
노인의 영양상태는 당뇨병, 동맥경화증, 관절염과 같은 만성질환의 영향을 받게 된다. 영양문제는 식이제한, 식욕감퇴나 먹지 못하는 상태, 음식의 흡수부족 때문에 발생한다. 또한 많은 만성질환은 영양 흡수나 섭취에 영향을 주는 약물요법을 필요로 한다. 만성질환을 가진 노인에게 치료식이를 철저하게 지키도록 강요하지 않도록 해야 한다. 너무 엄격한 식이의 경우, 맛이 없고 먹는 즐거움을 느끼지 못하게 되면 아예 이를 실행하지 않게 되고 더 나쁜 결과를 초래하기도 한다. 필수 영양소의 적절한 섭취는 최적의 기능상태를 유지하고 종종 발생하게 되는 합병증을 예방할 수 있다.

② 약물요법
약물은 음식물 섭취와 흡수, 대사와 영양소의 배설을 변화시켜 영양상태에 영향을 줄 수 있다. 예를 들면, 항생제인 겐타마이신(Gentamycin)은 식욕부진을, 항히스타민제인 싸이프로헵타딘(Cyproheptadine)은 식욕증진을, 관절염의 고통과 염증을 덜기 위해 아스피린(Aspirine)은 비타민C의 뇨배출을 증가시키고 철분결핍성 빈혈의 위험이 있다. 항결핵제인 아이소나자이드(Isoniazid)는 비타민B_6의 흡수를 감소시켜 결핍증을 유발할 수가 있다. 고혈압을 치료하기 위해 처방되는 약 중 이뇨제는 요로 칼륨을 손실시키며, 저칼륨혈증이나 고칼륨혈증이 되면 심장기능을 저해하고 급격한 사망을 부를 수도 있으므로 혈청 칼륨 수준이 잘 유지되어야 한다. 관상심장병을 치료하기 위한 심장약은 심장에 자극을 주어 때때로 식욕감퇴와 구토를 일으키며, 결과적으로 체중을 감소시킨다. 지방강하제는 오래 쓰면 비타민을 결핍시킬 위험이 있고 경련을 치료하기 위한 약제들은 비타민D의 필요량을 증가시키며, 어떤 특별한 비타민을 너무 많이 먹게 되면 다른 약들의 활동을 방해하게 된다.

그러므로 고단위 보충제를 무분별하게 먹는 일은 피해야 한다. 즉, 약물과 영양소의 상호작용은 약물의 효능을 변화시키며 부적절한 영양소 섭취, 이환성 질환으로 인한

영양요구를 증가시키고 약물과 영양소의 흡수, 대사, 배출 능력의 장애를 가져 올 수
있다.

③ 체액불균형

수분은 인체의 주요 구성 성분이며 생명유지에 필수적이다. 나이가 들면서 무지방
체중(lean body mass: 지방을 제외한 체중) 및 신체지방이 감소하기 때문에 인체의 총 수
분량은 현저히 감소한다. 노인들은 체중 1kg당 30ml의 수분이 필요하므로 1일 6~8잔
의 물을 마시는 것이 좋다. 탈수는 혼돈의 원인이 되며 노인에게 흔한 것으로 수분섭취
감소가 그 원인이다. 부동, 인지 장애, 갈증에 대한 반응의 저하로 수분섭취가 부족하
게 되며 때로는 요실금에 의한 실수를 피하려고 의식적으로 수분섭취를 제한하기 때
문에 수분부족이 되기도 한다.

④ 치아 및 치주질환

이가 없는 노인들은 보통 음식물을 씹기 어려워 고섬유질 음식을 피하고 부드러운
음식을 선호하게 된다. 어떤 노인들은 씹을 수 있다고 해도 의치로 인해 음식의 맛이
감소하여 음식물 섭취가 줄어들고 이로 인하여 영양결핍을 초래하기도 한다.

⑤ 암

암치료를 받고 있는 사람들은 영양 예비율이 감소된다. 화학요법 및 방사선요법과
같은 암치료를 받고 있는 사람들은 식욕부진, 체중감소, 오심, 미각과 후각의 변화, 식
사 초기의 포만감 그리고 치료로 인한 구내염으로 섭취량이 감소한다. 영양을 보충할
수 있는 다른 방법과 영양대체물 등이 필요하다.

식욕부진은 일반적으로 일시적인 문제이나 때로는 음식을 받아들일 수 없기 때문
에 전혀 못 먹는 경우도 있다. 이러한 경우에는 체중 감소, 음식에 대한 관심 부족, 좋아
하던 음식물도 거절하는지 등을 살펴 다음과 같이 도와준다. 과식이 아니라면 원하는
만큼 먹게 하며 좋아하는 음식을 소량씩 자주 먹게 한다. 음식이 치료에 필수적임을 강
조하여 먹기 쉽고 열량이 높은 음식을 먹도록 노력한다(예를 들면 푸딩, 젤리, 아이스
크림, 요구르트, 밀크쉐이크, 계란찜). 이때 이상한 냄새나 맛을 줄이기 위해서 음식을

미지근하게 해서 먹으며 식탁은 식욕을 돋구도록 차리고 가능한 한 다른 가족과 함께 먹거나 음료수는 식사 때 마시기보다는 식간에 마시고 식사 전에 한 시간 정도 가벼운 운동을 하게 한다. 하루 또는 그 이상 메스꺼움을 느끼고 먹지 못할 때, 평소보다 2~3 kg이상 체중이 감소되었을 때, 먹는 동안 통증을 느낄 경우, 하루 종일 소변을 보지 않았거나, 이틀 이상 대변을 보지 못할 때, 24시간 이상 구토가 계속될 때에는 의료인과 상의하여야 한다.

⑥ 치매

치매로 인한 기능적 능력의 상실은 음식을 먹는 데도 어려움을 초래한다. 음식을 너무 많이 먹어 체중이 증가하거나 식욕부진으로 체중감소를 초래할 수 있다. 치매 노인이 보행이 가능할 때의 영양상태에 대한 위험은 주의집중 시간의 감소, 음식을 음식물로 인식하지 않는 것, 분노, 운동실행증, 피곤, 매우 느린 행동 등이다. 언어적 자극, 비언어적 자극 또는 신체를 움직이면서 하는 식사, 적은 양으로 자주 식사하기, 편안한 식사환경 제공, 식사 도구를 바꿔 보거나 조리법을 바꿔 볼 수도 있다. 보행이 불가능한 노인 치매환자는 위관영양을 하거나 적당한 음식을 제공하고 인지능력이 가장 좋은 낮 시간을 이용하여 식사를 제공한다.

2) 심리 사회적 영향

(1) 은퇴

노인들은 은퇴로 인해 수입이 감소되어 음식섭취가 불량해질 수 있고 음식구입 및 선택의 제한, 음식을 저장하고 조리하기 위한 도구가 충분치 않아 음식섭취의 양과 질에 모두 영향을 받는다. 또한 이동수단이 여의치 못하거나 기능적 능력의 상실, 부동, 수입제한 및 혼자 사는 것 등은 사회적 격리를 초래할 수 있다. 이는 음식의 섭취나 요리 동기를 감소시킨다.

(2) 외로움, 우울 및 정신장애

배우자, 친구의 죽음, 은퇴, 신체 외양의 변화, 시력변화, 신체 건강의 감소는 우울을 초래할 수 있다. 이로 인해 음식섭취를 거절할 수도 있다. 다양한 사회적 접촉 기회를 늘리고 신체적 운동에 참여하게 하는 것은 사기와 삶의 만족 및 음식섭취에 긍정적인 영향을 준다.

(3) 식품기호

식품의 기호는 문화와 종교 및 지역적인 요인들에 의해 형성되며 노인들은 일반적으로 즐거운 기억에 연관된 식품들이나 특별한 명절이나 잔치 때 먹었던 식품들을 좋아한다. 또 나이와 연관된 신념이나 행동이 식품 선택에 영향을 준다. 즉, 노인이 되어 우유를 잘 안 마시려고 하는 것은 우유가 어린이들의 상징이라는 것과 관련이 되거나 외로운 노인의 경우 식탐을 하는 것은 심리적인 만족감을 가지려고 하기 때문이다.

그 밖에도 경제적으로, 거주환경에 따라, 식품시장에의 접근 용이성에 따라, 생활방식에 따라, 잘못된 신념 및 과대선전의 영향이 있을 수 있다.

[표 11-1] _ 노화에 따라 영양에 미치는 요인

생리적 영향	심리적 영향	사회적 영향
식욕상실 미각상실 치아결손의 문제 만성질병 건강상태 신체운동의 정도 시각결손의 문제	외로움 배우자와의 사별 사회적인 소외감 식품혐오 가족이나 동거자와의 불만 영양에 대한 지식 식품의 유행	연령 성별 교육정도 수입정도 조리 및 부엌시설 일상생활 일정 운송수단의 유용성

※출처: Williams S.R, & Worthington-Roberts B.S., *Nutrition throughout the Life Cycle*, 2nd ed., p.371, Mosby-Year Book, St, Louis, 1992 재구성.

3. 영양 관리

1) 노인의 영양사정

어느 연령층이든 영양상태를 사정하는 일은 쉽지 않으나 영양상태가 생리적인 노화 및 퇴행성 질병과 관련되어 있는 노인의 경우는 특히 어렵다. 노인에게는 젊은이들을 기준으로 하여 개발된 기준치가 잘 맞지 않는다. 노인의 영양상태 평가에는 여러 정보가 필요하다.

(1) 영양력

식이섭취 조사는 각 개인의 식품섭취 패턴을 알아보는 것이다. 완전한 식이력의 작성은 자세한 영양요구를 확인하는 첫 단계가 될 수 있으며 식욕, 체중, 식이양상, 저작과 연하, 물리적인 활동, 투약력, 질환, 사회 문화적인 요소들과 배설양상을 포함하는 식이력에 대한 기본적인 10가지 범주가 포함되어야 한다. 영양력 조사에는 식사력(Dietary History)을 조사하거나 실제 식품섭취량을 정확하게 평가하는 평량법(Weighing

[표 11-2] _ 노인의 영양평가에 필요한 자료

사정요소	사정 내용
식이요소	· 평상시 식품섭취 기록 · 기호식품 · 식사와 간식 패턴 · 약 복용실태 · 영양보충제의 사용여부
사회 경제적 요소	· 거주상황(혼자 사는지, 가족과 동거하는지 여부) · 음식 구매의 용이성 · 부엌 설비 및 시설 · 식품 구매 습관 · 경제적 상황
신체적 · 임상적 요소	· 표준과 대비한 체중 · 피하지방 두께와 상완둘레 · 치아 상태 · 비타민과 무기질의 결핍 증세 · 만성 질병의 유무 · 약의 사용 · 음주와 흡연 · 정신 상태 · 신체적인 활동성, 기능적인 능력
생화학적 요소	· 혈액 내 비타민 수준 · 철분과 혈액학적 상태 · 혈액의 지방상태 · 포도당 내성 · 요의 분석(당뇨, 요중 케톤체, 단백뇨, 혈뇨 여부)

Method), 대상자들이 적어도 3일 동안 섭취한 식품의 종류와 양을 모두 기록하는 식사기록법(Dietary Record), 식품섭취 빈도(Food frequency questionaire)를 조사하거나 하루의 음식섭취를 기록하는 24시간 일지(24-hours recall Method) 등이 있다.

(2) 신체계측과 검사치

① 키와 몸무게 비율
키에 대한 체중의 정도(BMI)를 말하며 65세 이상의 노인에서 정상 범위의 BMI는 24
~27이다.

BMI = 체중(pound) × 705 / 신장(inch)²

② 피하지방 두께
삼두박근은 팔의 후면에서 주두(olecranon)와 견봉(acromion)돌기 사이의 중간점에서 캘리퍼(caliper)를 가지고 측정을 하고, 견갑골하 피하지방 두께는 견갑골극 1㎝ 아래에서 측정한다. 삼두박근의 피하지방 두께가 10% 미만이거나 95% 이상 시 위험지표이다. 피하지방의 분포는 증가되는데 주로 복부에 집중된다면 만성질환의 위험률이 더욱 증가할 것이다. 피하지방이 주로 복부에 분포되어 있으면 사과형 비만, 엉덩이에 주로 분포가 되어 있으면 서양배형 비만이라고 한다.

※피하지방 계산법
남자의 체지방률(피하지방률)=0.55 × (A)+0.31 × (B)+6.13
여자의 체지방률(피하지방률)=0.43 × (A)+0.58 × (B)+1.47
(A): 삼두근의 접힌 살(㎜)
(B): 견갑골의 접힌 살(㎜)

③ 장딴지 둘레, 중완 둘레
피하지방의 두께와 더불어 이는 근육의 단백질 저장량을 알 수 있게 해주며 중완 둘레가 10% 이하일 때 위험지표이다.

④ 허리/엉덩이, 복부/둔부 둘레 비율

이는 체지방의 분포를 알 수 있게 해주며 허리와 엉덩이의 비율이 여자 노인의 경우 0.8 이상, 남자 노인의 경우 1.0 이상 시에는 지방이 복부에 과잉되어 있음을 의미하고 이는 고혈압, 심혈관계 질환, 담낭 질환, 인슐린 비의존성 당뇨병의 위험이 높다.

(3) 신체검진

피부, 구강, 눈, 복부, 근력, 근긴장도, 신경학적 통합성 검사를 통하여 영양결핍 증상을 알아볼 수 있다. 이러한 신체적 징후와 증상은 식이섭취력과 임상검사를 요한다. 각종 영양결핍에 대한 증상은 [표11-3]와 같다.

(4) 임상검사

생화학검사나 혈액학 검사는 신체적 징후와 증상보다 더 민감한 자료를 제시한다. Hb(헤모글로빈), Hct(헤마토클리트), CBC(전혈구 검사), 혈청알부민, 총 단백질, 혈청 포도당, 소변검사, 잠혈검사는 최소한의 평가지표가 될 수 있다.

2) 우리나라 노인의 영양섭취 실태 및 영양 권장량

노인의 생활은 비교적 단조롭고 생리적인 영향으로 식욕이 감퇴하고 실제로 식사량도 감소된다. 하루의 생활에 즐거움을 부여하기 위한 식생활의 중요성은 청장년에 비해서 대단히 중요하다. 그러므로 개인차에 따른 기호와 습관을 존중하여 식단 작성을 해야 한다.

우리나라 노인의 영양권장량은 성인에 비해 크게 다르지 않고 열량만 감소하며 다른 것은 비슷하다. 그러나 실제 조사에서 권장량에 비하여 부족하게 섭취하고 있는 영양소는 열량, 단백질, 칼슘, 비타민A, 비타민C이다. 한국노인의 영양상태 조사에서도 영양소 섭취의 불균형 및 영양결핍의 문제가 있고 열량, 단백질, 칼슘, 비타민A, 비타민C 및 리보플라민(비타민B12)의 섭취가 부족함을 지적하였다. 또한 도시와 농촌 거주 노인들 간 경제적 수준이 높은 지역과 저소득층 간에도 큰 차이를 나타내고 있다. 특히, 시설 거주 노인의 영양결핍 문제가 심각하며 여자 노인들은 영양소 섭취량 및 식사의 질이 떨어져 남자노인들에 비해 더 많은 문제를 가지고 있는 것으로 나타났다.

[표 11-3] _ 영양결핍 증상

영양소	결핍에 따른 증상
열 량	허약체질, 신체적인 비활동성, 체중감소, 서맥, 상처치유 지연
단백질	빈약한 체모, 피부색소 감소, 탈모, 설유두 위축, 이하선 종창, 근육소모, 각화성 피부염, 부종, 간종대, 상처치유 지연
Linoleic acid	박리, 피부가 두꺼워짐, 건조증, 모발손상, 상처치유 지연
비타민 A	야맹증, 안구건조증, 각막연화증, 반점, 미각감퇴, 피부건조증, 불면증, 소포성 각화증, 낙설
비타민 D	골연화증, 근강직성 경련
비타민 E	빈혈
비타민 K	출혈, 자반병
비타민 C	잇몸출혈, 반상출혈, 점상출혈, 소포성 각화증, 상처치유 지연
Thiamin	안근마비, 말초성 신경장애, 지각이상, 근무력증, 운동실조, 반사저하, 진동감, 위치감각 감소, 심장 비대, 울혈성 심부전, 부종, 정신의 변화, 작화증, 방향상실
Riboflavin	지루, 구각염, 구순증, 홍색 혀, 설염, 위축성 설유두, 음낭/외음부, 피부염
Niacin	지루, 구각염, 구순증, 설염, 위축성 설유두, 펠라그라성 피부염, 권태감, 설사, 정신적 혼란
Pyridoxine	지루, 구각염, 구순증, 설염, 말초성 신경장애, 과민, 근연축, 경련, 소구성 빈혈, 우울증
Folacin	설염, 구내염, 창백, 빈혈, 설사, 우울증
비타민 B_{12}	식욕부진, 위축성 설유두, 설염, 시신경염, 창백, 말초성 신경장애, 정신변화, 설사
Calcium	골연화증, 근강직성 경련, 경련
Phosphorus	근무력증, 쇠약, 안근마비, 심부전
Magnesium	쇠약, 진전, 근강직성 경련, 발작, 부정맥
Iron	창백, 쇠약, 피로, 구각염, 위축성 설유두, 스푼형 손톱, 상처치유 지연
Zinc	미각감퇴, 불면증, 눈부심, 건선양 발진, 습진성 낙설, 상처치유 지연

(1) 열량

노화가 진행됨에 따라 동일한 활동이라도 소비 에너지량이 감소된다. 체내에 있어서 신진대사가 현저하게 저하되기 때문에 기초대사량의 감소에 따른 현상으로 볼 수 있다. 또한 노화와 함께 신장과 체중이 감소하는 것과도 관계가 있다. 노인은 기초대사율과 활동량의 감소로 열량 필요량이 감소한다. 노화에 의한 기초대사율의 감소는 체구성 성분 중 대사조직인 근육량의 감소와 지방조직의 증가에 기인한다. 나이가 들면서 열량소비는 감소하는데 젊은 사람과 같은 섭취 수준을 유지한다면 체중이 증가하게 되고 비만을 가져 올 수도 있다. 따라서 체중증가를 막기 위해서는 열량 섭취를 감소시킬 필요가 있다. 그러나 너무 심하게 열량 섭취를 제한하면 신체가 허약해지고 신체활동에 장애를 초래하게 된다. 따라서 노인의 신체운동 능력의 범위 안에서 열량소비를 늘려가면서 적절하게 열량섭취를 조절해야 하며, 보통은 성인 권장량의 80%를 권장한다.

열량 요구량이 급격히 감소하는 시기는 70~80세 사이이며, 우리나라에서는 기초대사량과 활동대사를 포함하여 노인의 열량 권장량을 31kcal/kg으로 책정하였다. 일반적으로 열량 필요량은 이상적인 체중을 유지시킬 수 있는 수준이어야 하며 65세 이상의 남자는 2,000kcal, 여자는 1,700kcal를 권장한다.

(2) 탄수화물

한국인 식품의 영양소가 대부분이 탄수화물이고 전체 섭취량의 80~90% 이상이 곡류이므로 탄수화물의 부족에 대한 문제는 없다. 다만, 식품섭취가 불가능한 병적인 상태에서는 포도당의 공급이 필요하다. 당뇨병 환자는 1일 최소 100g의 탄수화물이 공급되어야 산혈증을 방지할 수 있다. 노인에게서는 포도당 부하시 혈당치가 정상으로 돌아오는 데 시간이 많이 걸리므로 포도당을 주입할 때는 젊은 사람보다 다소 느리게 투여해야 한다. 따라서 너무 단 것을 많이 섭취하는 것은 좋지 않다.

(3) 단백질

노년기에 들어가면 위액의 산도가 저하되고 펩신 및 췌장의 트립신, 그 밖의 단백질 소화효소 등이 감소되어 단백질의 소화율도 감퇴되지만 흡수율은 청장년과 큰 차이가 없고 단백질 대사산물을 처리하는 기능에도 큰 변화가 없다. 그러나 노인에게 나타나는 중요한 형태적 변화는 폐조직의 소모와 감소현상이라고 할 수 있다. 단백질은 노년기에도 체성분을 구성하는 주요성분으로 효소나 호르몬 등의 생리활성물질의 주성분이 되며 체조직의 유지 또는 합성에 있어서도 중요한 영양소이다. 그러므로 체성분의 유지 및 합성에 필요한 만큼의 양질의 단백질을 충분히 섭취하여야 한다. 단백질이 부족하면 체내의 저장 단백질이 소모되고 체세포의 이화작용이 항진되어 생리적 기능에 중대한 장애가 생기게 된다. 피로나 노화, 사망 등의 생명의 한계적 현상이나 신생과 발육 그리고 재생이나 생식 등의 발전적 현상은 모두 체세포 내의 단백질 대사에 따라 좌우되고 있다.

단백질 요구량은 성인이나 노인이 비슷하다. 성인의 단백질 권장량은 체중 당 약 1.07g으로 남자는 70g, 여자는 60g을 권장한다. 남녀 모두 50세 이후부터는 열량 요구량이 감소된다는 것을 감안한다면 노인에게는 체중 kg당 단백질 요구량이 감소되지 않고 증가했음을 의미한다. 단백질 권장량을 공급하기 위하여 나이가 들어감에 따라 단백질 함량이 비교적 높은 식품을 먹도록 한다. 또한 단백질의 질적인 면도 고려하여 단백질의 섭취를 권장한다.

우리나라 노인에게서 문제가 되는 것은 단백질 섭취 부족이다. 전체 인구로 볼 때도 단백질 섭취량이 부족하며, 그 중 단백질이 차지하는 비율은 도시에서 25% 이하, 농어촌에서는 10% 이하였다. 노인들이 주로 섭취하는 쌀밥은 단백질 함유량이 3.9%, 된장이 12%, 두부 8.6%, 비지 3.9%에 불과해 어떻게 동물성 단백질의 섭취를 높이느냐가 가장 중요한 과제이다. 육류는 곱게 다지거나 갈아서 조리하는 것이 좋으며 생선을 자주 섭취하도록 한다. 특히 간은 단백질뿐만 아니라 철분, 비타민B$_{12}$ 등 조혈 성분원으로도 가치가 있으므로 섭취를 권장한다. 또한 우유도 매일 마시도록 권장한다. 많은 식물성 음식은 리신, 트립토판, 트레오닌, 메티오닌 등의 필수 아미노산이 부족하나 여러 식물성 음식을 함께 섭취함으로써 각각의 부족해진 아미노산을 보완할 수 있다.

(4) 지방

노인이 되면 체내의 수분 함량이 감소하는 대신 체지방이 증가하게 된다. 지방의 과도한 섭취는 비만, 만성 질환과 노화과정을 촉진하므로 피하도록 한다. 그러나 지방과 열량섭취를 제한하면 필수지방산인 리놀레인산의 섭취가 부족하게 되는 수도 있으므로 주의를 요한다. 식사 중의 지방은 비타민A, D, E, K 등 지용성 비타민의 운반체 역할을 하며 이들 비타민의 흡수를 돕는다. 또한 위의 배출시간(emptying time)을 지연시켜 공복 시 위수축을 억제한다. 한국인의 지방섭취량은 보통 20~30g/일, 많은 지역에서는 55g/일 정도이며, 총 칼로리 섭취량의 약 10%에 지나지 않는다. 중요한 것은 전체 지질 섭취량 이외에 지방산의 포화도 정도와 콜레스테롤 농도이다. 지방산의 포화 정도에 따라 혈청 내 콜레스테롤 농도가 증가하는 것으로 알려져 있다. 혈액 내 지방은 지단백 형태로 존재하고 지방과 단백질의 함유량에 따라 LDL(지질 많이 포함)과 HDL(단백질 많이 포함)로 분류할 수 있으며 음식에 포함된 콜레스테롤은 이에 영향을 미친다. 이중 HDL은 간대사를 통해 콜레스테롤을 제거하는 역할을 하여 죽상경화증을 예방할 수 있으나 LDL은 콜레스테롤이 많아 동맥벽에 죽상경화증의 위험이 많다. 그러므로 LDL을 낮추고 HDL을 상승시킬 수 있는 식사를 하는 것이 좋다. 따라서 버터, 마아가린, 쇠기름, 돼지기름과 같은 포화지질보다는 식물성 기름을 섭취하는 것이 좋다. 콜레스테롤이 많은 식품은 곱창, 달걀, 알젓류, 새우, 오징어 등이다.

(5) 비타민

일반적으로 노년기에 들어가면 기호의 변화 등으로 편식하는 경향이 나타나기 쉬우므로 특정한 영양소의 부족으로 인한 어떤 비타민의 결핍이 생기기 쉽다. 또 지방질의 소화 · 흡수도 저하되므로 지용성 비타민이 부족해지기 쉽다. 한편 생식을 좋아하지 않게 되고 섭취량도 청 · 장년보다 많지 않을 뿐만 아니라 저작력의 저하로 인해 야채 등을 충분히 삶기 때문에 수용성비타민이 파괴되기 쉽다. 따라서 비타민의 결핍이 나타나는 경우가 많다.

① 비타민A

지방질의 섭취량도 적고 지방의 소화 · 흡수도 좋지 못한 노인에게는 카로틴의 섭취 및 이용률이 저하되어 비타민A의 결핍이 생기기 쉽다. 따라서 노인의 비타민A의 권장량을 청, 장년의 권장량과 같이 700R.E를 섭취하도록 권장하고 있다.

한편 비타민A는 부족해도 문제지만 과량 섭취로 독성효과가 나타날 수 있기 때문에 비타민 과잉증(hypervitaminosis)을 유발할 염려가 있다는 사실을 잊어서는 안 된다. 따라서 비타민A를 다량 섭취해야 할 경우에는 의사나 영양사의 조언을 받아 복용하는 것이 바람직하다.

② 비타민D

비타민D는 칼슘의 흡수를 도와주고 칼슘대사와 밀접한 관계가 있다. 이 비타민이 부족하면 칼슘의 흡수부전을 나타내고 섭취 과잉이면 비타민D 과잉증을 일으킨다. 즉, 체내에서 칼슘의 과잉으로 신장, 동맥, 평활근 등에 칼슘의 침착이 나타나서 동물의 경우 조로현상을 나타내는 원인이 되기도 한다. 노년기에도 칼슘의 체내 이용률을 높이기 위해서는 비타민D의 섭취가 중요하지만 과잉 섭취도 주의하여야 한다. 50세 이상의 갱년기부터 노인의 비타민D 권장량은 청 · 장년(5μg)보다 높은 10μg을 섭취할 것을 권장하고 있다. 이는 노년기의 칼슘 섭취를 원활히 하기 위한 배려라고 생각된다.

③ 비타민E

최근 노화현상과 밀접한 관계가 있는 성분으로서 나이가 더해감에 따라 함께 증가하는 것으로 알려지고 있는 과산화지질의 생성에 대한 지용성 항산화제이며 비타민E(tocopherol, 토코페롤)의 효과에 대한 연구 및 보고가 많다.

노인은 비타민E의 흡수가 지연되고 배설이 저하되지만 혈중 농도는 청 · 장년과 큰 차이가 없는 것으로 알려져 있다. 우리나라에서는 노인의 비타민E의 권장량을 청 · 장년과 마찬가지로 하루에 10mg을 섭취할 것을 권장하고 있다.

④ 비타민B₁

이 비타민이 부족하면 다발성 신경염(신경통 등)이나 각기증을 일으키며 가벼운 증세로는 불안, 식욕부진, 소화장애, 피로, 의욕상실 등 세포나 기관에 활력이 없어진다. 노인의 비타민B₁ 흡수능력은 청 · 장년과 큰 차이가 없고, 또 혈중 농도도 비교적 잘 유지되고 있다. 비타민B₁의 이용률도 나이가 더해감에 따라 저하되기 때문에 노인은 적어도 하루에 1.0mg 이상 섭취하는 것이 바람직하다. 따라서 노인의 비타민B₁의 권장량을 청 · 장년(남자 1.3mg, 여자 1.0mg)과 거의 비슷하게 1.0mg을 섭취할 것을 권장하고 있다. 그만큼 탄수화물 대사에 매우 중요하다는 사실을 의미한다.

⑤ 비타민B₂

이 비타민이 부족하면 눈과 항문 등 점막과 피부 등에 이상이 나타나기 쉽다. 노년

기에도 비타민B₂를 충분히 공급할 필요가 있으며, 성인은 적어도 하루에 1.2㎎(여자)~
1.5㎎(남자) 이상을 섭취해야 한다. 따라서 노인의 비타민B₂권장량도 남녀 모두 1.2㎎
을 섭취할 것을 권장하고 있다.

⑥ 비타민B₆

동맥경화증 환자의 약 30% 정도가 이 비타민의 결핍이 나타난다고 한다. 따라서 노
년기에 있어서 동맥경화증과 이 비타민의 관계가 주목되고 있는데 이 비타민B₆가 지
방대사에 필요하기 때문이다. 따라서 지방 대사 등을 고려하고 동맥경화증의 예방을
돕기 위해서 노인은 비타민B₆의 권장량을 청·장년과 마찬가지로 하루에 1.5㎎을 섭
취할 것을 권장하고 있다.

⑦ 비타민C

이 비타민이 부족하면 괴혈병에 걸리기 쉽고 뇌출혈, 동맥경화, 철분결핍성 빈혈,
탄수화물 대사 장애 등과도 관계가 있는 것으로 알려져 있다. 그밖에도 티로신대사, 호
르몬의 생성과 분비, 약물의 해독, 항산화제로서 활성산소의 억제 등으로 노화방지에
효과가 있다. 그러므로 활력이 쇠퇴하기 쉬운 노년기에 있어서 더욱 중요한 비타민이
다. 또한 비타민C의 섭취 부족은 노인의 사망률을 증가시킨다는 보고도 있으며 이 비
타민의 항산화작용(antioxidant action)에 의한 노화의 방지효과도 입증되었다. 따라서
노인의 비타민C 권장량을 청·장년과 같이 55㎎으로 권장하고 있다.

⑧ 나이아신 및 엽산

이 비타민을 투여하면 혈중 콜레스테롤치가 저하되고 말초혈관의 확장을 일으키
기 때문에 동맥경화 등과의 관계가 주목되고 있다. 이 비타민을 약제로서 투여하면 식
욕부진, 피부홍진, 간기능 장애 등의 부작용을 나타내는 경우가 가끔 있다. 이 비타민
의 혈중농도는 50세를 지나면 현저히 낮아진다. 이 비타민의 하루 섭취량은 11~15㎎
정도가 바람직하다는 보고에 따라 나이아신(niacin)의 권장량을 노인 남녀 모두 13㎎으
로 정하여 권장하고 있다. 그밖에 노년기의 엽산(folic acid) 권장량도 청·장년과 마찬
가지로 하루에 250㎎을 섭취할 것을 권장하고 있다.

(6) 무기질

① 칼슘

나이가 들어감에 따라 골격은 약해지고 골절이 쉽게 일어나며, 회복도 늦어진다. 또한 골다공증을 예방하기 위해서는 칼슘 섭취를 증가시킬 필요가 있다. 권장량은 보통 600~800㎎/일이다. 특히, 칼슘 자체의 흡수가 느리고 노인들은 장에서 흡수율이 저하되기 때문에 섭취된 칼슘이 모두 흡수되는 것은 아니다. 젊었을 때부터 운동을 계속 하고 칼슘 섭취를 많이 해서 골밀도를 높여야 골손실을 지연할 수 있다. 특히 여자 노인의 경우, 폐경으로 인한 에스트로겐(여성호르몬) 분비 감소로 부갑상선에 의한 뼈의 손실로 골다공증의 위험이 높다. 우리나라 노인들의 칼슘 섭취는 권장량에 미달하며, 특히 농어촌 저소득층의 많은 노인들이 권장량에 미달된다. 노인들에게 매일 우유 마실 것을 권장하고 우유에 부작용이 있으면 탈지 우유나 생선, 닭, 소의 뼈를 가공하여 섭취하도록 한다.

② 철분

노인의 경우 위산분비 능력의 감소로 철의 흡수가 나빠져서 빈혈이나 빈혈증세를 나타내는 경우가 많다. 철의 흡수에는 위산이 관여하는데 노년기에는 위산의 감소 또는 무산증이 많기 때문에 실제 흡수와 이용률은 매우 낮다. 또한 소장 내 점막세포의 미세융모 변화, 제산제, 섬유질들로 인해 철분흡수가 감소된다.

철이 부족하면 골수의 영양상태가 나빠지고 조혈작용이 저하되기 때문에 빈혈을 일으키게 되므로 노인도 하루에 12㎎ 이상 섭취할 것을 권장하고 있다.

③ 식염

노인의 식생활에서는 기름기가 적고 입맛이 개운하며 밥맛을 좋게 하는 것을 찾게 된다. 그래서 식염을 조미료로 많이 이용하게 되는데, 나이가 들어감에 따라 미각이 둔해지므로 식염의 농도가 높아지는 경향이 있다. 체내에 흡수된 식염은 세포외액(혈액, 세포간액 등)의 주성분으로 너무 과잉 섭취하면 세포외액이 증가되어 전신 부종이 일어나고 심장에 부담을 주어 고혈압이나 동맥경화증을 조장하게 된다.

식염 섭취량과 고혈압의 발병은 서로 비례하므로 고혈압의 예방과 치료에는 식염을 줄이는 것이 바람직하다. 밥을 주식으로 하는 우리의 식생활에서는 식염을 과잉 섭취하기가 쉽다. 식염의 섭취에 대한 통계에 의하면 에스키모인은 하루에 4g, 미국인은 10g정도로 낮은 편이나, 우리와 식생활 패턴이 비슷한 일본인은 27g 정도 섭취하고 있는 것으로 보고되고 있다. 그러나 일본이 세계에서 최장수국이라는 것을 생각한다면 식염과 장수와는 큰 관계가 없는 것으로 생각되기도 하나 고혈압이나 심장병 등의 질병상태에 있을 경우 치료식에 식염을 줄이는 것이 절대적으로 필요하다.

4. 조리

음식과 영양소는 적절한 형태와 양으로 소화하기 쉽게 만들어져야 하며 신체구조와 기능을 유지하기 위하여 흡수가 잘 되어야 한다.

노인은 전체적으로 체력이나 기능이 약해지기 때문에 치아 상태와 소화 및 건강 상태에 따라 보통식, 부드럽게 익힌 음식, 잘게 썬 음식, 절인 음식, 유동식 등 먹기 쉬운 내용으로 조리하고, 삼킬 때 음식이 식도로 부드럽게 넘어갈 수 있도록 조리하는 것이 좋다. 또한, 씹는 소리로 식욕을 자극할 수 있게 조리하여, 부드러우면서 바삭바삭하게 씹는 맛이 나는 조리방법도 때로는 노인들의 식욕을 증진시킬 수도 있을 것이다(김영호·장우심, 2005: 163).

기본적으로 너무 바삭바삭한 것, 수분이 많은 것, 신맛이 강한 것보다는 표면이 매끄럽고 부드러우면서 적당하게 끈기가 있는 것으로 준비하며 미끈한 음식이 식도에 넘어가기 쉬우며, 젤라틴이나 우유로 반죽하거나 물에 계란을 풀어 만든 것이 먹기가 좋다.

색깔과 재료를 다양하게 하여 재료의 모양에 변화를 주는 것이 좋으며 반찬은 많은 것보다는 소량씩 여러 가지를 준비하여 식욕을 돋구도록 해야 한다(송숙자, 1996). 조리 시 재료를 작게 자르거나 두드려 부드럽게 함으로써 노인이 씹기 쉽도록 준비하는 것이 중요하며 의치(틀니) 또는 치아가 없거나 의치가 있어도 맞지 않는 사람의 경우에 참깨와 겨자씨 등은 잇몸 사이에 낄 우려가 있으므로 곱게 갈아서 으깬다.

주식은 가락국수나 죽 등이 좋으며, 부식은 야채를 부드럽게 익히거나 두부나 계란, 치즈나 우유를 적절히 이용하여 조리한 음식이 먹기 쉽다. 한편, 지나치게 차거나 뜨거운 것은 잇몸에 스며들므로 가급적 피하는 것이 좋다. 특히, 식욕이 없는 경우에는 적은 양의 음식을 여러 가지 준비하고, 부식은 색깔을 고려하여 보기 좋게 담는다. 냉메밀 국수, 아이스크림 등 차가운 음식은 차게 하고, 가락국수 등 따뜻한 음식은 따뜻하게 준비하는 것이 먹기에 좋고 먹고 난 뒤에도 기분이 만족스럽다.

증상과 정도에 따라 국이나 죽에 넣는 건더기를 다양하게 바꿔 주는 것이 좋으며, 맑은 국물은 자주 기도로 흡입되는 경우가 있으므로 조금 되게 하는 것이 사레(기도흡인)를 방지하는 데 도움이 된다. 그뿐만 아니라 노인의 식사 조리는 싱겁게 하는 것을 원칙으로 하고 마지막에 소금기를 첨가하도록 한다.

과일은 식욕 증진은 물론 비타민 보급에 중요한 역할을 하므로 차게 하여 젤리로 만들어 두거나 식전에 먹도록 준비해 두고, 노인들의 간식으로는 입에 넣고 있으면 맛이 우러나는 것이 좋다. 소금이나 설탕으로 맛을 내어 삶아서 말린 것이나 입안에서 서서히 녹는 것들이 좋다. 간식은 여유있게 즐기는 음식이므로 다소 질기거나 단단해도 입에 넣고 불리거나 녹일 수 있으므로 잇몸으로도 먹을 수 있다.

여러 가지 식사를 돕는 방법과 영양의 균형을 고려한 조리법을 이용하여 식사를 공급하는 것은 참으로 바람직한 일이다. 그러나 무엇보다 중요한 것은 음식을 준비하는 사람들의 마음가짐이다. 한 가지 반찬이라 할지라도 정성과 사랑이 담긴 음식이라면 그보다 더 좋은 음식은 없을 것이다. 케어자나 모든 준비자들이 노인 개개인을 사랑하고 존경하고 대접하는 마음에 지식을 더해서 노인의 식사를 준비한다면 더욱 더 바람직할 것이다.

1) 식사 형태에 따른 식이

(1) 일반식(regular diet)

일반식이란 특별한 영양소의 제한이나 변경이 필요하지 않은 환자에게 제공되는 식사로서 한국인의 영양권장량에 기초하여 적절한 영양을 공급함으로써 질병의 치료에 도움을 주고자 하는 식사를 말한다.

(2) 경식(light diet) 또는 반고형식(semi solid diet)

씹고 삼키기 편하게 조정된 식사로 소화기능은 정상이지만 치아가 없거나 씹을 수 없는 사람에게 반찬을 다져서 제공하는 식사이다.

(3) 연식(soft diet)

소화되기 쉽고 부드럽게 조리한 식사로 섬유소 및 강한 향신료를 제한하며 결체조직이 적은 식품으로 구성된다. 이 식사는 주로 소화기계 질환이나 수술 후 소화기능이 저하되었을 때, 구강과 식도에 장애가 있을 때, 식욕이 없을 때 이용된다.

(4) 유동식(liquid diet)

영양가가 많이 함유된 농축된 액체 음식을 말하며 주로 수술 후 환자, 삼키기 곤란한 환자, 급성 고열환자 등에 좋은 식이이다. 하지만 에너지를 비롯한 모든 영양소가 부족하므로 단기간 급식하는 것이 바람직하다. 예로 미음과 과일주스 등이 있다.

2) 질병 조절을 위한 특별식이

약물요법의 발전으로 식이요법에 대한 일반적인 개념이 많이 달라졌으나 식이요법이 필요한 것은 대사질환에 있어서 그 요구도가 높기 때문이다. 즉 당뇨병, 신장계 질환, 담석증 및 통풍 같은 질환에 있어서는 식이요법이 매우 중요하므로 환자 자신도 식이요법에 대하여 관심을 가지고 의사나 영양사의 지시를 충실히 이행해야 한다. 이 외 고혈압, 심맥관계 질환 등 현대인의 만성 질환의 상당 부분은 개인의 식습관 또는 행동습관과 관련성이 있음이 알려지면서 식이요법의 중요성이 확대되고 있다.

(1) 만성 신부전

① 단백질 섭취의 제한

필요 이상의 단백질 섭취는 노폐물을 몸 안에 많이 축적하게 하고 신장에 부담을 준다. 그러므로 적절한 양의 단백질을 섭취한다.

② 염분 제한

염분을 많이 섭취하게 되면 갈증으로 인해 물을 많이 섭취하게 되어 부종과 혈압상승이 유발되므로 염분 섭취를 제한한다. 갈증이 날 때는 얼음을 입안에 넣고 천천히 녹여 먹거나, 차가운 물로 입안을 헹구거나, 소량의 과일을 차게 하거나 얼려 먹는다.

③ 수분 제한

부종이 있을 때는 수분 섭취를 제한한다.

④ 포타슘과 인의 섭취 제한

포타슘을 많이 섭취하게 되면 근육마비, 심장마비, 부정맥 등이 유발되므로 이를 제한한다. 그리고 지나치게 많은 양의 인은 뼈에서 칼슘이 많이 빠져나가게 하므로 적당량의 인 섭취가 필요하다. 포타슘이나 인이 많이 들어있는 식품은 갓, 근대, 늙은 호박, 물 미역, 미나리, 부추, 시금치, 양송이 버섯, 말린 과일, 우유, 바나나, 키위, 토마토 등이다. 채소는 잘게 잘라 끓는 물에 데친 후 여러 번 헹구어 조리하는 것이 좋다.

(2) 혈액투석 시 식이요법
① 적당량의 단백질 섭취
② 충분한 열량 섭취
③ 포타슘과 인 제한
④ 수분 제한
⑤ 염분 제한

(3) 심장질환

① 나트륨 제한, 칼륨 섭취 증가

울혈성 부종을 방지하기 위해 나트륨의 축적을 예방하며 심부전증이 있을 때에는 산소 공급에 유의하면서 칼륨 부족을 가져오지 않게 노력해야 한다. 칼륨이 다량 함유된 식품으로는 바나나, 토마토, 시금치 등의 과일 및 야채류가 있다.

② 열량조절

고콜레스테롤 식이를 제한하며 탄수화물 섭취는 1일 150g 이하로 하는 것이 좋다. 동물성 단백의 다량 섭취는 혈액 내 지방 함량, 특히 콜레스테롤 함량을 증가시키는 작용을 한다.

③ 자극성 있는 식이 제한

술과 담배는 되도록 제한하며 커피 등의 자극성 음료도 서서히 제한하는 것이 좋다.

(4) 당뇨병

우선 1일 섭취할 총열량을 결정해야 한다. 과거에는 당뇨병일 경우에 우선 당분만 제한했을 뿐 지방이나 단백질의 섭취는 크게 문제삼지 않았다. 그러나 이들 두 성분도 체내에서 이용되는 데는 당 대사와 관계가 있으며 인슐린이 관여하기 때문에 역시 지방과 단백질을 포함하여 전체의 열량 조절이 필요하다.

① 열량조절

총열량은 환자에 따라 다르나 평균적으로 가벼운 노동을 할 경우에는 체중 kg당 30 ㎉로 하고 있다. 그리고 표준 체중을 유지하는 것을 원칙으로 한다.

② 각 영양소를 골고루 섭취

영양소 중 탄수화물, 지질, 단백질의 양을 결정한다. 총열량 중에서 우선 단백질을 체중 kg당 1.0~1.5g으로 하고 탄수화물의 제한은 필요하나 1일 100g이상, 즉 150~300g 으로 하여 나머지 열량을 지방으로 보충한다.

③ 설탕이나 꿀 등의 단순당의 섭취 제한

사탕, 꿀, 쨈, 설탕, 젤리, 케이크, 껌, 쿠키, 초코렛, 약과, 가당 요구르트, 과일 통조림, 유자차, 모과차 등의 단순당은 피하는 것이 좋다.

④ 섬유소가 풍부한 음식 섭취

쌀밥이나 흰빵과 같은 저섬유 식품보다는 잡곡빵, 호밀빵, 생과일, 생야채 등의 고 섬유 식품을 섭취한다.

⑤ 동물성 지방 및 콜레스테롤 섭취 제한

콜레스테롤이 많은 음식은 1주일에 2~3회 이하로 섭취한다. 콜레스테롤이 많은 음 식은 계란노른자, 새우, 오징어, 내장류, 간, 보신탕, 장어 등이다.

⑥ 가능한 한 싱겁게 먹고 술, 담배, 카페인이 많은 음료는 피하는 것이 좋다.

⑦ 합병증이 있을 때

고혈압이나 신장장애가 있을 때는 식염을, 신부전증에는 단백질을, 그리고 지질대 사 이상이 있을 때에는 동물성 지방섭취를 제한한다. 설탕은 1일 10g 이내로 하고 단백 질의 반 이상을 동물성으로 섭취하며 식물성 기름으로 50% 이상을 대치시킨다.

⑧ 매일 정해진 시간에 적절한 양의 음식을 천천히 먹고, 식사를 거르거나 폭식하지 않는다.

⑨ 저혈당이 왔을 때

땀, 떨림, 심한 공복감, 오심, 두통, 졸음 등의 저혈당 증상이 왔을 때에는 사탕, 요구 르트 1병, 오렌지 주스 반 컵, 설탕물이나 꿀물 반 컵과 같은 탄수화물을 빨리 섭취하여 야 한다.

(5) 간질환

① 고열량식

고단백, 고열량식, 고비타민식을 섭취하며 고지방식은 제한한다. 황달이 심하면 담 즙분비가 불량하여 지방의 소화흡수에 지장이 있을 수가 있다.

② 식염 제한

복수가 심하거나 부종이 있으면 식염을 제한한다.

③ 알코올 섭취 금지

알코올은 간에 부담을 주기 때문에 섭취하지 않는다.

④ 신선한 야채와 과일의 충분히 섭취

채소와 과일에는 비타민과 무기질이 많이 들어 있어 간의 회복을 돕는다.

(6) 위장질환

① 소화성궤양 시 식이요법

위궤양 시 식이요법의 원칙은 위내 정체 시간이 짧고 위벽 자극이 적어야 하며 영양가가 높아야 한다. 따라서 지방분이 많은 것, 짜고 매운 것, 향신료 및 알코올이나 커피는 피하는 것이 좋다.

② 만성변비의 식이요법

변비의 원인에 따라 식이요법이 다르며 일반적으로 양질의 지방질 섭취의 증가, 과일류, 야채류 등의 섬유질 섭취, 아침에 냉수를 마시는 것도 변비를 완화시키는 데 도움이 된다.

③ 만성설사의 식이요법

만성설사에는 화학적 · 기계적으로 또 음식온도에 있어서 장점막에 자극을 주는 것은 피한다. 즉 냉음료, 섬유소가 많은 야채 등을 제한한다. 그리고 소화가 잘 되고 영양가가 풍부한 계란, 생선, 닭고기, 쇠고기, 기름기 없는 돼지고기를 권하며 기름진 음식은 피한다. 해조류, 발효성 식품도 피한다.

④ 위 절제 후 식이요법

위 절제 후 빠른 회복과 체중감소 방지, 빈혈, 덤핑증상 등의 예방을 위해 소량을 천천히 먹고 충분한 양의 단백질을 섭취한다. 그리고 단음식이나 다량의 수분은 음식물이 빨리 위를 통과하게 하여 구토, 복통, 현기증 등의 덤핑증후군을 유발하므로 피하도록 한다.

⑤ 장 수술 후 식이요법

장 수술 후 규칙적인 식사를 통해 올바른 배변습관을 기르고 음식을 천천히 씹어서 소화흡수를 돕고 수술부위가 막히지 않도록 한다. 그리고 수분을 충분히 섭취하여(8~10컵/일) 탈수나 변비를 예방한다. 다음과 같은 음식은 피하는 것이 좋다.

- 가스를 많이 발생시키는 식품: 콩류, 양파, 유제품, 맥주
- 변을 묽게 하는 식품: 찬우유, 라면, 튀김류, 술, 아이스크림
- 소화가 안 되는 식품: 견과류, 옥수수, 팝콘, 말린 과일
- 변비를 일으키는 식품: 바나나, 감, 땅콩, 밤
- 악취를 유발하는 식품: 파, 마늘, 계란, 치즈, 양파

(7) 고지혈증

고지혈증은 혈액 내에 콜레스테롤이나 중성지방이 높은 것으로 성인병을 유발하는 요인이 된다. 그러므로 식사조절과 규칙적인 운동을 통한 관리가 필요하다.

① 단순 탄수화물이 많이 포함된 식품 섭취 제한

탄수화물은 혈중 중성지방을 높이므로 이를 제한한다.

② 포화지방산의 섭취 제한

포화지방산은 동물성 기름에 많이 있으며 혈중 콜레스테롤을 높이므로 포화지방산보다는 불포화지방산을 섭취하는 것이 좋다. 포화지방산이 많은 식품은 삼겹살, 갈비, 버터, 치즈, 우유, 초코렛 등이다. 불포화 지방산이 많은 식품은 등푸른생선, 옥수수

기름, 콩기름, 들기름, 참기름, 올리브기름 등이다.

③ 콜레스테롤 섭취 제한

하루 콜레스테롤 섭취는 200㎎ 이하로 한다.

④ 충분한 섬유소 섭취

섬유소는 혈중 콜레스테롤을 낮추고 체중감소에도 효과가 있으므로 섬유소가 많은 식품을 섭취한다.

⑤ 술 제한

5. 노인급식 프로그램의 종류

우리나라의 노인급식 프로그램은 노인주거 복지시설과 노인의료 복지시설의 입소 노인을 위한 급식 프로그램, 그리고 노인여가 복지시설과 재가노인 복지시설의 재가노인을 위한 급식 프로그램의 두 가지 유형으로 분류할 수 있다.

1) 시설 입소 노인

65세 이상의 신체적·정신적·경제적 또는 환경상의 이유로 거택에서 보호받기가 곤란하여 노인주거 복지시설이나 재가노인 복지시설 중 단기보호시설에 입소한 노인들을 위한 급식과 65세 이상의 신체 또는 정신상의 현저한 결합으로 항상 보호가 필요하고 거택에서 보호받기가 곤란하여 노인요양시설에 입소한 노인을 위한 급식 서비스를 의미한다. 주로 시설 내의 영양사 또는 권장영양 식단표에 따라 실시되고 있는 실정이다.

2) 재가 노인

재가노인이란 시설에 입소된 노인을 제외한 지역사회의 모든 노인을 의미한다. 노인의 신체적 · 정신적 기능을 유지 · 발전시켜 지역사회 내에서 자립생활을 할 수 있도록 원조하는 것이 재가노인복지의 목표라고 할 수 있으며 재가노인을 위한 급식 프로그램은 노인들의 기본적 욕구인 식사를 제공할 뿐만 아니라 대상 노인의 안부 확인과 고독감의 완화, 서비스에 대한 정보교환 등 인간적 교류와 같은 효과를 가져올 수 있는 것이 장점의 하나이다.

(1) 단체 급식 프로그램

단체 급식 프로그램(congregate meals program)은 거동이 가능하고 건강하여 지역시설로 접근할 수 있는 노인들을 일정 장소에 모이게 하여 점심을 제공하는 경로식당 급식과 부득이한 사유로 가족의 보호를 받을 수 없어 낮 동안 시설에 입소한 노인들에게 점심을 제공하는 주간보호시설 급식 프로그램의 두 가지가 있다. 보건복지부 노인복지과의 노인복지사업지침에 의하면 경로식당 급식은 가정형편이나 기타 부득이한 사정으로 점심을 거르는 노인들을 대상으로 노인들이 많이 모이는 공원 및 영세인 밀집지역에서 무료로 점심을 제공함으로써 노인복지 증진 및 더불어 사는 사회 분위기를 조성하기 위해 행하고 있는 프로그램이다.

(2) 가정배달 급식 프로그램(도시락 배달)

가정배달 급식 프로그램(home-delivered meals program)은 노인들의 생존과 건강유지를 위해 필요한 영양을 공급하여 노인들이 시설에 수용되는 것을 막고(탈시설화) 대상 노인이 익숙한 지역사회에서 함께 살아가도록 한다는(정상화 원리) 취지를 갖고 있다.

노년기의 기본 간호와 일반적인 의학지식

1. 노년기의 기본 간호
2. 일반적인 의학지식

12장

제12장 노년기의 기본 간호와 일반적인 의학지식

급속한 인구의 고령화로 인해 단지 가족중심의 노인부양체계에 대한 인식에서 사회적 문제로 인식을 전환할 시기에 이르렀다고 보며 노년기의 질병에 있어서는 급성보다는 만성 퇴행성질환이 더욱 증가하는 바 스트렐러(Strehler, 송미순 · 김신미 · 오진주, 1997 재인용)는 노화의 4가지 조건으로 누구에게나 나타나고 내인성이며 진행성이며 퇴행성의 특성을 가지고 있다고 하였다. 이 장에서는 이에 대한 기본 간호와 일반적인 의학지식을 알아보고자 한다.

1. 노년기의 기본 간호

노년기에 나타나는 특징으로는 신체의 노화와 불건강, 사회적인 고립 및 소외감, 무위, 경제적 기반의 약화 등을 들 수 있다. 전반적인 신체기능의 저하로 인해 질병에 걸리기도 쉽고 피로해지기 쉬우며 질병 시에는 회복 또한 어렵게 된다. 이와 더불어 신체활동에 제한이 일어나고 생활범위도 협소해지며 직장에서 은퇴함에 따라 점차적으로 사회에서 소외되고 경제적 능력 또한 감소하게 된다. 따라서 이러한 변화에 적절히 대처해 나갈 때 의미 있는 노년기를 맞이할 수 있게 될 것이다.

이벨킨 뒤발(Evelkyn Duvall)은 노인에게서 중요한 두 가지 발달과업을 들고 있는데, 그 중 하나는 은퇴 후에도 인생을 발견하고 유지해 가는 것이며, 다른 하나는 육체적인 건강과 힘의 저하에도 불구하고 이에 잘 적응해 가는 것이라고 한다. 즉 노년기의 발달 상의 과제를 제시하면 다음과 같다.

- 체력 및 건강의 쇠퇴에 적응해 나가는 것
- 은퇴 및 수입의 감소에 적응해 나가는 것
- 배우자의 죽음에도 적응해 나가는 것
- 비슷한 연령층의 사람들과 친밀한 관계를 유지하는 것
- 사회적 · 시민적인 의무를 다하는 것
- 만족한 주거환경을 유지하는 것

1) 노년기의 일반적인 특징

① 최근에 관한 것에 대한 기억력이 저하된다.
② 불안한 상태가 쉽게 온다.
③ 자기중심적인 면이 많다.
④ 과거의 일에 대해서 집착하는 경향이 있다.
⑤ 눈앞의 일에 대해서는 오히려 무관심하다.
⑥ 혼자서 아파하고 걱정하는 일이 많다.
⑦ 소음을 싫어하는 경향이 있다.
⑧ 다른 사람에 대해 망설이고 많이 주저한다.
⑨ 사회변화에 대한 적응이 어렵고 의심이 많다.
⑩ 자기의 기분과 감각에 따라 때로 강한 관심을 표명한다.
⑪ 과거에 고생했던 이야기를 자주 한다.
⑫ 계획에 있어 변경이 곤란하다.
⑬ 잡다한 것을 수집하는 경향이 있다.
⑭ 자신의 지혜를 자손들에게 물려주고자 한다.

⑮ 죽기 전에 원하는 것들을 자식들이 들어 주길 원한다.

2) 노년기의 심리적 특징

① 전반적인 심리적 위축
노인은 실제로 보고, 듣고, 냄새맡고, 느끼는 기능을 못할 때 심리적으로 위축된다.

② 내향성 및 수동성의 증가
외부 자극에 반응하기보다는 감정이나 사고에 따라 사물을 판단하고 문제 해결 시 누군가의 도움을 받아 해결하려는 경향이 증가한다.

③ 조심성 및 경직성의 증가
자신에게 익숙한 방법을 우선적으로 선택하는 경향이 증가한다.

④ 우울증 경향의 증가
신체적 질병, 배우자의 죽음, 주변으로부터의 소외, 경제적 무능력 등이 우울증의 원인이 될 수 있다.

⑤ 과거에 대한 회상의 증가
지난 시간의 회상을 통하여 갈등 요인을 발견하고 새로운 의미로 받아들이기도 하며 생의 시간이 얼마 남지 않았다는 생각으로 지나온 생을 회상하는 경향이 있다.

⑥ 친근한 사물에 대한 애착성
오래 사용해 온 물건에 대한 애착이 강하며 이러한 물건들이 마음의 안락과 만족감을 느끼게 한다.

⑦ 자아개념의 변화
자아개념이나 자아상은 개인이 자신에 대해 어떻게 생각하며 어떻게 느끼는가 하는 것인데 노인의 경우에는 사회적으로 성공한 자아존중감은 거의 주어지지 않는다.

3) 노인의 건강문제와 질병 특성

건강 장해로 인하여 일상생활에 지장을 받고 있는 노인이 많고 유병상태에 있는 노인도 과반수 이상으로 의료를 필요로 하는 노인들이 많다. 노인의 질병을 보면 만성질환의 유병률이 급성질환에 비해 2배 이상을 차지하고 있으며, 흔하게 나타나는 질환으로는 급성의 경우 감기가 많고 만성의 경우 신경통, 소화성 궤양, 고혈압성 질환 등이 있다. 우리나라에 신고된 사망자료의 분석에 의하면 인구 전체의 주된 사망원인은 악성신생물과 뇌혈관 질환, 손상 및 중독의 순서이며, 65세 이상 노인의 사망원인은 뇌혈관 질환, 고혈압성 질환, 악성신생물의 순으로 다른 연령층과는 다른 양상을 보이고 있다. 이러한 질환은 앞으로도 더욱 증가할 것으로 예상되며 인구 고령화에 따라 노인성 치매의 발생률이 증가하는 것 또한 사회학적 · 보건학적인 큰 문제로 대두되고 있다.

2004년도에 보건복지부가 조사한 상병별 총인구 및 노인인구의 상병률 자료에 의하면 전체 인구의 경우 호흡기계 질환의 이환율이 가장 높았으며, 그 다음이 소화기계 질환, 근골격계 및 결합조직 질환 순으로 나타났고, 65세 이상 노인인구의 경우에는 근골격계 및 결합조직의 질환이 가장 높았으며 그 다음이 호흡기계, 소화기계의 순으로 나타났다.

인구의 만성상병률의 자료에 의하면 전체 인구의 만성상병률은 근골격계 및 결합조직, 소화기계, 호흡기계의 순이었으나 노인인구의 경우에는 근골격계 및 결합조직, 호흡기계, 소화기계의 순으로서 노인인구에 있어서는 특히 호흡기계의 만성상병률이 높은 것으로 나타나고 있다.

노인의 질병은 노화와 관련된 전신적 기능의 퇴행성 변화로 인하여 질병에 취약한 상태로서 만성적이고 퇴행성 질환의 이환율이 높다. 65세 이상 노인인구의 진료율이 남녀 전체 인구의 진료율을 상회하고 있어서 다른 연령층의 사람들보다 의료 수요가 높은 것으로 나타나고 있다.

그 밖에 노인의 건강에 대하여 노인 자신과 그 가족들은 많은 관심을 가지고 있으나 건강 관리 방법에 대한 지식의 부족으로 전문가의 도움이 요구되며, 노인을 포함하여 노인의 가족에게는 임종을 대비한 관리가 필요하다.

4) 노인간호의 필요성

① 노인인구가 증가하는데 이는 의학 및 과학기술의 발달과 출생률 및 사망률의 저하와 생활수준의 향상으로 영양상태가 좋아졌기 때문이다.

② 노인은 건강한 일반 성인들과는 달리 방어능력이 약화되어 있으며, 질병 시에는 타인의 도움 없이는 일상생활이 어려운 사람들로서 간호가 꼭 필요하다고 할 수 있다. 간호는 대상자의 특성을 제대로 알고 좀 더 전문으로 신체적 · 사회적 · 정신적, 나아가 영적인 지지를 해줌으로써 대상자에게 전인적인 간호를 받을 수 있도록 하여 좀 더 삶의 질을 높일 수 있도록 하는 것이다. 예를 들면, 65세 이상의 고령자 중 약 15% 전후가 퇴행성 질환이나 치매 등으로 생활의 자립이 불가능한 것으로 나타나고 있다. 이러한 기능 장애 노인들은 앞으로 노인인구의 증가와 더불어 점차 높은 비중을 차지할 것이다.

③ 산업화, 핵가족화, 여성의 사회참여 증가와 전통적인 부양의식의 변화에 의하여 가정에서의 노인부양능력도 감소되고 있는 추세로 이에 따른 간호의 손길은 더욱 필요하다고 할 것이다.

④ 와상노인이나 환자를 보살핀다고 하더라도 그것은 말로는 간단히 쉽게 이해가 되나 실제 그 가족이나 주변인들은 적지 않은 인내와 고통과 희생을 치를 것이다. 따라서 자신의 가족 중 와상 노인이나 환자가 발생한다면 언제, 어디서, 무엇을, 어떻게 해야 할지, 왜 해야 하는지를 몰라 막연한 두려움에 휩싸일 수도 있으며 간호자가 장기간의 간호로 소진되거나 너무 힘들어 피하고 싶을 때 좀 더 전문적 서비스의 기초가 되는 올바른 간호지식과 정보 및 기술을 익혀 적절하게 대비하기 위함이다.

⑤ 향후 간호가 필요한 누구에게나 다가갈 수 있도록 그리고 다가올 고령사회에 좀 더 밝고 긍정적인 사고를 가질 수 있도록 하기 위해서 노인간호는 꼭 필요하다고 할 수 있다.

5) 노인간호의 접근방법

인간에게 있어 건강 유지의 요점으로는 건강행위(health behavior)나 건강섭생(health

practice)을 함에 있어서 노인 스스로 얼마나 노력하는가에 달려있다고 할 수 있을 것이다. 여기에는 영양, 휴식과 수면, 신체적 활동, 개인위생, 물질오용, 의사나 치과의사의 검진, 치료에 필요한 섭생법의 이행, 필요한 치료법의 수행 등이 포함된다. 특히, 노인에 있어서 건강유지의 증진이란 이미 실천해 왔던 건강행위를 잘 유지하는 것인데, 의사소통을 정확히 할 수 없을 때 독립적인 건강유지능력이 저하된다고 할 수 있다. 또한 인지하고 지각하는 능력, 심리사회적 요인 등도 건강유지능력에 영향을 주게 된다. 즉 내적 · 외적 평형의 불균형 또는 항상성 유지가 되지 않는 상태를 불건강한 상태라고 하며 이는 질병 상태라고 할 수 있다.

이때 노인간호의 목표는 개개 노인에게 노화라는 조건에서도 최대한으로 자립성을 보호하도록, 즉 잔존 기능을 유지하면서 인간다운 인생을 완수하도록 도와주는 것이라고 할 수 있으며 이를 위해서는 노인을 간호할 때 다음과 같은 4가지 원칙에 따라 접근하는 것이 바람직하다.

(1) 노인에 대한 이해

노인의 신체적인 측면과 심리 · 사회적인 측면을 잘 알고 있어야 한다. 노인의 건강상태와 활동력은 심리적 상태의 영향을 받으며, 사회활동과 일상생활에 있어서 자립성 및 정신적 활동 능력은 신체적 상태에 의해 크게 좌우된다. 또한 환경에 대한 적응력이 저하됨에 따라 자연적 · 사회적 · 환경적 요인에 의해 신체적 상태가 영향을 받을 수 있다. 따라서 노인의 간호에 있어서는 신체적 · 심리적 · 사회 환경적 배경과 상태의 상호관계를 이해하지 않으면 안 된다.

(2) 개별적 접근

노인은 개인에 따라 건강상태가 다양하며 각 노인이 처해 있는 생활환경도 다르므로 대상노인의 능력과 경험을 파악하여 개별적으로 알맞은 간호를 제공해야 한다.

(3) 예방적 접근

노인은 사소한 자극에도 건강장해를 일으킬 수 있으며 일단 건강장해가 발생하면 회복이 대단히 어려워지며 합병증이 발생하기 쉽다. 따라서 자극 및 스트레스의 예방을 통한 건강관리가 치료적 접근보다 우선시 되어야 한다.

(4) 팀접근

노인의 신체 기능상실은 거의 모든 기능에 영향을 미치기 때문에 여러 방면에 대한 간호가 필요하다. 이 때 각 관계자가(의사, 간호사, 물리치료사, 작업치료사 등) 개별적으로 활동하게 되면 노인 및 그 가족은 혼돈에 빠지고 효과적이지 못할 수 있으므로 바람직한 팀을 구성하여 종합적으로 접근하는 것이 필요하다.

실제적인 노인 간호에 있어 노인의 사정 시에는 다음의 요인들을 확인해야 한다. 즉, 노인의 기본적인 건강에 대한 적응상태를 사정해야 하며, 건강추구 행위는 어떤 것들이 있는지 등을 알아보아야 한다. 본인과의 면접 또는 가족이나 친인척, 친구의 면접 등을 통하여서도 건강상태를 알아 볼 수도 있을 것이다. 이 후 간호계획을 더욱 세밀하게 세우고 이를 수행하고 평가해야 한다. 이때 간호가 잘 수행이 되었다면 지속화하고, 그렇지 않고 간호에 있어 문제점이 발견되었다면 수정하여 재적용하도록 하여야 할 것이다.

6) 세계보건기구에서 제시하는 노인간호의 전개 원칙

노인의 다양한 요구에 대응하기 위해 세계보건기구에서는 노인간호의 전개에서 고려해야 할 일반적 개념 및 원칙을 제시하고 있다.

노인대책을 수립할 때는 예방에 관한 모든 문제에 최대의 역점을 두어야 한다.

① 노인은 양적으로 중요하며 약점을 가진 고위험 집단으로 특별한 주의를 필요로 한다.
② 노인이 가진 복잡한 의학적 · 사회적 요구를 취급할 때는 전체론적인 접근이 필요하며 항상 가족, 지역사회와의 관련성을 고려한다.
③ 고수준의 노인서비스를 공급하기 위한 제도가 필요하며 이는 일반적인 보건서비스의 한 부분으로 조직되어야 한다.
④ 여러 가지 다른 수준의 간호를 폭넓게, 계속적으로 제공할 수 있어야 한다.
⑤ 모든 노인이 이용할 수 있고 노인의 적극적인 참여가 가능하여야 한다.
⑥ 지속적인 평가를 통해 필요에 따라 변화가 가능해야 한다.

7) 노화이론

노화란 수정에서부터 출생, 성장, 죽음에 이르기까지 생물이 시간의 경과와 더불어 서서히 모든 장기의 기능이 저하되어 체내의 항상성이 붕괴되는 과정을 말한다. 노화의 기원 및 원인에 대해서는 아직 확실하지는 않으나 생물학적 요인, 사회심리적인 요인 및 환경요인이 노화과정에 영향을 준다고 보고 있으며, 이에 생물학적인 요인으로는 소모설, 생활속도설, 스트레스설, 중독설, 세포단위설, 자가면역설, 체세포변이설, 유전자이론 및 DNA장해설, 교차결합설, 유리기설, 가교설, 자유라디칼설, 수갑설 등이 있으며, 사회심리적인 요인으로는 사회유리이론, 활동이론 및 지속이론 등이 있다. 또 환경요인으로는 환경압박 - 개인능력모형과 점진적인 스트레스 역치 저하 이론이 있다.

8) 노화에 따른 변화

노인의 신체적 특징으로는 시력 · 청력의 저하, 배뇨장애, 노인성 색소침착, 성욕감퇴 등 여러 가지 노인 특유의 신체적 변화와 함께 지능과 기억력의 저하를 지각하면서 자신이 늙고 있다는 것을 자각하게 된다. 이처럼 노화에 대한 자각은 주로 신체적 변화에 대한 인식과 같이하며 따라서 이런 변화가 나타나기 시작해야 노화가 이뤄지고 있다고 생각한다. 하지만 실제로 노화는 출생과 더불어 시작되는 것으로 유아기에서 가장 현저하게 일어나며 학령기에서 성숙기를 거치면서 점차 천천히 일어난다. 노화에 수반되는 생리적 변화는 각기 다른 조직에서 다른 속도로 진행되며 외모에 나타나기 이전부터 생리적 변화가 시작된다.

(1) 근골격계

나이의 증가와 함께 뼈의 손실과 골격량의 감소가 온다. 뼈의 손실은 뼈의 강도에 영향을 주어 골절의 위험성을 증가시킨다. 특히 뼈 광물질의 소실과 뼈 질량의 감소에 의해 중년기 이후 골다공증의 발생빈도가 높다.

근육 또한 약해지고 움직임이 민첩하지 못하게 된다. 머리와 목이 앞쪽으로 굽어지고, 척추가 굽어져서 전체적으로 상체가 굽어지며 엉덩이와 무릎이 약간 굽어지게 되어 전반적인 자세가 변한다. 즉, 노인의 외모를 보면 머리와 고개가 앞으로 구부러지고 등이 휘며 허리와 손목, 그리고 무릎은 약간 굽어져 있다. 이러한 노인들에게서 나타나는 신장감소와 허리굽음은 추간판이 얇아지고 인대가 강직되어 척추가 단축되기 때문이다. 척추 후만은 척추의 진행성 허탈, 건의 수축과 경화 또는 탄력성의 감소로 인대의 석회화가 있기 때문이다.

근섬유의 수와 크기 감소로 근량이 감소되고 순환기계, 내분비계, 신경계와의 복잡한 상호작용으로 지구력과 민첩성이 감소되어 팔과 다리의 근육들은 힘이 없고 약해지며 전반적으로 키가 약간 작아진다. 노인의 걸음걸이는 느리고 움직임이 서툴러 보이며 민첩하지 않다.

관절의 변화는 인생의 초기, 즉 20~30세에 이미 시작되어 관절동통과 강직성이 나타나며 그 퇴행의 속도가 매우 빠르다. 이러한 관절의 변화는 상해나 비만에 의해 촉진될 수 있으며, 이로 인한 관절운동성의 저하로 보폭은 작고 끌면서 걷는 것처럼 보이며 발을 드는 높이가 낮다.

(2) 심혈관계

① 심장

심장의 크기는 나이가 듦에 따라 변화하는 것은 아니다. 심장은 일생동안 병리적 요인이 없거나 개인의 생활수준상에 변화가 없다면 거의 같은 크기를 유지하지만 개인의 활동수준이 저하되면 심근의 불용성 위축으로 크기가 감소된다.

심박출량은 노화에 의해 심근의 강도와 효율성이 감소됨에 따라 감소한다. 맥박수는 거의 변하지 않거나 약간 감소되며 스트레스원이 있을 때 증가하지만 반응이 늦고, 청년보다 증가 정도가 적고 스트레스원이 사라졌을 때 정상으로 돌아오는 속도가 느리다. 심장의 판막은 점차 두꺼워지고 경화되어 약한 수축기 방출잡음으로 보이는 심잡음이 청진되기도 한다.

② 혈관계

혈관의 탄력성이 감소하고 확장된 상태로 늘어져 있어 정맥류의 발생빈도가 증가한다. 혈관 내 표면을 따라 칼슘과 지방의 침착이 증가하여 동맥협착과 조직의 요구에 따른 동맥의 팽창 능력이 감소되어 말초혈관 저항이 있을 때 좁아진 동맥의 말단 부위에 순환혈액량이 감소하며 약간의 혈압증가가 있다. 또 압수용기의 민감도 또한 나이가 듦에 따라 둔해진다.

이로 인해 노인들은 수축기압이 150~155mmHg로 상승하기도 하며 이 때 가능한 한 혈압을 낮추어야 하지만 혈관의 신축성 저하로 혈압강하가 어렵다. 심혈관계가 최고의 안녕상태를 유지하기 위해서는 건강한 생활습관의 유지가 중요하다. 심혈관계 질병을 유발하는 위험요인으로는 심장질환의 가족력, 나이, 성별로는 여자보다는 사회활동이 많은 남자의 경우가 더 많고, 심리적 요인으로는 혈액형상 A형, 스트레스, 흡연, 고지방 및 고나트륨 식이, 비만, 좌식 생활을 주로 하는 사람 등이다. 따라서 정신적 이완, 금연, 저염 및 저지방식이의 섭취, 적절한 운동을 통한 체중감소 및 활동량 증가를 통해 심혈관계 장애로 인한 질병을 예방할 수 있다.

(3) 호흡기계

① 기도청소율의 변화
나이가 들거나 계속적으로 해로운 물질에 노출됨에 따라 이물질을 제거하는 기도 내부의 섬모가 상해를 입고 점차적으로 유연성이 감소한다. 또 기관지 상피와 점액선이 퇴화되고 횡격막과 흉곽벽의 근육강도가 감소되어 호흡능력과 기침의 효율성도 저하된다. 이로 인해 기도를 효과적으로 깨끗하게 청소하는 능력이 감소되고 감염에 대한 민감성이 증가된다. 즉, 호흡기계 질환에 걸리기가 쉽다.

② 면역/방어기전의 변화
우리 몸의 면역반응은 대체적으로 나이가 듦에 따라 감소하게 되는데 폐의 면역 및 방어기전도 마찬가지이다. 폐포의 표면에 붙어서 아주 미세한 이물질을 잡아먹는 역할을 하는 대식세포의 반응이 비효율적으로 이뤄지며 세포성 면역 및 체액성 면역이 전반적으로 감소하여 호흡기계 감염을 촉진한다.

③ 물리적 특성의 변화
호흡 시 탄력적인 반동에 의해 흉곽벽이 원래의 크기로 되돌아가는 능력이 감소되어 공기를 계속 채우고 있는 경향이 있으며 흉곽벽 순응의 소실은 또한 지나친 폐확장의 경향을 유발할 수 있다. 이로 인해 잔류공기량과 기능적 공기량이 증가하며 폐기종의 가능성이 커지고 폐조직이 섬유조직으로 대체됨에 따라 폐가 강직되어 폐활량이 점차적으로 줄어들고 폐섬유증으로 산소의 확산이 감소되어 10년에 평균 4mmHg의 산소분압이 떨어진다.

④ 호흡기계 조절의 변화

노인은 폐기능이 저하하여 기침으로 분비물을 제거하는 것이 어려워지는데, 이는 폐포 주변조직의 탄력성 상실, 점액분비의 저하, 섬모기능의 장애, 호흡 움직임의 저하, 호흡근의 약화에 기인한다. 감염을 일으킬 수 있는 질병발생의 증가, 흡인[Aspiration / Suction: 빨아당김(체내에 괴어 있는 이상 액체를 흡인장치로 빼어냄)]기회를 증가시키는 신경계 질환과 폐기능에 변화가 일어나는 상황들은 호흡기 감염의 위험 요인이 된다. 말초수용기와 화학적 수용기가 혈중산소와 탄산가스농도의 변화에 덜 민감하게 되어 운동을 하거나 산소요구가 증가되는 상황에 적응하기가 힘들게 된다.

이와 같은 요인으로 호흡기 감염이 생기거나 호흡에 어려움을 호소하면 첫째, 필요에 따라 산소를 공급하여 심장이나 환기부담을 줄여 준다. 둘째, 규칙적이고 적절한 강도의 운동을 함으로써 호흡근을 포함한 근육의 강도와 지구력을 증강시키며 정신적 안녕을 가져다 줄 수 있다. 셋째, 체위변경과 움직임을 통해 폐의 분비물을 자주 제거하도록 한다. 넷째, 기침을 하도록 하여 기도를 깨끗하게 한다. 한 번에 여러 번 기침을 하게 하는 것이 가장 좋은 방법으로 기도 내 위쪽으로 나온 분비물이 흡입되지 않고 계속해서 뱉게 하여 기도 밖으로 나오게 한다. 만약 분비물이 너무 끈끈하면 제대로 나오기 힘들므로 적절한 수분을 공급하거나 가습기를 사용해야 하며 가슴을 꼭 잡고 등을 톡톡 두드려 주는 타진도 도움이 된다.

마지막으로 호흡운동이 있다. 숨을 쉬게 하기 위하여 호흡 시 조절을 필요로 하는 만성 폐질환자나 수술후 회복기 또는 부동상태의 환자와 같이 급성적으로 환기문제에 위험이 있는 환자의 경우 심호흡하는 방법 및 이완술을 가르쳐 줌으로써 호흡을 하는 데 도움을 주도록 한다. 이들 환자는 무의식적으로 아주 얕게 숨을 쉬고 위쪽 가슴만을 움직이는 습관을 가지고 있는데 호흡운동을 통해 횡경막을 사용하여 깊게 숨을 쉬는 것을 배우도록 해주어야 한다. 때로는 기계적인 도움을 받을 수 있는 폐활량계나 간헐적 양압호흡(IPPB)을 이용하도록 해야 한다.

(4) 위·장관계

위·장관계 노화의 특성은 연동운동의 저하, 분비와 흡수기능의 저하이며 일생 동안 해부학적·생리적 기능은 어느 정도 유지된다. 따라서 노인이 충분한 음료를 섭취하고 적절한 배변과 위생 습관을 유지한다면 위장 관계의 문제는 예방이 가능하다. 그러나 많은 노인들이 부적절한 건강습관으로 흔히 소화장애, 변비 등의 문제점을 가지고 있으며 이를 해결하기 위해 소화제, 하제, 제산제, 치질약 등을 빈번하게 사용하고 있다.

① 구강

노화의 증상이 확실하게 나타나는 부분으로 구강점막의 타액분비 저하, 구강점막 조직의 위축과 모세혈관 공급 감소로 인한 염증성, 퇴행성 변화가 일어나기 쉽다. 그리고 비타민B 복합체가 결핍되는 경우 혀의 유두구조의 위축을 가진 위축성 설염을 가져올 수 있다.

② 치아

치아구조의 변화, 치아의 뼈 구조의 변화와 함께 노인의 타액 분비 감소로 구강의 윤활작용과 충치에 대응하는 능력이 저하된다. 또 노인의 치주질환(주로 풍치, 잇몸염증) 빈도는 청년기에 비해 월등히 증가하며 치주질환이 진행되어 치아상실로 이어질 수 있다. 상당수의 노인들은 의치를 사용하며 이로 인한 자극과 통증을 경험하기도 한다.

③ 측두하악관절

노화로 인한 관절인대와 근육탄력성의 상실로 입을 크게 벌릴 때 측두하악관절이 탈골될 수 있으며 많은 노인들이 측두하악관절에 골관절염의 증상을 가지고 있다. 아스피린 혹은 항관절염성 약제와 습윤열을 국소적으로 이용함으로써 증상을 완화시킬 수 있다.

④ 식도

노화로 인한 퇴행성 변화들이 여러 가지 방법으로 노인 식도의 구조와 기능을 변하게 한다. 가장 흔한 것으로 연동운동, 식도의 이완과 식도 비움의 지연, 식도열공탈장을 들 수 있으며 이로 인해 연하(삼키기)곤란, 가슴앓이, 역류와 비특이적인 가슴통증을 호소하기도 한다. 흉부방사선 또는 내시경 검사 등으로 식도열공탈장의 진단이 내려지면 곡류를 소량씩 자주 섭취하며 취침 전과 눕기 전에 음식물을 섭취하는 것을 피하도록 한다. 또 비만이 영향을 줄 수 있으므로 체중을 감소하도록 한다.

⑤ 장

장에서 발생하는 문제는 대부분 나이와 깊은 관련이 없다. 무동성 장폐색, 과민성장 증후군, 변비와 같은 질병이나 증상은 일생 동안 발병할 수 있다. 청소년기의 장의 문제가 노년기까지 계속될 수 있으며 노년기에 발생하는 자극원이 이전까지의 평형상태를 악화시킬 수도 있다. 흔히 노년기의 부적절한 건강습관이 소장과 대장 질환의 주요 원인이다.

(5) 비뇨기계

① 신장

신장은 태어나면서부터 성인기 초기까지 무게와 부피가 증가하며 성인기 초기부터는 기능하는 피질의 네프론 수가 감소하기 시작한다. 이 감소는 평생 동안 계속되며 80~90세가 되면 약 25%의 신장부피 감소가 있다. 남은 사구체는 크기 변화, 기저막의 비대와 중첩과 같은 노화변화를 겪게 되며 경화성 사구체의 비율이 증가한다. 사구체 수의 감소로 신장혈류 및 사구체 여과율 역시 감소된다. 즉 소변을 걸러내는 기능이 감소한다.

② 방광

나이가 증가함에 따라 방광근육이 비대해지고 방광벽이 두꺼워져 방광의 확장능력을 방해하여 편안하게 저장할 수 있는 최대량이 250~300cc 정도로 감소한다. 한편 방광 및 요도의 일부 평활근이 결합조직으로 대체되어 감에 따라 방광내압과 요도내

압 간의 균형을 변화시키고, 골반저근육의 이완이 동반되고 요도저항이 감소됨에 따라 요실금을 유발한다. 또 대뇌중추의 방광 충만감 감지가 늦어져 요의를 느끼고 실제로 소변을 비우는 시간 사이의 간격이 짧아져서 실금이 유발되며, 때로는 야뇨증이 발생될 수도 있다.

(6) 생식기계

① 남성 생식기
전립선 비대와 생식기의 경화가 특징적이다. 전립선 비대로 배뇨장애를 호소하는 경우가 많다. 정자 생성능력은 노년기 남성에서도 충분하게 이루어지고 있다.

② 여성 생식기
폐경으로 인하여 난소의 위축이 있으며, 이로 인해 난자 생성능력이 소실된다. 난소호르몬의 변화로 자궁도 점차 위축되고 근육층과 자궁내막이 섬유조직으로 바뀌어 간다. 외음부의 지방조직이 감소하여 점액 분비량이 저하됨에 따라 질의 염증이나 감염이 증가한다. 또 음부의 건조로 인한 소양감을 호소하기도 한다. 유방도 난소호르몬의 결핍으로 조직이 위축되어 편평하게 되며 이러한 유방의 변화는 비가역적인 것으로 약물이나 크림제제의 사용으로는 회복되지 않는다.

(7) 내분비계
노화로 나타나는 내분비계의 변화는 인슐린과다증, 탄수화물에 대한 내성과 인슐린에 대한 예민성의 감소, 비만, 갑상선 기능 저하 및 항진, 지방산 사용의 증가, 저밀도 리포프로틴의 혈중농도 증가, 면역의 감소, 에스트로겐 감소, 혈압상승 등이 있다. 일차적인 내분비계 장애는 노화에 의해 일어나는 것은 아니며 주로 신경계 변화에 의해 이차적으로 일어나며 표적 기관의 반응감소에 의한 것이 많다. 따라서 노화에 의한 일반적인 변화인지 병리적인 변화인지에 대한 구분이 매우 중요하다.

(8) 신경계
신체의 다른 세포들과는 달리 중추신경계의 신경세포는 약 2세 이후에는 재생산 또는 재생되지 않는다. 신경세포는 노화가 진행됨에 따라 구조적이며 기능적인 변화가 명확하게 나타나는데 신경세포의 상실, 색소침착 등의 구조적 변화와 신경세포 사이의 신경 전달물질의 감소, 피질기능 저하, 신경근육과 자율신경계의 반응 시간 지연 등의 기능적 변화가 있다.

노화와 더불어 나타나는 또 다른 신경계의 변화는 수면양상의 변화이다. 수면은 렘수면(rapid eye movement: REM)과 비렘수면(non rapid eye movement: NREM) 단계로 나누어지는데 전자는 꿈꾸는 단계이고 후자는 꿈꾸지 않는 단계로 수면시간의 주요 부분을 구성한다. 노화의 진행과 함께 전체 수면 시간이 짧아지는데 렘수면 시간은 일정하게 유지되는 반면 비렘수면 시간이 짧아진다. 특히 새벽의 수면장애 및 불면증은 노인에게서 흔히 일어나는 현상으로 원인이 무엇이든 노인에게는 매우 괴로운 경험이다. 흔히 수면제를 투약할 수도 있으나 이는 남용이나 용량과다가 되기 쉬우므로 주의깊게 관찰하고 반드시 의사에게 의뢰하여 의사의 처방을 받아 투약하여야 한다.

(9) 감각기계

① 시각
노인의 눈에는 몇 가지 물리적 · 화학적 변화가 일어난다. 수정체는 물건이나 글씨에 초점을 맞추도록 모양 변화를 하기 어렵게 되며 점점 불투명해져 백내장이 자주 나타나고 동공은 작아진다. 빛의 통과량이 감소되어 색깔 구분(특히 파란색과 초록색)에 장애가 있으며 이로 인해 야맹증을 호소하기도 한다.

눈에 수분을 공급하는 누선의 수액공급 감소로 눈이 건조해지고 상처가 생기기 쉬우며 이로 인해 안질환도 증가하며 아울러 시력장애를 초래할 수 있다. 망막의 위축, 또는 신혈관 생성으로 노인성 황반 퇴행이 나타나며 특히 당뇨성 신혈관이 진행되면 시력을 잃을 수 있다. 그리고 망막의 시신경세포의 수가 줄고 적응력이 적어지며 망막의 빛 여과율이 감소하여 시야가 축소되기도 한다.

이런 시각의 변화를 고려하여 노인간호 시에는 다음과 같은 사항을 꼭 알아두어야 한다.

• 글씨를 크게 쓴다.

- 중앙에 큰 조명을 하나 두기보다는 간접조명을 활용한다.
- 주변 환경은 구분이 잘 되는 대비색을 이용한다.
- 창으로 들어오는 밝은 빛은 커튼을 사용하여 차단함으로써 눈부심을 막아준다.
- 시야제한이 있는 환자인 경우 환자의 시야 내에서 간호활동이 이루어지도록 하며 방에 들어설 때는 꼭 노크와 말을 한다. 노인들이 다치지 않도록 장애를 일으킬만한 물건을 치우고 가구 사이의 공간을 넓히며 주변환경을 재정리한다.
- 야맹증이 있는 환자인 경우 밤운전은 피하고 밝은 곳에서 어두운 곳으로 장소를 옮길 때는 잠시 멈추도록 한다. 손으로 난간을 잡고 걷도록 교육하고 주변 환경에서 미끄러운 것이나 위험물들은 제거토록 한다.

② 청각

바깥귀는 나이에 따라 크게 변화가 없다. 가운데 귀는 노화로 인하여 고막, 추골, 침골, 등골 등이 단단해지거나 위축이 생긴다. 속귀는 청신경이 퇴행성 변화를 보여 청각장애가 발생한다. 이와 함께 노인에게서 흔한 당뇨와 이경화증으로 청각장애를 촉진할 수 있다.

노인성 난청의 특징은 주로 제8뇌신경(청각신경)의 퇴행으로 고음을 감지하는 데 장애가 나타나며 나중에는 중음, 저음까지 상실하게 된다.

간호 시는 소음이 없는 환경에서 대화하도록 하고 전화상의 목소리는 크고 분명하게 하며 대면하고 이야기할 때는 천천히, 또박또박 하고 중저음으로 한다. 가족에게 환자의 청각장애에 대해 알려줌으로써 환자의 행동변화에 대해 이해할 수 있도록 한다. 전도장애 노인에게는 보청기의 사용이 권장된다. 간호사는 보청기의 올바른 사용법 및 관리법에 대해서 대상노인 및 가족들에게도 교육한다.

③ 미각

전반적으로 맛봉우리의 수는 감소하지만 혀 뒤쪽에 있는 쓴맛과 신맛을 감지하는 맛봉우리는 나이가 들수록 더 기능을 잘하고 앞쪽의 짠맛을 아는 기능은 현저히 떨어진다. 또 입과 입술 근육의 탄력이 감소하고 침의 분비량도 줄어들며 미각의 변화와 대사율의 감소로 식욕에도 변화가 온다.

간호할 때 노인의 경우는 미각의 변화에 의해 짠맛에 대해 기능이 현저히 떨어지므로 음식을 조리할 때 짜게 만들어 먹는 경향을 피하게 하고 입맛의 변화로 인해 영양섭취에 있어 골고루 또는 맛있게 먹지 못하는 장애가 생기지 않도록 돕는 것이 중요하다. 식욕을 돋구도록 색을 보기 좋게, 먹기 좋게 하거나 색다른 조리법으로 조리하여 식욕을 돋구도록 해야 한다.

④ 후각

노화가 진행됨에 따라 후각기능도 다소 감소하는 것으로 알려져 있다. 코에 있는 감각기관의 위축이 일어나서 요리나 환경으로부터 냄새를 맡을 수 없게도 된다.

감각기능을 보강할 방법을 찾는 것이 간호의 하나인데 향긋한 냄새가 나는 음식, 향기가 다른 꽃, 향수, 분무기, 초 등이 후각훈련에 도움을 줄 수도 있을 것이다. 나쁜 냄새가 나는 물건이나 음식은 피하고 대상 노인환자가 해로운 가스나 연기냄새를 맡을 수 있는지 사정한다. 만약 화재가 발생하면 우선 노인들을 안전하게 대피시키고 유해가스를 환기시키도록 한다.

⑤ 촉각

촉각의 변화 중 중요한 것은 온도를 식별하는 감각의 저하이다. 또 손과 눈의 통합작용과 같은 섬세한 운동능력이 떨어진다. 책장을 넘기거나 신발을 신거나 가위질, 다이얼 돌리기, 통조림 따기 등을 하는 데도 어려움이 있다. 노인의 통증감각은 감각기능과 뉴런의 감소로 인해 둔화되어 사고발생 시에도 제대로 인지하지 못하는 경우가 있다.

간호 시에 중요한 점은 안전한 환경을 제공하며 적절한 자극을 주는 것이다. 지나치게 뜨거운 목욕물이나 음식그릇은 피하고, 버너 사용 시에는 화상의 위험을 인식하도록 교육한다. 연령과 함께 모든 피부층이 얇아지고 피하지방도 적어져 주름이 생기며 상처받기 쉽게 된다. 반상출혈이나 피부밑출혈이 잘 생기며 교원질과 탄력섬유에 장기간 중력이 가해져 피부에 생기는 주름과 턱이나 목에 피부 늘어짐이 나타난다. 노화에 따라 피부의 땀샘과 피지선의 분비 기능이 저하되어 건조해진다. 노인성 반점(검버섯 또는 저승꽃)은 햇빛에 많이 노출되는 손등이나 팔등에 많으며 멜라닌세포의 국소적인 증식에 의한다.

노인 모발의 특징은 은발이 늘어나는 것으로 머리카락을 생성하는 색소가 감소되어 진한 색소의 머리가 옅은 색소의 머리카락으로 대치되기 때문이다. 머리숱의 감소가 흔하게 나타나는 반면 눈썹은 더 길어지고 진해진다.

손톱과 발톱 또한 다른 피부와 마찬가지로 노화에 따른 변화가 있는데 연령증가에 따라 손톱이 자라는 속도가 감소하며 두껍고 거칠어진다. 노인 간호를 맡게 되는 사람은 노인에게 피부를 관리하는 방법을 교육하여야 하는데 특히 목욕과 피부에 사용하는 약품, 화장품, 태양노출의 제한 등에 대한 것이다. 노인은 매일 목욕하는 것은 피하고 샤워 정도만 가볍게 함으로써 나쁜 냄새를 제거하고 청결하게 한다. 목욕수건은 부드러운 것을 이용하며 순한 비누를 이용한다. 지성피부를 제외하고 목욕 후에는 오일이나 로션을 듬뿍 바르고 매일 수영이나 목욕을 하는 경우에는 미네랄 오일 같은 윤활제를 바른다. 화장을 할 때는 수분이 있는 액체 파운데이션을 사용하며 파우더는 피부를 건조하게 할 수 있으므로 제한한다. 만성적인 태양노출 또는 강렬한 자외선 노출은 주름의 증가, 피부착색 및 반점 증가는 물론 피부질환을 유발할 수 있으므로 가능한 한 피하고 자외선 차단 크림을 바르도록 하는 것이 좋다.

9) 노인에서의 약물작용

성년기 이후 환자들은 나이의 증가와 더불어 투약에 의한 사고의 빈도가 상승한다. 노인의 경우 그 이유 중 하나는 여러 가지 질병이 동시에 있어 여러 종류의 약물을 동시에 투여하는 기회가 많기 때문이기도 하나 이보다 중요한 원인은 나이를 더해감에 따라 생리학적인 변화로 약물에 대한 과민반응을 보이기 때문이다. 나이를 더해감에 따라 약물의 흡수, 분포, 대사, 배설에 영향을 주며 표적장기의 민감성이 증가하기 때문이다. 노인의 경우 신체장기의 장애가 생겼을 때 그 정도에 개인차가 많으며 약물을 투여했을 때에도 흡수속도, 체내 약물의 분포, 대사양상, 배설경로와 속도 등에 변화가 있으며 개인차도 많다. 따라서 예기치 않았던 부작용이나 중독증상이 발생할 수 있으며 장기의 예비능력 저하로 약물의 효과가 나타나지 않을 수도 있다. 좀 더 구체적으로 알아보면 약물의 흡수는 확산작용에 의하여 수동적으로 흡수되므로 나이를 더해감에 따라 변화되지는 않으나 노인에게서는 복강장기 혈류의 감소와 위 내용물의 배설속도 지연, 위산 배설량의 저하, 흡수세포의 감소 등으로 약물의 소화관 내 흡수가 늘어져서 약물의 최고 혈중농도에 도달하는 시간이 지연된다. 약물의 체내 분포와 농도는 노인의 체중 감소, 장기조직의 감소, 순환혈액량의 감소, 체내 수분량의 감소 등으로 인하여 연소자보다 높으며, 혈장알부민의 농도가 저하되어 약물과 알부민의 결합이 저하되고 유리형의 농도가 상승하는 경향이 있어서 약물의 작용이 강하게 출현하고 부작용도 발생하기 쉽다.

약물의 대사는 간에서 이루어지는데 노인에게서는 일반적으로 약물의 대사가 저하되고, 신장을 통한 약물의 배설도 지연되며, 약물에 대한 감수성도 변화한다.

약물중독의 잠재성은 만성질병이 있는 노인이 장기간 약물을 복용하고 있을 때 가장 높다. 약물에 대한 생체반응의 변화 이외에도 노인의 기억장애, 시력장애, 복용방법의 교육부족 등으로 약물의 부작용은 더욱 빈번하다. 미국의 경우 노인의 약물 부작용은 연소자의 약 2.5배가 된다고 한다.

(1) 투약에 관련된 노인의 생리적 · 심리적 특성

① 간기능의 저하에 의해 해독작용이 저하되어 있다.
② 신장기능의 저하로 약물의 배설이 지연된다.
③ 세포 내 액체량의 감소에 의해 탈수를 초래하기 쉽다.
④ 뇌동맥경화에 의해 뇌순환장애가 있다.
⑤ 두 가지 이상의 질환을 가진 노인이 많다.
⑥ 노인이 약에 대해 받아들이는 방법에 개인차가 있다.

(2) 노인에게 나타나는 약물작용

① 약물이 체내에 축적되기 쉽다.
② 배설의 지연에 의해 부작용을 일으키기 쉽다.
③ 약물의 혈중 농도가 최고에 달할 때까지 시간이 걸리며 약물의 효과가 늦게 나타나고 부작용의 출현도 늦어지기 쉽다.
④ 여러 가지 약제가 처방되면 약물의 상승작용이나 길항작용을 일으키기 쉽다.
⑤ 약물에 너무 의존하는 노인이나 약물에 대해 거부적인 노인이 있으므로 투약 후의 반응에 주의한다.

(3) 주의하여야 할 약물

노인의 약물요법을 생각할 때에는 유해한 부작용이 무엇인지를 반드시 알고 특정

목적을 달성하기 위해서는 어떻게 할 것인지에 대해 미리 고려해야 한다. 노인에게 빈번히 사용되는 약물 중 특히 주의해서 사용해야 할 약물로는 진정제, 항우울제, 강심제, 혈압강하제, 스테로이드, 마취제, 마약 그리고 경구혈당강하제 등이 있다.

(4) 노인환자에게 투약 시의 간호

노인환자인 경우 노화로 인한 시력장애가 있어 약을 확인할 수 없거나 기억력의 저하로 약의 종류와 복용시간을 잊어버리거나 치매증상으로 약을 구분하지 못하고 적절한 시간에 복용하지 못할 수 있다. 이에 비해 약물에 의한 부작용은 성인이나 청소년에 비해 더 크게 나타날 수 있으므로 항상 정확하게 복용할 수 있도록 도와주도록 해야 한다. 가능한 한 약물 복용 시에 옆에서 도와주거나 관찰하는 것이 바람직하며 그렇지 못할 경우 환자에게 가까운 가족 또는 친인척으로 하여금 도와주도록 해야 할 것이다. 스스로 투약이 가능한 노인환자라 할지라도 관심을 가지고 경구투여 시 정제(알약)복용인 경우에는 약 봉투마다 월, 일, 아침, 점심, 저녁, 잠자기 전 등의 글자를 일일이 명기하고, 시력이 약화되어 잘 보지 못하거나 제대로 글자를 읽을 수 없는 경우에는, 예를 들어 약 봉투 앞에 동그라미 표시는 아침에, 세모 표시는 점심에, 네모 표시는 저녁에 드시라고 말씀드린다. 또한 물약의 경우 60cc를 각각 20cc씩 아침, 점심, 저녁 식사 후에 드시라고 한 병에 넣어 주는 것이 아니라 소량의 작은 병에 각각 20cc씩 나누어줌으로써 약물 과다 또는 오용을 예방할 수 있을 것이다. 또 환자가 복용하는 약물의 부작용은 무엇인지, 부작용이 있을 때 어떻게 대처해야 하는지에 대해서도 미리 알고 있어야 한다. 재해, 사고, 여행, 이주 등은 노인의 약물치료에 영향을 줄 수 있으므로 이런 곤란한 일에 직면할 때 어떻게 대응할 것인지에 대한 계획도 세워 두어야 하며 노인환자들은 자신의 건강문제와 치료약물에 대한 정보를 가지고 다니는 것이 바람직하므로 이에 대한 계획이 필요하다.

10) 면역과 감염

감염은 병원미생물에 대한 숙주의 저항력이 저항되었을 때 일어나게 된다. 노인의 신체적 저항력 감소와 감염에 대한 방어력의 변화는 노화에 따른 질병의 이환율 증가와 감염의 발생에 중요하게 영향을 미친다. 노화과정에 수반되는 숙주의 면역기능과 노화현상에 대하여서 동물실험이나 분자생물학적 연구들이 많이 이루어지고 있다.

　면역계는 주로 임파구와 대식세포(marcrophage)가 담당하는데, 나이가 더해감에 따라서 말초혈의 임파구수가 점차 저하되며 혈중 면역글로불린의 경우에 전체 농도의 변화는 없으나 IgM 보유 B임파구는 감소하고 IgG 보유 B임파구는 증가한다. 면역노화와 가장 관련이 있는 변화는 흉선의 퇴축(thymic involution) 현상이다. T임파구의 분화와 성숙을 주관하는 흉선은 나이가 더해감에 따라 퇴축하게 되며, 이는 숙주의 노화과정에서 흉선 내의 성숙 T세포를 감소시키고 미성숙 T세포를 증가시켜서 세포성 면역기능이나 체액성 면역기능에 영향을 미친다.

　노인에게만 특이하게 감염되는 세균은 없으나 노화에 따라 인체조직에 대한 병원균 집락화(colonization)와 침투력이 증가되며 여러 장기의 변화로 각종 질병상태에 있는 경우가 많으므로, 결과적으로 만성 복합성 감염증이 쉽게 발생할 수 있다. 인체의 점막과 피부는 감염물질에 대한 자연적인 물리적 방어력만으로 방어가 가능하게 되는데, 노인의 경우에 면역글로불린의 분비와 점막 표면에서의 여러 가지 감염억제기능이 저하되어 이러한 자연방어기능이 떨어진다. 또한 피부층이 얇아지고 콜라겐의 강도가 떨어지며 피부 탄성력이 저하되어 피부가 찢어지기 쉽게 되는데, 이때 손상된 피부를 통하여 피부 표면이 균에 감염될 기회가 많아진다.

　비뇨기계, 구강후두, 호흡기계, 위장관계의 감염을 유발할 수 있는 여러 가지 변화들이 일어날 수 있다. 구강후두의 균 집락화가 증가하여 신체적 의존성이 증가되며 비뇨기관의 상피세포에 박테리아가 붙어서 세포변화를 일으키는 것으로 알려져 있다. 호르몬의 변화로 여자 노인의 경우 질의 상피세포에 변화가 생기며 결과적으로 질 내 글리코겐의 저하와 PH의 상승이 일어난다. 요도관 주위의 그람음성균의 균집락화를 상승시키며, 요정체의 증가로 비뇨기계의 감염이 생기기도 한다. 그 외에 전립선의 비대, 비뇨기관의 협착, 신경성 방광, 항우울제나 항콜린제 등과 같은 약물에 의한 근육의 이완 등이 감염발생의 유발요인이 된다.

2. 일반적인 의학지식

　노년기에 있는 노인의 질병은 젊은 세대와는 달리 각종 질병에 대한 반응이 다양하며 그에 대한 간호법 역시 다른 경우가 많다. 특히 노인환자에게 흔히 일어나는 몇 가지 질병을 살펴보고 그에 대한 간호에 대해 알아보고자 한다.

1) 뇌졸중

(1) 원인

뇌에 혈류가 제대로 가지 못해 뇌세포에 산소공급이 부족하여 기능을 저하시킨다. 어느 연령에서나 나타나며 나이가 많을수록 빈도가 높아진다. 고혈압환자가 보통사람에 비하여 발병률이 2~4배 높다. 구체적으로 살펴보면, 동맥혈관 또는 정맥혈관내에 혈전이 생겨 혈류가 부분적 또는 전체적으로 막히거나 뇌혈관벽이 약하여 혈압이 상승하므로 혈관벽이 파괴되어 출혈이 뇌조직에 번져 생길 수 있으며, 혈관 외의 종양과 응괴가 혈관벽을 압박해서 혈류를 저지하는 경우도 있다.

(2) 장애

편마비(감각소실)와 의사 소통의 문제(실어증)가 있고 먹고 삼키는 데 어려움이 있으며 누워있는 노인의 경우 욕창 또는 우울증을 동반하기도 한다.

(3) 예방

우선 혈압강하제 약물을 사용하고 식이와 운동요법 및 심혈관 질환과 당뇨병 관리가 필요하며 스트레스에 대한 긍정적인 반응을 유도하고 콜레스테롤이 많은 음식(동 · 식물성 지방)을 제한하여야 한다.

(4) 경고 증후(전구 증상)

본 증상이 나타나기 수 시간 혹은 수일 전에 나타나는 것으로 얼굴이나 팔다리의 힘이 갑자기 빠지거나 마비증상이 있거나 말하는 것이나 이해하는 것에 어려움을 경험하는 경우와 갑자기 눈이 잘 안보이거나 중첩되는 경우 또는 이유 없는 두통, 일시적인 어지러움, 피로감을 쉽게 느낄 때 곧바로 건강검진을 하여야 한다.

(5) 간호

실어증 환자와 편마비 환자의 경우에는 재활간호를 실시해야 하며 언어치료는 가능한 한 빨리 시작하는 것이 효과적이다. 누워있는 환자의 경우 욕창예방을 위해 2시간마다 적절한 체위 변경을 해주도록 한다. 보행에 문제가 있을 경우에는 연습 및 보조기구를 준비하도록 하고 합병증 예방에 주의를 기울이도록 한다.

2) 심부전

(1) 원인

심근 자체의 장애가 있는 경우로 심근경색, 심근염 등이 있으며 심장에 대한 과중한 부담 및 외부로부터 심 확장을 제한하는 조건이 부가된 경우이다. 심부전 노인환자의 증상 악화 요인으로는 심장의 예비력 증강 악화, 감염증(고열 지속, 호흡기계 감염, 기침 발작), 부정맥, 빈맥의 출현, 식염의 과잉섭취, 급격한 수액 및 수혈, 복용 약물의 중지(강심제) 등이 있다. 특히 협심증은 심근에 일시적인 혈액공급 부족으로 심한 흉부통증을 나타내는 관상동맥 질환이다.

임상적 진행에 따라 안정형, 불안정형, 이형적 협심증으로 구분되며 안정형 협심증은 신체적 활동, 정서적 긴장 등이 있을 때 일시적으로 심근의 산소요구량이 증가되거나 산소공급이 감소되어 나타난다. 불안정형 협심증은 심근경색 전의 협심증으로 위험한 상태이다. 발작적 흉통이 안정 중에도 나타나며 운동 중에 발생한 흉통은 안정을 취해도 경감되지 않는다. 발작 횟수가 증가되고 흉통의 지속시간이 길어지고 강도가 심하지만 심근괴사의 증가는 없다. 이형적 협심증은 비특이적 협심증으로 협심증에서 나타나는 통증과 유사하나 동통시간이 길고 신체활동과 관계없이 휴식중에 유발되는 것이 특징이다.

심근경색증은 관상동맥의 폐색으로 심장으로 가는 혈류가 차단되어 심근에 괴사를 일으키는 질환으로 협심증에서처럼 심근에 일시적인 혈액공급 부족으로 심한 흉부통증이 있으며 니트로글리세린을 설하 투여하거나 휴식하여도 통증이 없어지지 않는 것이 특징이고 이는 외과적 수술을 통하여 치료할 수 있다.

(2) 간호

환자에 대한 정보수집(기왕력, 병세의 정도, 원인 등)이 중요하며 폐울혈에 수반된 호흡곤란 시에는 체위조절 및 기도확보를 위해 자세를 반좌위로 취하면 좋다. 또한 심장에 부담을 주는 인자를 해소시키고 안정을 취하며 실온조절 및 식이요법을 실시한다. 심근의 수축력 및 총혈량을 증대시키고 심부전에 수반된 2차적 합병증 예방과 심리적 지지를 해야 한다. 특히 금연해야 하며 운동제한 및 육체적 피로를 예방하고 한꺼번에 다량의 음식이나 카페인이 함유된 음식섭취를 금해야 하며 갑자기 찬 기운에 노출되지 않도록 해야 한다. 증상이 나타날 경우에는 신속하게 니트로글리세린을 앉은 자세에서 혀 밑으로 투약하거나 흉부나 상박의 안쪽에 니트로글리세린 패취를 붙이도록 한다.

3) 당뇨병

인체의 대사요구량에 비해 췌장에서 인슐린 분비가 적어 혈당치가 정상보다 높게 나타나는 질환으로 혈당치가 높을 경우에는 췌장에서 만들어진 인슐린이 당을 간으로 저장하여 혈당치를 낮추는 역할을 한다. 당뇨병에는 제1형(인슐린 의존성 당뇨병, 소아형 당뇨), 제2형(인슐린 비의존성 당뇨병, 성인형 당뇨), 임신성 당뇨가 있다.

(1) 원인

확실한 원인은 아직까지 알 수 없으나 당 이동능력의 저하, 비만증, 가족력이 있는 경우, 이상임신(반복유산, 임신중독증, 사산) 시 빈발하며 연령은 45세 이상이 85%, 65세 이상의 노인이 40% 정도를 차지하고 있다.

(2) 증상

주 증상으로는 다뇨, 다식, 다음이며 소변에서 아세톤 냄새가 난다. 고혈당 시에는 근육경련이 나타나며 저혈당 시에는 차고 축축한 피부, 신경과민, 안절부절하는 경향이 있다. 또한 혈액 내의 당이 증가하는 것은 인슐린의 결핍으로 나타나며 체중감소, 피로감, 식욕항진 외 백내장, 녹내장, 심한 소양감, 감염증 등의 합병증을 유발하기도 한다.

(3) 간호

우선 병에 대한 이해를 위한 교육이 필요하며 식이요법 및 운동요법을 실시하고 약물요법으로는 인슐린 투여나 경구 혈당제를 복용하는 방법과 인슐린 주입방법 지도 및 합병증 예방을 위한 정기적 진료의 필요성을 인식시키며 건강한 자아 개념을 유지토록 한다. 특히 당뇨병 환자의 발관리는 주의를 하여야 하는데 우선 따뜻한 물과 비누로 매일 닦고 발가락 사이에 습기가 없도록 잘 말린다. 발톱은 너무 짧지 않게 일자로 자르고 피부는 로션을 발라 부드럽게 유지시키며 양말은 면이나 모로 된 것으로 매일 갈아 신고 발을 따뜻하고 건조하게 유지한다. 절대로 맨발로 다니지 않도록 하고 잘 맞는 편한 신발을 신도록 하여야 하며 상처가 날 경우에는 잘 낫지 않으므로 매일 신발 내부를 점검하여 상처가 나지 않도록 주의하여야 한다.

(4) 식사 시 일반적 주의사항

① 매일 다양한 음식을 섭취하여야 한다.
② 개개인을 위한 식사계획을 세운다.
③ 지나친 공복이나 과식은 금하도록 한다.
④ 단당류 섭취를 제한한다.
⑤ 동물성 지방 섭취를 제한한다.
⑥ 섬유질 섭취를 증가시킨다.
⑦ 알코올 섭취를 금하도록 한다.
⑧ 소금 섭취를 제한하도록 한다.
⑨ 비타민과 미네랄을 보충하도록 한다.

4) 고혈압

혈압상승질환으로 대부분 노인의 혈압은 140/90mmHg~160/100mmHg에 기준한다. 수축기압이 160mmHg 이상을 수축기 고혈압이라고 하며 이완기압이 90mmHg 이상을 이완기 고혈압이라고 한다. 신장염, 동맥경화증 등 다른 질환으로 인한 고혈압을 이차성 고혈압이라고 하고 혈압상승을 가져올 만한 기질적 병변 없이 단지 혈압이 높은 경우를 본태성 고혈압이라고 하며 이는 전체 고혈압 환자의 75%를 차지한다.

(1) 원인

본태성 고혈압의 경우에는 차나 커피, 담배의 남용이나 육류의 과식, 정신적 과로가 심할 경우이며 이차성 고혈압으로는 신장염, 동맥경화증 등이 있다.

(2) 특징

뇌, 심장, 신장의 혈관장애를 일으키며 주로 장년기에서 발병하여 노년기까지 지속된다. 혈압조절 기능의 저하로 혈압의 변동이 크고 기립성 저혈압을 가져오기가 쉬우며 또한 합병증을 유발하기도 쉽다.

(3) 증상

무증상으로 지내기도 하나 두통, 불면, 때로는 죽음에 대한 불안, 건망증, 운동 시 심계항진 및 빈맥, 호흡수 증가 및 호흡 곤란, 심한 흉통, 청색증, 혼수 상태에 빠지는 경우도 있다.

(4) 간호

항고혈압 치료를 원칙으로 하며 우선 비약물적인 방법으로 치료하고 효과가 없으면 단계적인 약물요법을 실시한다. 비약물적인 방법으로는 혈압상승 요인인 과격한 육체활동, 외부기온의 급격한 변화, 음주, 흡연, 변비 등을 예방해야 하며 적당한 운동을 서서히 시작하고 단계적으로 운동량을 늘려간다. 이와 더불어 정신건강 증진을 위하여 자신감을 부여하고 항상 쾌적한 환경조성 및 명랑한 기분이 되도록 지지한다. 그 밖에 포화지방산 및 염분 섭취량을 감소시킨다.

5) 간경변증

간세포에 퇴행성 변화가 일어나 섬유조직으로 대치되고 지방침윤이 있으며 간이 굳어지고 결체조직이 비후된 상태이다. 즉 간경변증은 만성간염으로 인한 간세포의 파괴와 염증세포의 침윤 외에 두꺼운 섬유질이 형성될 뿐 아니라 나머지 살아있는 간세포들이 재생하여 결절을 만들기 때문에 간의 정상적인 구조는 소실되고 간의 형태도 일그러지고 굳어지는 상태를 말한다. 담도의 폐쇄, 담도의 염증 후에 발생하는 것을 담즙성 간경변증이라고 하고, 간염이나 간농양 후에 발생하는 것을 괴사후 간경변증이라고 하며 문맥성 간경변증은 알코올 중독자들에게서 주로 나타난다. 우리나라에서는 가장 흔한 형태가 괴사후 간경변증이다.

(1) 원인

간경변증의 원인은 알려져 있지 않으나 영양장애, 주로 비타민 B군의 결핍, B형 간염바이러스 감염, 많은 양의 알코올의 장기간 섭취, 과로, 선천성 매독, 말라리아, 간디스토마, 비소와 인 등의 화학물질에 의한 것으로 추정된다.

(2) 증상

초기 증상은 만성간염 증상과 비슷하며 피곤, 허약감, 식욕감퇴, 소화불량, 구역질, 황달 및 소양증, 발열, 변비와 설사의 교대, 혈변, 체중감소, 비장증대, 복수, 핍뇨, 토혈, 심하면 간성혼수에 빠질 수가 있다.

(3) 간호

침상안정이 중요하며 식이요법으로는 고단백질, 고탄수화물, 저염, 저지방식이를 섭취하여야 하며 암모니아 수치가 상승하는 간성 혼수 시는 단백질을 제한토록 해야 한다. 소량씩 자주 음식물을 섭취하며 매일 체중 측정, 수분 및 배설량을 측정 기록하고 다량의 비타민 B복합체를 투여한다. 내출혈을 관찰하고 예리한 물건에 찔리지 않도록 하며 주사 시에 가는 바늘을 사용하여 출혈을 예방토록 한다. 심한 소양증이 있는 경우에는 피부를 긁어 이차적인 감염을 일으킬 수 있으므로 미지근한 물에 중조를 섞어 스폰지 목욕을 시키고 자극성이 적은 비누와 로션을 사용토록 한다. 복수가 많이 차는 경우는 복수천자 후 상태를 면밀히 관찰해야 하며 금주에 대한 교육 실시와 약물투여 시 간의 해독작용이 원활하지 못하므로 진정제 사용은 금하도록 하여야 한다. 복수천자가 필요한 정도이면 수개월 이내에 사망하는 것은 보통이며 약 50%가 2년 정도, 35% 정도가 5년 정도 생존한다.

6) 위 · 십이지장 궤양

위 점막, 유문 또는 십이지장 점막의 일부가 어떤 원인으로 괴사하는 것을 궤양이라고 한다. 십이지장 궤양이 제일 많으며, 그 다음이 위궤양이고, 가장 드문 것이 식도궤양이다.

(1) 원인

남자가 여자의 4배 이상 나타나며 40세 이후에서 호발되는 경향이 있다. 이는 사회생활에서 오는 스트레스, 심리적 갈등, 신체적 스트레스에서 기인하는 신경정신적 발생설과 음식물에 의한 알러지 반응설, 자극성 음식이나 흡연 및 카페인 섭취 등으로 인한 기계적인 자극설과 아스피린, 호르몬제제, 철분제제, 히스타민제제에 의한 약물자극설 등이 있다.

(2) 증상

공복 시 또는 밤 12시~새벽 2시 사이에 쓰리고 아픈 동통, 우측 어깨와 등쪽으로 방사되는 통증이 있다. 또한 상복부 통증 및 위의 불쾌감, 토혈, 하혈, 체중감소, 고도의 빈혈이 동반되며, 합병증(뇌졸중, 중증감염, 골절, 패혈증, 급성신부전)이 있다.

(3) 간호

자가증세가 없는 경우가 많으므로 조기진단 및 조기치료가 필요하며 불안감 및 스트레스를 완화시키고 위 점막을 자극하는 짜고 매운 음식은 금하고 규칙적인 식사와 소량씩 자주 섭취하는 것이 중요하며 충분한 수분공급이 되도록 한다. 그밖에 금주 및 금연, 탄산음료 섭취를 금하고 진통제 및 아스피린의 복용을 금한다. 또한 제산제 및 위액분비 조절제를 복용하는 약물요법을 실시한다. 심할 경우에는 외과적 수술요법을 요하기도 한다.

7) 암

암은 의료기관 노인 입원환자의 순위 2위를 차지하고 있다. 암은 악성신생물

(malignant neoplasms)로서 일반적인 종양과는 다소 다르다. 일반 종양인 양성 종양은 세포의 크기와 형상이 일정하고 증식도 느린 편이며 주위 조직에 침입하지 않고 대체로 일정한 부위에 국한하여 존재한다. 반면에 악성 종양인 암은 세포의 크기와 모양이 정상 조직과 다르며 증식률도 높고 주위 조직으로 침입하는 속도가 매우 빠르다. 많은 사람들에게 있어 암이란 곧 죽음을 의미할 정도로 아직까지는 확실한 치료법이 개발되지는 않았으나 최근 의학기술의 발전과 함께 다양한 치료방법이 시도되고 있으며 그 성공률 또한 점차적으로 높아지고 있다.

(1) 원인
아직 암의 발병기전에 대해서는 정확히 알려진 바 없으나 여러 가지 요인이 한 가지 또는 복합적으로 작용하는 것으로 알려져 있다. 즉 유전적 요인, 바이러스, 화학물질, 물리적 요인, 호르몬, 생활 환경 및 습관 등이다.

(2) 암의 7대 경고신호
① 배변 및 배뇨 습관의 변화
② 치유되지 않는 계속적인 궤양
③ 이유 없는 출혈 및 분비물 배출
④ 유방 등의 비후 및 근육 응어리 촉진
⑤ 위의 중압감과 연하곤란
⑥ 심한 객담과 변성
⑦ 사마귀나 점의 현저한 변화

(3) 간호
암치료의 주요 목적은 환자를 치유하거나 암으로 인한 구조적·기능적 손상을 회복시키며 만일 치유가 불가능하다면 전이를 예방하고 증상을 완화시켜 삶의 질을 유지할 수 있도록 하는 데 있다. 현재 이용되는 치료방법으로는 화학적 약물요법, 방사선요법, 수술요법 등이 있다. 간호는 직접 이러한 치료를 시행하는 것은 아니며 이러 치료를 받는 환자가 편안하게 부작용을 최소화하면서 치료를 완료할 수 있도록 도와주는 것이다. 즉 암의 부위, 종류, 정도에 따라 전문적인 간호기술을 연구하고 환자에게 심리적으로 지지한다.

(4) 암 예방을 위한 12개 준칙

① 편식하지 말고 균형 있는 영양을 섭취한다.

② 똑같은 식품을 되풀이해서 먹지 않는다.

③ 과식을 피한다.

④ 과음을 피한다.

⑤ 담배를 적게 피운다.

⑥ 알맞은 양의 비타민 및 섬유질 식품을 많이 섭취한다.

⑦ 짠 것을 먹지 않는다.

⑧ 검게 탄 부분은 먹지 않는다.

⑨ 곰팡이가 생긴 것은 먹지 않는다.

⑩ 과도하게 햇볕을 쪼이지 않는다.

⑪ 과로를 피한다.

⑫ 몸을 청결하게 유지한다.

8) 백내장

백내장은 실명 원인의 약 90%를 차지하는 성인형 눈병으로 수정체를 투명하게 만드는 단백질이 노화에 따라 혼탁해지거나 색소가 침착되어 점점 시력이 저하된다.

(1) 원인

원인은 불분명하나 노화에 의해 수정체에 백태가 끼어 혼탁해지는 것으로 노년기에 나타나는 퇴행성 백내장이 흔하다. 백내장은 40대 이후 노화현상의 하나로 발생되지만 음주와 흡연을 지나치게 하는 경우, 당뇨병, 고혈압, 류마티스성 관절염 등의 질병으로 인한 합병증, 스테로이드 약물이나 장기간 한약을 복용하는 경우, 안와부위 외상, 과도한 자외선 조사, TV시청 등이 있을 때 발병할 위험이 크다.

(2) 증상

현재로서는 확실한 예방법이 없지만 원인을 억제하는 선에서 발병 확률을 떨어뜨릴 수는 있다. 주 증상은 시력장애로 눈이 부시거나 밝은 빛을 거부하게 되며 환자 자신은 눈 안에 실같은 것이 기어다니는 것 같은 기분이 든다고 호소하며 눈앞이 어른거리고 사물이 비뚤어지게 보인다고 호소하기도 한다.

(3) 간호

조기에 발견하여 혼탁해진 수정체를 제거하고 인공수정체를 대신 삽입한다. 수술은 일상생활에 지장을 초래할 정도로 혼탁이 진행되었을 때 받는 것이 합리적이지만 수술시기를 너무 늦추면 합병증이 생겨 시력 회복이 힘들게 된다. 수술은 45분 정도면 끝나는 간단한 수술이며 1주 정도 입원하면 된다. 수술 후 4주 째부터는 독서가 가능하다. 수술 성공률은 90%이상이며 재발되면 재수술이 가능하다. 따라서 조기진단 및 수술이 필요하며 그에 따른 체력보강 및 유지, 영양의 지도가 필요하다.

9) 퇴행성 관절염

퇴행성 관절염은 일명 골관절염 또는 퇴행성 관절질환이라고 하며 중년 이상 노년에 주로 발생하는 국소적 관절염이다. 우리나라에서는 관절염으로 고생하고 있는 노인이 많으며 운동제한의 주요 원인이 되고 있다.

(1) 원인

나이가 더해감에 따라 관절연골의 퇴행성 변화가 일어남으로써 발생한다. 부위로는 원위관절, 근위관절, 제1중수지관절, 고관절, 슬관절, 제1중 족지관절, 요추, 경추 등 체중부하가 심한 관절에 주로 발생한다. 45세 이하에서는 다소 남자들에게 많고, 폐경기 이후에는 여자들에게 많이 발생하며 과도한 운동, 운동 부족은 모두 관절에 좋지 않고 운동선수들은 종목에 따라 조금 달라서 특정 관절에 퇴행성관절염이 생기기도 한다.

(2) 증상

일반적으로 전이통, 방사통 등의 통증이 있으며 관절의 강직감이 나타나거나 활막염 발생 시에는 관절 사이에 관절액이 생겨 심한 통증과 발열이 생기기도 한다. 장거리 보행, 계단 오르내리기, 등산 등의 활동은 증상을 악화시키고 류마티스성 관절염의 경우에는 아침에 뻣뻣함을 많이 느끼는 것과는 달리 관절을 많이 사용하면 통증이 심해진다. 관절염이 계속 진행되면 관절의 변형을 초래하기도 한다.

(3) 간호

우선 환자로 하여금 질병의 성질을 이해하도록 도와주어야 하며 정신적인 안정감을 마련해주도록 하여야 한다. 통증이 심할 경우에는 일단은 움직이지 않도록 하고 안정을 취하게 하고, 아스피린이나 비스테로이드 항염제의 약물투여 및 온습포와 마사지를 통하여 통증을 경감시키고 염증반응을 완화시킨다. 그 밖에 잔존기능을 유지하기 위하여 물리치료 및 재활을 돕고 이미 발생한 기형은 교정토록 한다.

관절염 환자는 운동을 하지 말아야 하는 것으로 알려져 있으나 증상이 나타날 때를 제외하고는 평소 정기적인 운동을 해서 관절의 강직을 막아야 한다. 미국에서는 관절염이 나타날 수 있는 부위별로 관절체조를 개발하여 건강인에게는 예방목적으로, 환자에게는 치료목적으로 보급하고 있다. 대개 나이가 더해감에 따라 많이 발생하므로 근본적으로 예방하기는 어려우나 비만을 막음으로써 관절 부위의 부담을 더는 것은 좋은 예방법이라 할 수 있다.

10) 골다공증

골세포가 상실되고 골밀도가 떨어지고 골절을 일으키기 쉬운 뼈의 질환이다.

(1) 원인

칼슘섭취 및 흡수의 부족 또는 갱년기 이후 여성의 경우 에스트로겐 부족, 운동부족으로 인한 골밀도의 저하, 부갑상선 기능저하 등에 의해 골다공증이 생길 수 있다. 골격이 몹시 약하고 저체중인 경우, 운동이 부족하고 칼슘섭취가 부족한 경우에 발생되기 쉬우며 흡연, 음주, 카페인을 많이 섭취하면 칼슘의 배설이 촉진되어 나타난다. 골다공증의 예방은 노인이 되기 훨씬 전부터 관심을 가져야 한다.

(2) 증상

초기에 발견하는 것은 쉽지 않지만 가족력이 있거나 치주 질환, 팔목 · 골반 · 척추 골절의 경험이 있는 40대 여성은 반드시 검사를 해보는 것이 좋다. 바람든 무처럼 뼈에 구멍이 생겨 골절이 쉽게 일어나며 골량 감소로 인해 요배통, 굽은허리, 신장축소 현상이 나타나기도 한다. 남성보다 여성에게 특히 폐경 후 여성에게 많이 발생하고 있다.

(3) 간호

폐경기 이후의 여성과 60세 이후의 남성은 칼슘섭취를 1,000~1,500mg/일 이상이 되도록 해야 하며, 특히 안전한 환경을 유지하여 골절이 일어나지 않도록 주의해야 한다. 동통이 심할 경우에는 동통완화 보조장구를 사용하고 흡연과 과음, 스낵류, 콜라섭취를 삼가는 것이 좋으며 환자에게 정신적 용기와 자신감을 부여하도록 한다. 치료로는 골밀도 증가를 위하여 에스트로겐(estrogen), 칼시토닌(calcitionin)을 투여하기도 한다.

노인의 경우 낙상하거나 전도의 경우, 이때 가장 주의하여야 할 것은 당황하지 말고 노인을 안심시키고 지혜롭고 냉철하게 상황을 판단함과 동시에 조치토록 하여야 한다. 때로는 신체적 손상보다 심리적 충격에 더 큰 영향을 받아 쇼크에 빠질 수 있기 때문이다. 특히, 미끄러질 때 먼저 손으로 바닥을 짚기 때문에 특히 손목골절이 많다.

11) 기관지 천식

기관지에 경련이 일어나 천명을 동반하는 발작성 호흡곤란을 일으키는 질환이다. 즉 여러 가지 자극에 의하여 기관과 기관지의 반응이 증가되어 일어나는 간헐적 · 가역적 · 폐쇄성 호흡기 질환으로 기관지 경련, 점막 부종, 과다한 점액분비가 특징적이다.

(1) 원인

외인성 원인으로는 꽃가루, 곰팡이, 새털, 음식물, 애완동물의 털, 먼지 등이 있으며 내인성 원인으로는 감기, 호흡기 감염, 운동, 정서변화, 아스피린 등의 약물복용이 있다. 천식을 일으키는 알러지 물질에는 동물의 털, 꽃가루, 집먼지, 진드기 등의 기도인자와 콩, 메밀, 달걀, 물고기, 우유, 과일, 특정 약물 등의 식도인자가 있다.

(2) 증상

숨을 들이쉬기보다 내쉬기가 곤란하며 숨을 내쉴 때 쌕쌕 또는 가랑거리는 소리, 즉 천명이 들리며 갑작스런 발작성 기침, 과량의 객담, 발열 등이 있다. 그 밖에 입술과 코끝이 창백해지며 식은땀을 흘리고 목옆의 정맥이 굵어진다.

(3) 간호

알러지를 일으키는 물질과 접촉하지 않도록 하며 추운 곳, 습기가 많은 곳은 되도록 이면 피하고 호흡기 감염 방지, 금연, 적절한 휴식으로 피로를 완화시키도록 해야 한다. 또한 충분한 영양분의 유동식 음식과 수분 공급, 필요시에는 산소공급을 하며 환자를 안심시키고 안정된 자세를 취해 준다. 약물요법으로는 진정제 또는 거담제를 투여하고 합병증을 예방하도록 한다.

이 장에서 살펴본 바와 같이 건강의 저하가 노화에 있어 필연적인 과정은 아님에도 불구하고 오늘날 노인들의 경우에는 의료에 있어 가장 큰 소비계층이라 할 수 있을 것이다. 그리하여 노인에게 있어서의 안녕에 대한 잠재력과 건강의 의미를 이해함으로써 좀 더 노인을 잘 이해하고 노인들에 있어서의 건강한 삶을 유지 및 촉진시킴은 물론이거니와 다소 건강하지 못한 요소를 지니고 있더라도 잔존 기능을 최대한 극대화시켜 삶의 질을 향상시킬 수 있도록 하여야 할 것이다.

케어복지정책의 동향과 전망

1. 노인수발보장제도와 케어복지사
2. 케어복지사의 전문성 모색
3. 케어복지정책의 전망

13
장

제13장 케어복지정책의 동향과 전망

1. 노인수발보장제도와 케어복지사

1) 노인수발보장제도의 개요

(1) 제도 도입의 필요성

노인수발(요양)보장제도란 치매·중풍을 비롯한 노인성 질환 등으로 타인의 도움 없이는 혼자 생활하기 어려운 노인 등에게 간병·수발, 목욕 등의 수발서비스를 국가·사회의 공동책임하에 제공하는 새로운 사회보험제도를 말한다.

노인수발보장제도의 필요성은 다양한 각도에서 고찰할 수 있으나 우선, 고령화 진전에 따라 치매, 뇌졸중 등 요양보호 필요노인을 보면 65세 이상 노인의 14.8%로 2004년 62만 명, 2007년 72만 명, 2010년 79만 명, 2020년 114만 명으로 급격히 증가하고 있다.

둘째로 핵가족화, 여성의 사회참여 증가, 보호기간의 장기화(평균 2년) 등으로 가정에 의한 요양보호가 한계에 도달하였다.

셋째로 중산·서민층 노인이 이용할 수 있는 시설이 절대적으로 부족하고 유료시설 이용 시 비용부담이 월 100~200만 원으로 개인이 부담하기에 지나치게 과중하다.

넷째로 노인인구의 증가와 요양병원 수가(酬價)의 미제도화 등으로 노인의료비가 1995년 7,281억(12.2%), 2001년 3조 6,356억(19.3%), 2003년 4조 3,723억(21.3%)으로 급격한 증가현상을 보이고 있다.

다섯째로 현행과 같은 복지와 의료의 분립체제하에서는 노인의 보건 · 의료 · 요양 · 복지 등 복합적인 욕구에 효과적으로 대응하기 곤란하다.

(2) 기본 방향

노인수발(요양)보장제도 추진의 기본 방향은 공공제도(사회보험)를 중심으로 공공부문 · 지역사회 · 민간부문 등의 보건의료 및 복지자원의 연계체제를 강화하여 노인수발(요양)문제에 대한 사회적 지원시스템을 확립함으로써 노인의 자립생활을 지원하고 노인부양가구의 육체적 · 정신적 · 경제적 부담을 경감하며, 고령화 진전에 따라 급증하는 노인의료비 문제 등에 종합적 · 체계적으로 대처하는 것이다.

수발급여의 기본원칙은 다음과 같다.

① 인간존엄과 가치존중의 원칙으로 인간존엄과 가치가 존중되는 생활을 할 수 있도록 지원한다.
② 대상자 중심의 원칙으로 대상자의 욕구와 선택을 존중하여 종합적으로 실시한다.
③ 급여의 적정성 원칙으로 수발이 필요한 상태와 정도에 상응한 적정한 급여를 실시한다.
④ 재가급여 우선의 원칙으로 가정에서 계속 생활이 가능하도록 재가급여를 우선 실시한다.
⑤ 의료서비스와의 연계 원칙으로 수발이 필요한 상태의 예방과 악화를 위해 의료서비스와 충분히 연계한다.

(3) 내용

① 적용대상

노인수발(요양)보장제도의 가입자는 국민건강보험에 가입한 국민과 의료급여 수급권자를 포함하는 전국민을 대상으로 한다.

노인수발(요양)보장제도 시행 시 서비스를 받을 수 있는 대상자는 수발이 필요한 65세 이상 노인과 노인성 질환을 가진 64세 이하의 국민으로 수발 대상자 또는 그 가족 등의 신청에 의거 수발관리요원(케어매니저)이 대상자의 심신상태, 가정환경 등에 대한 평가판정조사를 거쳐 그 결과를 토대로 수발인정 대상자 여부 및 수발등급(3-4 등급으로 구분)을 결정한다.

② 급여

노인수발보장제도 시행 시 수발 대상자 선정을 위한 평가판정절차를 거쳐 수발인정자로 결정되면 케어매니저가 대상자의 심신상태, 사회경제적 상황, 본인 및 가족의 의사 등에 대한 욕구사정 조사를 한 후 그 결과에 따라 시설 또는 재가서비스 대상자로 분류된다.

수발서비스 종류는 모두 3종류로 첫째 현물급여로서 생활수발시설서비스 2종으로 노인수발시설, 노인수발공동생활시설(그룹홈)이 있고, 둘째 재가수발서비스 6종은 방문간병 · 수발, 방문목욕, 방문간호, 주간보호, 단기보호, 요양서비스 계획(케어플랜)이 작성 · 지원된다. 셋째 현금급여는 수발수당, 특례수발비, 요양병원 수발비가 있다.

③ 전달체계

노인수발보장사업의 관리운영기관으로 국민건강보험공단을 지정하고 공단은 자격관리, 보험료부과 · 징수, 급여비용 심사지급에 관한 업무를 담당한다. 상기업무를 전담할 상무 1인을 별도로 임명하고 건강보험 재정과 구분하기 위해 독립회계를 설치 · 운영하며 가입자와 의료급여수급권자 재정을 구분 · 운영한다.

등급판정, 수발계획 작성 등의 전문적 업무수행을 위하여 노인수발평가관리원을 신설한다. 평가관리원의 업무는 수발인정신청자에 대한 조사, 수발등급의 판정, 수발계획서 작성, 급여의 질 관리 등이다. 수발인정여부를 판정하는 수발등급판정위원회도 운영한다.

④ 재원조달

수발보험료의 부담은 건강보험가입자로 하고 의료급여수급권자는 수발보험료를 내지 않는다. 수발보험료의 산정은 노인수발보장위원회 심의 · 의결을 참작하여 대통령령으로 정하고 수발보험료는 건강보험보험료액에 수발보험료율을 곱해서 산정하고 건강보험료와 통합하여 징수한다.

수발급여비용의 20%를 가입자 본인이 부담하고 기초생활수급자는 본인부담비용이 없고, 기초생활수급자 이외의 의료급여자 및 대통령령이 정하는 차상위계층은 10%를 자기가 부담한다. 참고로 자기부담률은 일본의 경우 정률제 10%, 독일은 정액제로 시설 50~60%, 재가 20~30%를 부담한다.

2. 케어복지사의 전문성 모색

1) 외국의 케어복지사 제도

세계적으로 케어복지사 제도는 다양하게 운영되고 있고 명칭도 제 각각이다. 실제로 노인의 요양보험을 가지고 있는 일본과 독일도 서로 다르고, 미국은 각 주마다 독특한 전문직을 가지고 있다. 여기서는 우리나라에서 도입하고자 하는 보험체계의 일본과 독일, 그리고 다양한 자격제도를 발전시키고 있는 미국의 세 나라를 중심으로 살펴보고자 한다(정길홍, 2003: 285-292 참고).

(1) 일본

일본에서 케어를 담당하는 인력은 개호복지사와 홈헬퍼의 두 가지로 대별된다. 개호복지사는 법제를 통하여 1989년 제1회 국가시험을 실시한 이후 2002년 7월 현재, 총14회에 이르렀다. 당시까지 합격률은 50% 미만이었고, 전체 합격자 수는 174,481명으로 집계되었다. 그러나 현재 일본의 케어에 필요한 인원 수요가 100만 명으로 추산되고 있는 상황이어서 앞으로 지속적인 개호복지사의 증원은 불가피할 것으로 예상된다.

홈헬퍼는 1960년대부터 양성하고 있으며, 1급부터 3급까지 급수를 나누고 있다. 1급(주임 헬퍼)은 230시간, 2급(대응곤란용 헬퍼)은 130시간, 3급(단순 헬퍼)은 50시간의 교육을 필요로 한다. 역할은 대상자 가정을 중심으로 가사지원, 신체케어, 보건간호사 · 방문간호사 등과 연계업무의 수행이 있다.

[표 13-1] _ 일본 · 독일 · 미국의 노인케어 전문직 비교

구분		일 본	독 일	미 국
케어 제도		• 케어보험	• 수발보험	• 홈헬프서비스(민간중심)
케어 인력 전 문 성	자격 명칭	• 개호복지사 • 홈헬퍼 • 케어매니저	• 노인수발사(Altenpfleger)	• social service aide • nursinguide • homemaker * 케어복지사 없으며 민간의 관련 직종 종사자들이 케어를 담당함
	주요 역할	• 사회복지시설의 보모(생활지 도원), 老人보건시설의 케어 직원, 공사의 홈헬퍼, 재택케 어 지원센터의 상담원	• 시설, 재택에서 고령자의 수 발과 간호를 전문적으로 행 함	• 의료적 치료서비스 • 개인 간호서비스 • 건강보조훈련을 받지 않은 가정봉 사원은 가사보조 서비스만 제공
	법적 지위	• 국가자격제도(양성시설수료 후 국가 자격시험 실시)	• 주단위의 국가자격시험에서 2001년 8월에 연방노인수발 사 법안통과로 국가고시 시 험가능	* 케어전문 종사자, 법적 자격 없 음
	자격 취득 방법	• 고졸+양성시설 2년 • 고졸+복지계 재학+양성 시 설 1년 • 고졸+보모양성시설+양성시 설 1년 • 실무 3년+국가시험	• 2년 간의 케어양성시설, • 실기학교졸업+양성 2년+ 1년 연수 • 기간학교졸업+양성 2년+ 1년 연수	NASW에 의한 구체적 기준은 없 음. 단, 뉴욕주에서는 120시간 교 육 · 훈련과정의 인정시험이 있음
전달 체계		• 재택케어서비스 · 방문간호, 재활 등 의료서비 스 제공 • 시설케어서비스 · 케어시설 · 요양병상, 노인보건시설(의 료시설)이용 • 홈헬퍼서비스	• 질병보험의 급여체계 · 금고의 심사 후 MDK가 각 요보호자의 케어플랜 작성 · 재가급여 및 시설급여를 제 공하며, 케어제공자에 대한 급여도 제공 · 간병보호서비스, 방문간호와 재활 서비스 · 일상의 신변케어서비스(청 결, 식사, 취침, 배뇨 등)	• 민간의 다양한 주체에 의해 서비 스 제공됨 · 지역병원 간호사, 지역사회건강 센타, 복지부,사립기관 등 매우 다양 • 홈헬퍼서비스 체계 · 재가보건의료서비스와 가정봉 사서비스로 구분됨
재원		• 케어보험의 재원 · 개인부담 보험료 • 조세부문의 지원(전체 지출 의 50%)	• 수발보험 재원 · 보험료(노사 균등부담)	• 까다로운 선별기준에 의한 국가 지원

※출처: 정길홍, 「한국의 노인케어복지정책에 관한 연구」, 한성대학교대학원박사학위논문, 2003: 93 재구성

(2) 독일

독일에서 케어를 담당하는 인력은 봉사적 활동자와 직업적 활동자로 나누어져 있

으며, 재가수발담당자와 직업적인 케어를 위한 교육을 받은 전문수발요원 (Altenpfleger)은 180,000명 정도인데, 프랑크푸르트 알게마이너지 신문에 보도된 바에 따르면 앞으로도 약 300,000명 이상의 전문요원이 확보되어야만 좀 더 나은 서비스를 수발대상자에게 제공할 수 있는 것으로 보았다.

(3) 미국

미국에서의 홈헬프(케어)서비스는 재가보건의료서비스와 가정봉사서비스로 구분 되어 있다. 재가보건의료서비스에는 치료, 간호, 재활치료 등이 포함되어 있으나 제한 된 범위 내에서 제공되고 있으며 가정봉사서비스는 가계를 관여하고 빨래, 시장보기, 음식준비를 도와주는 등의 가사원조가 주를 이루고 있으며 홈헬퍼서비스는 의료적 · 비의료적 서비스가 포함되며 대개 사회복지사나 간호사의 지시에 따라 일을 한다.

2) 케어복지사의 전문성

통상 특정한 분야에 익숙하거나 능숙한 사람을 보고 '전문가' 또는 '프로'라는 용 어를 사용하고 있다. 의사 또는 변호사를 비롯하여 운동선수, 요리사, 마술사에게도 전 문가라는 용어를 사용한다. 하지만 의사 또는 변호사에게서 사용되는 전문가와 후자 그룹에서의 전문가라는 용어의 의미에는 현저한 상이성이 존재한다. 직업상의 활동 이 갖는 숙련성은 유사하더라도, 후자의 직업들에서는 배타성이 있는 독점적 혜택이 사회적으로 주어지지 않는다. 즉 의사가 아닌 사람이 진료행위를 하게 되면 사회적 제 재를 감수해야만 한다. 반면에 후자의 경우에는 숙련성과 능력만 인정받으면 활동할 수가 있다(최재성 · 김재엽, 1996: 23-24). 이렇듯 전문직이란 다양하게 정의되고 있고 또한 복잡하다. 또 전문직은 보통 전문가와 동일한 용어로 사용하고 있으나 좀 더 구체 적으로 말하면 전문가가 배치되어 직무를 수행하고 사회적으로나 제도적으로 인정되 고 있는 직무를 전문직이라 할 수 있다(이정호, 1989: 4). 그러면 인간의 생활을 원조하 는 부분에서 전문직과 비전문직을 비교하면 다음의 [표 13-2]와 같다.

[표 13-2] _ 전문적 원조와 비전문적 원조의 비교

전문적 원조	비전문적 원조
1. 지식, 통찰, 기본원리, 이론 및 구조를 강조 2. 계통화(systematic) 3. 객관적: 거리를 두고 계획을 세워서 자기의 감각과 지식을 중시하며, 감정이전을 조절한다. 4. 감정이입: 통제된 감정 5. 일정 기준에 의해서 실시한다. 6. 아웃사이더 지향 7. 이론적 지향성을 가진 실천(praxis) 8. 신중한 시간제한, 계통적인 평가, 치료를 중시	1. 감정과 기분(구체적, 실천적 중시)을 중시 2. 경험, 상식적인 직관, 관습이 중심 3. 주관적: 친근감을 가지고 스스로 참가한다. 4. 상대와 동일시한다. 5. 때에 따라서 자발적으로 실시한다. 6. 인사이더 지향 7. 경험에 의한 실천 8. 시간을 문제삼지 않는다. 비공식적으로 직접 책임을 묻는다. 케어를 중시

※출처: 古川孝順 外, 『介護福祉』, 有斐閣, 1996: 80.

[표 13-2]에 의하면 전문적 원조란 지식과 이론을 가지고 객관적인 입장에서 치료중심의 전문적 원조를 실천하는 것이다. 비전문적 원조는 감정과 기분 및 경험에 의해서 주관적으로 케어 중심의 서비스를 제공하는 것이다.

미국 사회사업학교협회에서는 전문직에 관해서 다음의 다섯 가지를 제시했다.

① 전문직은 손을 쓰는 것이 아니라 머리를 사용하는 고도의 개인적 책임을 수반한다.
② 배우지 않으면 안 된다.
③ 획득한 지식을 구체적인 상황에 적용시켜야 한다.
④ 자치적 조직을 통해서 질적으로 좀 더 높은 수준의 향상과 그들의 이익을 증진시킨다.
⑤ 공공복지에 책임을 진다(송효인, 1986: 8-9). 이 정의에 의하면 맡은 업무에 대한 개인적 책임, 지속적인 연구 · 공부, 사회를 위한 헌신, 학회의 구성, 사회적 책임 등이 포함된다.

이러한 전문성을 가진 케어복지사의 직업윤리와 전문성에 관한 기본적인 틀을 다음과 같이 제시할 수 있다.

[그림 13-1] _ 케어복지사의 직업윤리와 전문성

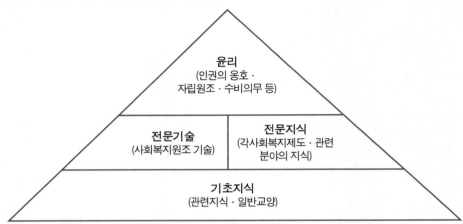

※출처: 신섭중, 「우리나라 사회복지사제도의 문제점과 개선방향」, 『계간 사회복지』, 통권 제129호, 1996: 7.

일반적으로 케어복지사의 전문성은 위에서 보는 바와 같이 사회복지 관련지식과 일반교양을 포함하는 기초지식을 토대로 하여 전문지식과 전문기술을 구비해야 하며, 무엇보다도 중요한 것은 사회복지 또는 케어복지의 직업윤리를 갖추지 않으면 안 되는 것이다. 직업윤리로는 클라이언트에 대한 개인의 존엄과 인권의 옹호 및 자립지원의 시각이 케어복지사의 기본이다. 특히 대인관계에서 발생하는 수비의무, 신용실추행위의 금지 등이 직업윤리로 확립되지 않으면 안 된다. 또한 전문적 지식은 클라이언트를 위해 필요한 사회자원에 관한 풍부하고 정확한 지식과 각종 사회복지제도에 관한 전문지식이 그 중심이 되어야 한다(신섭중, 1996: 11).

또한 전문성을 규정하기 위해서는 많은 학자들이 다양한 각도에서 의견을 제시하고 있는데 이것을 표로 정리하면 다음과 같다:

[표 13-3] _ 전문직업의 속성: 연구자별 비교

속성 \ 연구자	Carr-Saunders (1928)	Lieberman (1956)	Greenwood (1957)	Etzioni (1964)	Millerson (1964)	Lubove (1965)	Baraer (1965)	Silocam (1966)	Mossgrape (1972)
이론 · 지식			체계적 이론	직무수행상 활용할 수 있는 지식 체계	이론에 관한 지식과 기능의 보유			이론적 · 지식적 기초	지식
기술	특별한 기능의 습득과 훈련	지적 기술			훈련과 교육을 필요로 하는 기능	독자 · 고유의 기술체계			
교육		장기간의 전문적 훈련		전문직 양성을 위한 교육과정에서의 훈련			일반화 · 체계화된 교육		
전문직 단체	전문직 집단	포괄적인 자치조직		구성원의 대다수가 전문직 단체에 가입	전문직의 조직화		전문가의 자발적 결사	전문직 단체	전문직 조직
윤리강령	윤리강령	윤리강령	윤리강령	윤리강령	도의적 행위에 관한 강령 견지		윤리강령	전문직적 가치와 행동규범	전문직적 행위의 윤리강령
공익		실천자의 경제적 이익보다는 역할과 임무의 강조			서비스가 공중을 위한 것일 것		공익을 지향할 것	지역사회 서비스를 지향할 것	
공적 자격 · 권한	전문직으로서 위치획득을 향한 최저의 자격조건 확립		직업에서 권한 위임의 근거		전문직다운 자격을, 시험에 합격한 것을 증명할 것				
사회적 승인			지역사회의 승인						공공에 의한 승인
자율성		직업집단의 광범위한 자율성						전문직의 자율성	실천의 자유
기타	최저보수액의 설정	고유 · 명확 · 필수의 사회적 역할과 임무, 개인적 책임의 수용	문화		집단으로서의 동일성과 가치를 공유하는 하위문화와 지역의 확립		업적 평가의 상징으로서의 보수	의뢰인 관계, 경력	입직통제, 역할과 임무의 조건

※출처: 奧田いさよ, 『社會福祉專門職性の硏究』, 東京: 川島書店, 1992: 70.

이상과 같이 많은 학자들이 다양한 측면에서 전문직의 속성에 관해서 정의하고 있는데 대표적으로 리버맨(Lieberman)의 정의를 인용하여 전문직을 분석하고자 한다. 그는 전문직의 구성요건 8가지를 제시하고 있는데 그 내용은 다음과 같다(中村永司, 1993: 113-116).

①고유, 명확, 필수의 사회적 역할과 임무
②역할수행에서 지적 기술의 강조
③장기간의 전문적 훈련
④개개인은 실천자 및 전체로서 직업집단의 광범위한 자율성 보장
⑤전문직의 자율성 범위 내에서 해야 할 판단 및 수행한 행위에 대해서 실천자들에 의한 넓은 개인적 책임의 수용
⑥직업집단에 위임된 사회적 역할과 임무의 조직화 및 실행의 원리로서 실천자들의 경제적 이익보다 제공될 역할과 임무의 강조
⑦실천자들의 포괄적인 자치조직
⑧애매하고 의심스러운 점이 구체적 사례에 의해서 명확히 해석되는 윤리강령

3) 노인수발보장제도에서 케어복지사의 전문성 모색

앞에서 리버맨이 제시한 전문직의 구성요건은 앞에서 논한 미국 사회사업학교협회의 정의를 대부분 포함하고 있어서 리버맨의 정의가 본 연구의 분석 틀로서 적절할 것이다. 약간의 무리가 있으나 이 분석 틀을 다시 ①과 ④와 ⑤와 ⑥을 합해서 케어복지사의 역할과 영역, ②와 ③을 합해서 교육체계, ⑦을 자치조직, ⑧을 윤리강령으로 각각 나누어서 분석하고자 한다(강용규, 2002: 110-118 참고). 분석의 순서는 우선 내용과 문제점을 살펴보고 노인요양보장체계 시안의 내용을 비판적으로 설명한 후 대안을 제시하는 순으로 하겠다.

(1) 케어복지사의 역할과 영역

협의의 케어는 스스로 자립하는 것이 어려운 사람에게 일상생활을 영위하도록 도와주는 것이고, 광의의 질 높은 케어는 대상자가 따뜻함과 부드러움과 행복감을 느낄수 있도록 하는 마음의 케어이다. 케어복지사에 의한 원조는 인간사랑을 기본으로 한

복지의 가치를 기반으로 하고 전문적 지식과 기술의 세 요소가 조화를 이루고 있지만 다음과 같은 특징을 가지고 있다(介護福祉用語硏究會, 1996: 281).

- 첫째, 기술을 사용하여 원조한다. 케어복지사가 행하는 원조는 간단한 상담업무에만 머무르지 않고 케어기술에 의한 개입이 케어활동의 중심이다.
- 둘째, 대상자의 잔존기능을 유지하고 자립을 목표로 한 원조를 행한다.
- 셋째, 개인을 대상으로 한 개별원조이다. 즉, 복지서비스는 개인을 대상으로 하고 있으므로 개인의 욕구에 대한 원조를 행한다.
- 넷째, 생활의 장에서의 원조이다. 즉, 생활의 원조라는 점에서는 간호업무와 유사하지만 간호는 치료의 장에서의 원조이며, 케어는 생활의 장에서의 원조를 뜻한다.
- 다섯째, 타직종과 연계·협력하고 업무를 행한다. 즉 사회복지사 및 케어복지사법 등에 의사 기타의 의료관계자 등의 연계를 반드시 유지해야만 한다고 규정되어 있다.

케어서비스 분야는 다양하여 다양한 전문직(케어복지사, 사회복지사, 물리치료사, 간호사, 영양사, 작업치료사, 의사 등)과 보조직(가정봉사원, 생활지도원, 자원봉사자 등)들이 다양한 서비스(신변케어서비스, 상담서비스, 재활치료, 간호, 정서적 지원 등)를 제공하고 있다. 이러한 케어서비스의 다양성 때문에 자격이 없는 사람들이 질 낮은 서비스를 케어 대상노인에게 제공하여 대상노인이 해를 입을 가능성이 높다. 따라서 어떠한 형태로든 일정한 규제를 통해 케어전문직 종사자의 자격과 이들이 제공할 수 있는 프로그램의 종류 및 종사자의 명칭(title)을 정할 필요가 있다.

전문직으로 확고하게 인정받기 위해서는 법적 규제가 이루어져야 하는데, 구체적으로는 ① 면허(licensing) ② 등록(registration) ③ 법적 자격보장(statutory certification) 등 세 가지 형태가 있다(김태성 외, 1998: 42-44; 강용규, 2002: 115에서 재인용).

면허제도는 최소 자격요건을 갖춘 사람들을 대상으로 시험과 규정을 통하여 부여한다. 면허제도는 강제적이어서 그 업무를 수행하기 위해서는 누구나 면허를 받아야 하고 면허가 없으면 형사처벌을 받게 된다. 현재 케어복지사는 민간자격의 수준이기 때문에 케어서비스 전개에 있어서 독점적인 역할을 수행하기 위해서는 국가에서 인정하는 '법정 자격' 이 되어야 한다.

등록은 교육 · 훈련을 통하여 배출된 케어복지사를 관계기관에 등록하게 하여 무자격자와 유사 자격명칭을 사용하는 것을 자격의 '전문직' 화를 위하여 법률로써 금지해야 한다.

[표 13-4] _ 케어복지사의 업무

구분	업 무	과 업
기본업무	정보 파악 업무	경청, 건강상태 관찰, 의료건강 정보 및 관련 정보의 파악
	원조계획 입안, 평가 업무	사전평가, 문제 확정, 욕구의 평가, 계획 입안, 거주환경의 사정과 원조의 수정, 사후 평가
	신변케어 업무	식사, 배설, 의류교환, 목욕, 청결, 신체의 안락, 수면의 원조, 거주환경의 정비, 복지 기구용품의 활용
	가사원조 업무	조리, 의류 세탁 및 수선, 청소, 정리정돈, 생필품의 구입, 기타 가사 일반에 대한 원조
	사회생활유지 · 확대 업무	이동(기거동작, 휠체어 등), 레크리에이션의 실시, 이송 및 외출 원조, 재활 실시
	건강관리 · 보건업무	약복용 및 처치에 관한 원조, 사망시의 원조, 수진원조, 욕창예방, 감염예방, 바이탈 사인의 측정, 종말기 케어, 건강관리 · 보건에 관한 조언
	심리사회적 원조 업무	생활상담, 사회자원의 이용, 인간관계의 조정, 케어 부적응에 관한 조정, 생활환경의 정비, 관계자 기관 · 시설과의 조정, 심리적 원조, 인적 · 물적 조건의 정비
	케어기술 지도업무	케어기술 지도, 대상자 · 대상자집단, 가족대상
	협동 · 연대 업무	동직종, 타직종, 상사 · 소속장, 가족의 연락 · 조정, 봉사자, 기타 관계자와의 연락 · 조정, 사례관리
	안전관리 업무	넘어짐 방지, 화재방지의 점검, 문단속, 긴급피난경로 점검
관련업무	자기의 건강관리 업무	피로예방, 요통예방, 감염예방, 건강진단
	연수 · 연구 업무	수퍼비전, 사례회의, 연수참가, 연구활동
	문서 업무	일지 및 기타 기록, 기록의 활용, 개별케이스 기록, 문서보전과 관리
	회의 관련업무	동직종 및 타직종의 담당자회의 출석과 운영관리, 직원회의 출석, 타 기관 및 타 시설 관계자 합동회의 출석과 운영관리
	사회자원 개발업무	가족의 개발 · 영향 · 교섭, 동직종 · 타직종의 개발 · 영향 · 교섭, 타 기관, 시설관계 장, 상사 · 소속장, 봉사자
	교육 · 개발업무	실습생 교육 · 개발, 자원봉사자 교육, 지역주민 교육 · 개발
	기타	가족, 시설방문자의 대응, 잡무의 처리

※출처: 古川孝順 外, 『介護福祉』, 有斐閣, 1996: 132.

법적으로 자격을 보장해 주어야 하는 이유는 일반적으로 어떤 전문직에 이르기까지에는 많은 정신적 · 물질적 투자가 필요하고 상당 기간이 소요되며 전문직의 보호를 위하여 필요하기 때문이다.

케어복지는 어떠한 건강상태에 있더라도 케어대상자가 일상적으로 살아온 자립생활에 지장이 있다면 그것을 보충 · 지원하는 것이며, 케어복지사의 개입방법은 케어대상자가 일상생활에서 자립하여 스스로 보통의 생활을 유지하는 데 있어서 신체의 각 부분의 활동에 지장이 있을 때 그것을 보충하는 역할을 담당하는 전문직이다. 뿐만 아니라 케어복지사는 기존의 가정봉사원이나 간병인의 역할뿐만 아니라 사회복지사의 역할, 간호사의 일부 영역까지 담당해야 할 것이다. 이러한 케어복지사의 주요 업무는 [표 13-4]에 나타나 있다.

노인요양보장체계 시안에서는 케어복지사의 역할을 간병 · 가사 및 일상생활지원 서비스로 규정하고 있고, 자격의 인증은 신규자일 경우 소정의 교육과 필기시험을 실시하고, 간호조무사 · 복지간병인 · 유급 가정봉사원 등 일정요건 소지자는 1,000시간을 기준으로 하고 그 이상이면 보수교육을 하여 자격증을 교부하고, 그 미만이면 교육 · 훈련을 이수한 후 필기시험을 거쳐서 인증서를 교부한다. 앞으로 이것도 국가공인자격으로 추진한다는 방침이다.

한국케어복지협회에서는 케어복지사의 관리를 상당히 치밀하고 체계적으로 관리 · 운영하여 왔는데 이것을 인정받지 못하고 있다. 케어복지사 관련 규정은 위의 요건을 충분하게 충족할 수 있도록 절차가 짜여져 있고 명칭도 요양에 대한 케어복지사로 정하여 적절하게 교육 · 훈련시키고 있다. 따라서 앞으로 케어복지사를 대중매체나 인터넷 등을 통하여 적극적으로 홍보하고 학회 및 세미나의 개최를 통한 연구가 계속되어 전문직으로 정착할 수 있도록 하여야 할 것이다.

그러나 독점적 지위는 서비스의 질 향상과 케어 대상노인의 권리를 지켜주기 위한 것이라는 점과 독점적인 지위를 이용하여 서비스 제공에 있어서의 경쟁과 타협, 케어 전문직 간의 '직종 이기주의'가 발생해서는 안 될 것이다.

(2) 교육체계

우리나라에서 실시되고 있는 케어복지사 교육은 교육기간과 교과목의 구성에 따라 1급과 2급으로 구분하여 대학원, 4년제 대학, 2년제 대학, 대학부설 사회교육원 · 평생교육원, 사회복지관 등을 중심으로 양성·배출하고 있다. 그러나 대부분의 교과과정은 사회복지사 중심의 교과목에 관련 영역의 몇 과목을 추가하여 케어복지사를 양성하고 있는 실정이다.

전문직으로서 교과과정을 구성하기 위해서는 그 교육이 전국 어디서나 편차 없이 거의 동일한 교과내용을 바탕으로 교육되어야 한다. 노인수발보장제도가 실시되면 서비스의 대상자들은 권리로써 급여를 신청하고 신청한 서비스를 받게 될 것인데 제공하는 지역과 사람에 따라 서비스의 편차가 있어서는 곤란하며 가능한 한 줄여야 할 것이다. 즉 서비스를 수급하는 노인을 중심으로 하는 케어복지교육의 표준화가 이루어져야 한다.

이러한 필요에 의해 1999년 한국케어복지협회가 결성되었고, 참여했던 일부 2년제 대학들이 케어복지 교육을 실시하면서 초보적인 수준의 케어 전문직 교육이 이루어지게 되었다. 현재는 전국 54개 대학에서 케어복지사 교육과정을 정규과정으로 도입하여 학생들에게 이수하게 하고 있다.

그러나 이러한 교육은 민간단체에 의해 양성되고 있는 관계로 그 체계성이나 교육 및 자격관리면 등이 미숙한 현실이며 증가하는 케어복지사의 양성요구에는 한계가 있다. 또한 유사한 단체들이 난립하여 확실한 교육도 없이 케어복지사라는 명칭을 남발함으로써 케어복지사의 질적인 문제도 크게 우려되고 있는 현실이다(이해영, 2002: 92). 또한 케어복지사는 아직 사회적 인식이 부족할 뿐만 아니라 자격제도에 대한 케어복지 관련시설과 일반의 인식이 부족하여 전문적인 자격으로 인정받지 못하고 있는 실정이다. 이는 홍보의 부족에서 기인하는 것일 뿐만 아니라 민간자격이기에 법적 권위가 부여되지 못하고 있기 때문이기도 하다.

케어복지사와 관련된 전문직의 경우 사회복지사 2~4년, 물리치료사 3~4년, 작업치료사 3년, 언어치료사 4년, 간호사 3~4년의 교육과정을 이수하고 일정 기간의 교육·훈련 후 국가시험 또는 무시험검정을 통하여 전문자격을 부여받고 있다. 그러나 케어복지사를 양성하는 대학들이 대부분 2년제 대학이고, 2년의 교육 연한으로 인해 복잡한 욕구와 다양하게 노출된 또는 잠재되어 있는 문제를 가지고 있는 케어 대상노인과 가족들에게 서비스를 충분히 제공하는 데에는 부족한 점이 있을 수 있다.

현재 한국케어복지협회가 규정하고 있는 교과과정의 내용을 보면 필수과목 8과목을 제외하고는 선택과목에 있어서 전문적인 교육을 지향하기보다는 자체적인 판단에

의해서 개설하기에 용이한 과목을 위주로 하고 있고 교육기관들의 교수진과 교과과
정, 실습기자재 등 사정을 고려하여 개설된 면이 강하다는 점이다. 뿐만 아니라 전문적
인 교육을 위한 강의교재가 불충분하여 케어복지에 대한 이념적 이해가 부족하고 사
회적 인식의 확산에 장애요소가 되고 있다. 또 개설할 수 있는 과목수가 필요 이상으로
많거나 유사한 과목으로 잘 묶여져 있지 않는 것도 장애요소가 될 수 있다.

[표 13-5] _ 케어복지사 양성 교과목 일람표

필수과목(8개)	사회복지개론, 노인복지론, 장애인복지론, 사회복지실천기술론, 케어개론, 케어실습, 케어기술, 의학일반(기본간호, 노인간호)
선택과목 (22개 중 7개)	노인장애자 심리(상담심리, 상담기술), 레크리에이션(치료레크리에이션), 응급처치론, 치매노인의 케어, 케이스메니지먼트(사례관리), 장애형태별 케어기술, 재활론(재활치료), 물리치료, 수화, 동양의학 및 민간요법, 수치료, 작업치료, 가족복지, 가족치료, 가정학개론, 영양·조리, 정신건강(정신보건), 지역사회복지론, 지역사회간호, 자원봉사론, 재가복지론, 의료사회사업(정신의료사회사업)

　　노인요양체계 시안에서는 요양보호사를 간호조무사와 기존 간병인력을 최대한 활
용하고 서비스의 질 확보 등을 위해 교육시간을 현재 40~100시간을 120시간 수준으
로 끌어올린다는 계획이며, 서비스비용의 효율화 등을 위해 원칙적으로 요양보호사
의 등급화를 지양한다고 한다. 또 통일된 양성·교육 커리큘럼 기준으로 교육과정 120
시간으로 구성되어 있는데 이것을 표로 나타내면 다음 [표 13-6]과 같다.

[표 13-6] _ 요양보호사 양성 교과목 일람표

항　목	과　　목
이론교육(50시간)	사회복지개론, 노인복지개론, 수발·가사지원, 의학기초, 소양교육, 보건복지제도 및 서비스 등
실기교육(20시간)	수발방법, 수발계획(사례검토, 요양계획수립 등)
현장실습(50시간)	장기요양시설 실습, 재가요양시설 실습 등

※ 기존 유자격자 및 경력자는 별도 교육과정 운영.

한국케어복지협회에서는 케어복지사의 교과과정을 전문대학을 중심으로 실무기관과 여러 차례의 충분한 회의를 거쳐서 최적의 교과목으로 결정하였고, 2급 과정의 경우 교육기관을 엄격하게 선별·지정하여 200시간을 철저히 지키고 과정수료 후 협회에서 파견된 시험 감독관의 관리하에 시험을 실시하는 등 민간자격기본법에 충실하여 자격을 관리하여 왔다. 특히 교과과정에서는 노인수발보장제도의 대상자가 장애노인이라는 점을 감안하여 사회복지실천기술론, 케어기술, 의학일반(기본간호, 노인간호) 등을 필수과목으로 규정하였고 선택과목에서도 상당부분 장애노인을 위한 교과목이 편성되어 있다. 게다가 2급 과정에서 200시간으로 산정하였고, 1급 과정은 전문대학 이상의 학력을 전제로 15과목 이상 이수를 규정하고 있다. 따라서 노인요양체계 시안을 거의 포함하고 있다.

(3) 자치조직

우리나라에 케어복지와 관련된 단체는 상당수가 존재한다. 가장 먼저 결성된 자치조직은 1999년의 한국케어복지협회이고, 그 후에 전문대학협의회에서 한국케어복지사협회를 만들었으며, 이것이 후에 케어복지 관련단체로 명칭을 변경한 것으로 알고 있다. 또 최근에 부산·경남지역을 중심으로 케어복지협회가 창설되었고, 2004년 11월에는 새로운 대한케어복지학회가 창설되었다. 이 중에서 활동이 활발한 곳도 있고 지지부진한 곳도 있으며 최근 결성되어 활동이 기대되는 곳도 있어서 조만간 몇 군데 통·폐합이 이루어질 것으로 전망된다. 여기서는 한국케어복지협회를 자치조직으로서 간단하게 살펴보고자 한다.

한국케어복지협회는 1999년에 결성되었는데 사회복지관련 학과가 설치된 전문대학을 중심으로 개설되었으며 최초로 케어복지사 양성 교과과정, 케어복지사와 관련된 모든 규정, 관련단체와 연계 및 조직·훈련, 홈페이지를 통한 정보의 공유와 홍보활동 등 개척자로서 활발한 활동을 전개하였다.

그러나 여전히 케어복지사의 진로개척, 영역구축, 적절한 홍보를 통한 전문성 정착, 케어복지사의 법적 인정, 보수교육 및 재교육을 통한 전문성 향상 등 여러 가지 한계를 나타내고 있다. 특히 노인수발보장제도에서 심혈을 기울여 교육·훈련시켜 온 케어복지사가 노인수발보장제도에서 현장의 필드워커로서 자리매김하는 데 제외되고 있으므로 더욱 어려움을 겪고 있다.

케어복지사가 전문직으로 정착하고 법적으로 인정받기 위해서는 관련기관과의 끊임없는 연계와 교과과정의 개정, 관련단체(현장, 각 관련학회, 각 관련협회 등)와 학계의 연구와 비전 제시, 적극적인 자기주장과 홍보 등이 뒤따라야 할 것이다.

또한 1997년 개정된 한국사회복지사협회의 정관 제5조는 사회복지사협회에서 수행하고 있는 사업의 종류를 다음과 같이 명시하고 있다. 사회복지사의 권익보호와 신장을 위한 사업, 국민의 사회복지 의식증진을 위한 사업, 사회복지사의 윤리의식 고취를 위한 사업, 사회복지사의 전문지식과 기술향상을 위한 사업, 사회복지사의 전문자격제도 확립을 위한 사업, 사회복지사의 자격관리에 관한 사업, 사회복지의 실천과 정책에 관한 조사연구 및 건의사업, 기관지 · 학술지 · 회보 등의 출판 및 홍보사업, 국내외 사회복지 관계단체와의 교류사업, 정부 및 사회복지 관계단체로부터 수탁된 사업, 그 밖의 이 회의 목적달성에 필요한 사업이다.

이와 같이 한국케어복지협회에서는 지금까지 케어복지 초창기의 업적도 훌륭하지만 케어복지의 전문성 향상을 위하여 더 적극적이고 조직적인 활동과 노력이 필요할 것이다.

(4) 윤리강령

전문직은 특별한 윤리강령을 제정함으로써 다른 직업과의 경계를 정한다. 그것은 전문가의 자율성과 특권의 독점을 위해 다른 직업과 구별되는 범위를 제한한다는 의미이다(Wilding, 1982: 3). 전문직이기 때문에 전문가는 자신의 직업활동에서 대하는 사람들에 대해 책임을 져야 한다. 일반적으로 이러한 사실은 사회복지사의 행동규정이나 윤리강령에 명시되어 있다. 또한 각 회원 조직은 그 조직의 윤리강령이 있거나 없다면 제정해야 하며 그 윤리강령이 윤리기준에 부합해야 한다는 것은 회원이 되기 위한 가장 기본적인 조건이다.

케어전문직의 윤리강령은 아직 마련되어 있지 않으나 사회복지사 윤리강령에 준하는 윤리강령은 마련되어야 한다. 케어는 인간의 일상생활에 대한 원조를 목표로 한다. 케어에 관계하는 복지종사자는 케어를 필요로 하는 노인이나 장애인에게 장애로 인하여 사회적 불이익을 초래하지 않고 인간답게 살아갈 수 있도록, 또한 보다 나은 자신을 추구하면서 풍요로운 생활이 가능하도록 케어기술을 이용하여 목표 달성을 위한 원조를 해야 하기 때문이다(이해영, 2001: 48-49). 즉 케어실천은 사회복지실천의 큰 틀 안에서 이루어지는 구체적이고 직접적인 대인원조행위라는 점에서 케어의 실천윤리 또는 사회복지실천상의 이념이나 전문직이 가지는 윤리규범과 일치한다. 그러면 케어실천의 기준이 되는 윤리기반에 대하여 살펴보면 다음과 같다.

① 인권존중: 클라이언트 중심, 자립지원
② 서비스 대상자의 이익을 보호: 클라이언트의 욕구를 대변
③ 전문적인 서비스의 제공: 안전보호, 위험방지
④ 사생활의 보장: 비밀보장의 의무
⑤ 클라이언트의 참여: 설명과 동의

1994년 일본 개호복지사 및 개호복지연수회에서는 윤리강령을 제정하고 필요한 원조를 과학적으로 연구하여 밝히고 이론화하는 학술적 집단 및 전문적 원조의 실천자로서 전문에 이어 개호복지사 사명을 정하고, 1995년 11월에는 일본 개호복지사의 윤리강령을 선언하였다. 핵심적인 내용만 요약해서 언급하면 다음과 같다.

① 대상자 중심, 자립지원: 개호복지사는 기본적인 인권을 옹호하고 개개인이 건강한 노후를 보낼 수 있도록 대상자 중심의 입장에서 자기결정을 최대한으로 존중하고 자립을 위한 케어복지서비스를 제공한다.
② 전문적 서비스의 제공: 개호복지사는 전문적인 지식과 기술을 연마하여 전문적 서비스제공에 힘쓰며 자기가 제공한 서비스에 대하여 전문직으로서 책임을 진다.
③ 프라이버시의 보호: 개호복지사는 사생활을 보호하기 위해 직무상 알게 된 개인의 정보를 누설하지 않는다.
④ 종합적 서비스의 제공과 적극적인 연계 · 협력: 개호복지사는 최상의 서비스 제공을 위하여 관련직종과 적극적인 연계 · 협력하여 행동한다.
⑤ 대상자의 욕구를 대변: 개호복지사는 생활을 지지해 가는 시점에서 대상자의 진정한 욕구를 평가하고 그것을 대변해 가는 것도 중요한 역할임을 숙지하고 행동한다.
⑥ 지역복지의 추진: 개호복지사는 지역에서 발생한 케어문제를 전문직으로서 적극적인 태도로 접하고 문제해결에 노력한다.

⑦ 후계자의 양성: 개호복지사는 모든 사람이 안심하고 질 높은 케어를 받을 수 있
도록 교육수준의 향상과 후계자의 육성에 힘쓴다(장세철 외, 2000: 44-49).

이 외에도 사회복지사 윤리강령과 노인수발보장제도의 취지, 우리나라의 사회환
경적 요인과 특성 등을 참고하여 케어복지사가 업무상 갖추어야 할 윤리강령이 제정
되어야 할 것이다. 윤리강령의 제정에서 핵심적인 내용은 자기개발 및 연구하는 자세,
대상자 중심, 회원간 유대강화, 타 직종과 연계, 비밀유지, 인격의 함양, 최선(상)의 서
비스 제공 등이 될 것이다.

3. 케어복지정책의 전망

사회복지 현장에서는 그 동안 시설 및 재가노인들의 케어를 사회복지의 한 분야로
여기고 열심히 수행하여 왔다. 열악한 가운데 법적인 근거도 없이 사업지침에 의한 가
정봉사원과 생활지도원이 직업적으로 그 역할을 수행한 것이다. 뿐만 아니라 국가에
서 제도적 장치를 마련해 주기보다는 민간 차원에서 노인을 전문적으로 케어하는 인
력을 양성해야 한다는 의견들이 증가하면서, 노인케어에 관심있는 대학교수들과 현
장의 실무자들을 중심으로 1999년 한국케어복지협회를 창설하였고, 또 일련의 교육
과정을 마련하여 민간자격으로 케어복지사를 양성하기 시작하였다. 그러나 정작 노
인수발보장제도라는 제도가 추진되고 있는 가운데 케어복지사를 간호조무사와 간병
인 운운하는 것은 어떻게 해석해야 할까? 케어복지사의 전문성을 모색하는 차원에서
다음과 같이 제언한다.

첫째, 케어복지사의 역할과 영역에서 케어복지사가 전문직으로 확고하게 인정받
기 위해서는 법적인 규정이 있어야 할 것이다. 즉 명칭이 독점되고 자격의 전문영역이
확보되는 법적 자격보장이 이루어져야 한다. 업무에서 확실한 역할과 영역의 고도화
를 확보하기 위해서는 기본업무 외에도 관련업무의 지식과 기술의 습득이 요구된다.

둘째, 케어복지사 양성과정이 다양한 곳에서 이루어져야 한다. 노인을 위한 질적 서
비스의 제공은 노인케어복지에 관한 전문적인 교육과 훈련을 받은 전문요원의 확보
에 달려 있다. 이를 위해서는 케어복지사의 역할과 기능이 종래의 사회복지적 차원을

떠나 간호, 영양, 물리치료 영역까지 포괄하여 서비스를 전개할 수 있는 능력이 확보되어야 할 것이고, 이를 위해서는 현재의 교육체계를 전면 수정 · 보완하여 소득보장, 여가보장과 더불어 신체보장이라는 한 영역을 구축해야 할 것이다. 뿐만 아니라 케어복지사가 전문직으로 정착하기 위해서는 교과목의 전국적인 통일이 이루어져야 한다.

셋째, 자치조직은 조직을 움직이기 위한 재원의 확보와 소속된 회원들을 위한 서비스의 내용에 따라서 성패가 결정될 것이다. 케어복지와 관련되어서는 곧 통 · 폐합이 이루어지겠지만 몇 군데의 단체가 난립되어 있다. 케어복지가 전문직으로 정착하고 조직이 활성화되기 위해서는 구성원들에게 비전을 제시하고, 케어 현장의 의견과 타 학계와 연계하여 교과과정을 개정하고 적극적인 홍보 등 끊임없이 노력하여야 한다.

넷째, 전문직으로서 윤리강령은 다른 직업과의 경계를 정한다. 케어전문직은 윤리강령이 마련되어 있지 않지만 케어는 인간의 일상생활에 대한 원조를 목표로 하기 때문에 이에 걸맞는 윤리강령이 마련되어야 한다. 윤리강령의 제정에서 핵심적인 내용은 기본적인 원칙, 사회복지사 윤리강령, 일본 개호복지사 윤리강령, 우리나라의 사회 환경적 요인과 특성 등을 감안하여 케어복지사가 업무상 갖추어야 할 윤리강령이 제정되어야 할 것이다.

원론적인 이야기이지만 제도나 정책에서 어떤 직종 또는 인간이 그것을 선점하느냐 하는 것보다 그 대상자에게 누가 가장 효과적이고 만족스러운 서비스를 제공할 수 있느냐에 초점을 맞추어야 할 것이다. 새로운 제도가 만들어지는 데 있어서 우리나라 케어복지의 향상을 목표로 교육 · 훈련시켜 놓은 케어복지사가 전문직으로 활용되어야 할 것이다.

참고문헌

참고문헌

강용규, 「한국 케어복지교육 확립방안」, 『노인복지연구』 통권16호, 한국노인복지학회, 2002.

강용규, 『현대케어복지개론』, 교육과학사, 2003.

고수현, 『사회복지윤리와 철학』, 양지사, 2002.

고영복, 『현대사회와 노인복지』, 아산사회복지사업재단, 1983.

구재옥 · 김의수 · 김화중 · 이선옥, 『건강관리』, 한국방송대학교출판부, 1998.

권중돈, 『노인복지론』, 학지사, 2004.

김건열, 「노인성 질환의 추세와 대책」, 『한국노년학』 제9권, 한국노년학회, 1989.

김기태 외, 『사회복지의 이해』, 박영사, 2004.

김기태 · 성명옥 · 박봉길 · 이경남 · 최희경,, 『노인복지실천론』, 양서원, 2002.

김남송 · 이무식 · 김대경, 『생활보건학』, 계축문화사, 2001.

김대진 · 김현숙 · 도명술 · 박성로 · 변부형 · 신현길 · 정차권 · 조성희 역, 『영양과 건강』, 유한문화사, 2000.

김명자 외, 『최신 기본간호학』, 현문사, 2001.

김모임 외, 『대상자중심의 지역사회간호학』, 현문사, 1999.

김미옥, 『장애인복지실천론』, 나남출판, 2003.

김병우, 『개호복지의 이론과 실제』, 동국, 2000.

김성천 외, 『사회복지실천의 가치와 윤리, 사회복지 실천의 이해』, 양서원, 2000.

김숙희 · 김선희 · 강명희 · 유춘희 · 이상선 · 강남수, 『가족영양학』, 신광출판사, 1994.

김순자 외 9명, 『기본간호학 上』, 수문사, 2001.

김영호 · 장우심, 『케어복지 실천기술론』, 창지사, 2005.

김영화 외, 『인간과 복지』, 양서원, 2002.

김용득 · 유동철 편, 『한국 장애인 복지의 이해』, 인간과 복지, 2001.

김조자 외, 『성인간호학』, 현문사, 2003.

김주희 외, 『노인간호학』, 현문사, 1998.

김천호, 『생애주기 영양학』, 수학사, 2000.

김태성 외, 『사회복지 전문직과 교육제도』, 소화, 1998.

김태현, 『노년학』, 교문사, 1994.

김태현 · 전길양, 「치매노인가족의 부양경험 관한 연구」, 『한국노년학』 제15권 제1호, 한국노년학회, 1995.

대한적십자사, 『건강관리』, 대한적십자사, 1991.

모선희 외, 『현대노인복지론』, 학지사, 2005.

모수미 · 구재옥 · 박양자 · 박영숙 · 손숙미 · 서정숙, 『지역사회영양학』, 교문사, 2001.

박광준, 『고령사회의 노인복지정책-국제 비교적 관점』, 현학사, 2004.

박길성 외, 『현대사회의 구조와 변동』, 사회비평사, 1996.

박동성 외, 『고령화 쇼크』, 굿인포메이션, 2003.

박재간, 「21세기 노인문제와 사적부양기능」, 『한국노년학』 제5권, 한국노년학회, 1985.

박종한 · 고효진, 「경북 영일군 어느 면지역 노인들에서 치매의 원인적 분류 및 주요 치매의 상대적 유병율」, 『신경정신의학』 제30호, 1991.

박차상 외 6명, 『사회복지학개론』, 현학사, 2005.

변영순 외 7명, 『기본간호학』, 계축문화사, 2002.

보건복지부 노인요양보장과 a, 「독일의 수발보험제도」, 공적노인요양보장제도 실행위 · 실무기획단 독일출장보고서 자료, 2004.

보건복지부 노인요양보장과 b, 「일본의 개호보험제도」, 공적노인요양보장제도 실행위 · 실무기획단 일본출장보고서 자료, 2004.

보건복지부, 『장애인복지사업안내』, 2000.

보건복지부 · 한국보건사회연구원, 「노인요양보장체계 시안」, 노인요양보장체계 시안에 관한 공청회 자료, 2004.

서상철, 『현대재가복지론』, 현학사, 2002.

서울대학교 지역의료체계 시범사업단, 『치매환자 관리사업 개발』, 1994.

송미순 · 김신미 · 오진주, 『노인간호의 연구와 전망』, 서울대학교출판부, 1997.

송미순 · 하양숙, 『노인간호학』, 서울대학교출판부, 1997.

송숙자, 『NEWSTART 식이요법』, 삼육대학교출판부, 1996.

신섭중, 「우리나라 사회복지사제도의 문제점과 개선방향」, 『계간 사회복지』 통권 제129호, 1996.

안향림, 『케어복지론』, 나눔의집출판사, 2003.

안홍석 · 이금주 · 배현숙 · 박진경, 『영양과 건강』, 성신여자대학교출판부, 2002.

양옥경 외, 『사회복지실천론』, 나남출판, 2005.

양일선, 「한국노인복지정책 개선을 위한 양로 · 노양시설 급식관리체계 및 급식 서비스 현황조사」, 『한국영양학회지』 29(7), 1996: 830-838.

양점도 · 신현일 · 정일교, 『케어복지실천기술론』, 양서원, 2003.

오명숙 · 이미숙 · 천종희 · 황인경, 『영양과 식품』, 효일문화사, 1994.

이가옥 외, 『노인생활실태 분석 및 정책과제』, 한국보건사회연구원, 1994.

이경희 외, 『개호기술』, 학문사, 2002.

이경희 · 서화정, 『개호기술』, 학문사, 2003.

이기량 · 최경익 역, 『자립생활을 즐겁고 구체적으로』(타니구치아키히로 · 타메다야스하루 저), 나눔의집출판사, 1999.

이선옥 외, 『노인간호학』, 한국방송대학교출판부, 1998.

이선옥 · 김순자 · 하양숙, 『노인간호학』, 한국방송대학교출판부, 1998.

이소희 외, 『현대가족복지론』, 양서원, 2000.

이애주, 『기초간호과학』, 은하출판사, 2003.

이윤로, 「치매노인 부양부담에 영향을 주는 요인에 관한 연구」, 『연세사회복지연구』 제8권 2호, 연세대학교사회복지연구소, 1995.

이은희, 「치매노인 부양가족원의 부양부담에 관한 연구」, 『노인복지연구』 통권 제2호, 한국노인복지학회, 1998.

이은희 · 박경일 · 김춘희, 「치매노인 부양가족원의 부양과업 수행상의 애로 결정요인 연구」, 『노인복지연구』 통권 제9호, 한국노인복지학회, 2000.

이인수, 『미래의 실버산업과 노후생활』, 21세기사, 2004.

이정호, 「사회복지직렬의 설치」, 『사회복지 전달체계와 사회복지사의 역할』, 한국사회사업(복지)대학협의회 편, 한복연출판부, 1989.

이종복, 『노인 · 장애인을 위한 케어지도자훈련 지침서』, 1999.

이해영 편, 『케어복지론』, 양서원, 2001; 2003; 2004.

이해영, 「우리나라 케어복지사 제도의 도입방안」, 『2002년 춘계학술대회 자료집』, 한국노인복지학회, 2002.

이해영, 「일본의 고령자개호보장의 신구축」, 『노인복지연구』, 한국노인복지학회, 1998.

이해영, 『케어복지론』, 양서원, 2000.

이해영 · 안향림, 『케어복지개론』, 학문사, 1998; 2000.

장세철 외 5명 공저, 『개호복지개론』, 대학출판사, 2002.

장세철 외 역, 『개호복지론』, 대학출판사, 2000; 2002.

장애우권익문제연구소, 『전문 도우미 교육 자료집』, 2000.

장인혁 · 우국희, 『케어, 케이스메니지먼트』, 서울대학교 출판부, 2001.

전영록 외, 『사회복지학개론』, 양서원, 2004.

전재일 외, 『사례관리의 기초』, 사회복지개발연구원, 1998.

정경희 외, 『전국노인생활실태 및 복지욕구조사』, 한국보건사회연구원, 1998.

정길홍, 「한국의 노인케어복지정책에 관한 연구」, 한성대학교대학원박사학위논문, 2003.

정길홍, 「한국의 케어복지 정책적 방안」, 『노인복지연구』 통권20호, 한국노인복지학회, 2003.

조유향, 『노인간호』, 현문사, 2001.

조추용, 「일본 개호보험의 제정과정과 그 의미」, 『사회복지정책』 제6집, 한국사회복지정책학회, 1998.

조추용, 「케어복지사의 양성과 과제」, 『고령화사회와 케어복지』, 한국케어복지협회 창립총회 및 기념학술세미나, 1999.

조추용 · 이채식, 『케어복지실천기술론』, 현학사, 2003.

조추용 · 최현자 역, 『치매 예방과 케어』(長谷川和夫 저), 창지사, 2002.

조현 외, 『노인간호학』, 현문사, 2001.

최경석, 『현대사회복지론』, 한국복지정책연구소 출판부, 1982.

최영희 외, 『노인과 건강』, 현문사, 2000.

최재성 · 김재엽, 「전문직에 대한 규제특성의 측면에서 본 미국의 사회복지사제도」, 『계간 사회복지』 통권 제129호, 1996.

통계청, 『2004년도 고령자통계』, 2004.

통계청, 『장래인구추계』, 2004.

한국케어복지협회, 『케어기술론』, 나눔의집출판사, 2000; 2001.

현외성 외 9명 공저, 『노인케어론』, 양서원, 2001.

현외성 외, 『한국노인복지학 강론』, 유풍출판사, 2000.

홍근표 외 8명, 『기본간호학 I 』, 수문사, 2000.

홍금자 외, 『사회문제와 사회복지』, 인간과 복지, 2000.

홍미령, 『의학일반』, 양서원, 2003.

M.S.Roach · 木智之 他2名 譯, 『アクト オブ ケアリング · ケアする 存在としての 人間』, ゆるみ出版, 1996.

介護福祉ハンドブシク 偏執委員會 編, 『介護福祉ハンドブシク』, 2001.

介護福祉用語研究會, 『介護福祉用語の解説』, 建帛社, 1996.

古川孝順外, 『介護福祉』, 有斐閣, 1996.

吉川孝順 外, 장세철 외 역, 『개호복지론』, 대학출판사, 2000.

吉澤勳, 『障害形態別介護技術』, 相川書房, 1995.

那須宗一・湯澤擁彦 編, 『老人扶養の研究』, 垣內出版株式會社, 1970.

大橋桂子ほか, 『訪問介護計劃書マニュアル』, 中央法規, 2001.

木下康仁, 『老人ケアの社會學』, 醫學書院, 1995.

柄澤昭秀, 『老人のぼけの臨床』, 醫學書院, 1981.

本村汎・高橋重宏 編, 『家族と福祉の未來』, 全國社會福祉協議會, 1989.

三浦文夫 編, 『圖說高齡者白書』, 全國社會福祉協議會, 1995.

成清美治, 『新 介護福祉槪論』, 學文社, 2003.

新・社會福祉學習雙書 編, 『介護槪論』, 全國社會福祉協議會, 2001.

阿曹洋子, 『看護・介護のための在宅ケアの援助技術』, 廣川書店, 2000.

岩橋成子一, 『知っておきたい。介護技術の基本』, 誠信書房, 2001.

野村禮子, 『介護福祉協助技術』, 古川孝順 他2名編, 誠心書房, 1996.

奧田いさよ, 『社會福祉專門職性の研究』, 東京: 川島書店, 1992.

日本醫療企劃, 『介護の理念と社會的役割』, 日本醫療企劃社, 2002.

日本醫療企劃, 『介護技術の基礎と實踐』, 日本醫療企劃社, 2002.

長壽社會開發センター, 『家事援助・相談援助・關聯領域: 第3券』, 第一法規出版, 2001.

長壽社會開發センター, 『實技・實習: 第4券』, 第一法規出版, 2001.

長壽社會開發センター, 『援助の基本視點と保健福祉の制度: 第1券』, 第一法規出版, 2001.

長壽社會開發センター, 『利用者の理解・介護の知識と方法: 第2券』, 第一法規出版, 2001.

住居廣士ほか, 『リハビリテーショソ 介護技術』, 一橋出版, 2001.

住居廣士ほか, 『わかりやすい介護技術』, ミネルヴァ書房, 2000.

中島紀惠子, 『介護福祉の基礎知識. 上』, 中央法規, 2001.

中島紀惠子, 『介護福祉の基礎知識. 下』, 中央法規, 2001.

中村永司, "わが國の社會福祉教育の今日的課題と專門職の動向", 『佛敎大學研究紀要』 通卷69號, 1993.

仲村優一 外, 『現代社會福祉事典』, 全國社會福祉協議會, 1990.

片山信子 외, 『見てわかる 介護技術の實習』, メジカルフレンド社, 1999.

Gillbert, N. & Specht, H., *Dimensions of Social Welfare Policy*, New Jersey, Prentice-Hall, Inc. 1974.

Gottesman, L.E. et al., "Service Management: Plan and Concept in Pennsylvania", *The Gerontologist*, Vol.19, No.4. 1979.

McGowan, B.G., "Values and ethics", Meyer, C.H. & Mattaini, M.A.(Eds), *The Foundations of Social Work Practice*, NASW Press, 1995.

Novak, M. & Guest, C., "Application of a Multidimensional Caregiver Burden Inventory", *The Gerontologist*, 29, 1989: 798-803.

Richard L. Edwards & John A. Yankey, *Editors*, NASW Press, 1991.

Wilding, P., *Professional Power and Social Welfare*, London: Routledge and Kegan Paul, 1982.

Williams, S.R. & Worthington-Roberts B.S. *Nutrition throughout the Life Cycle*, 2nd ed., Mosby-Year Book. St. Louis. 1992: 371.

저자소개

이채식 우송공업대학 사회복지아동과 교수
김귀환 순천제일대학 사회복지과 교수
문혜숙 장안대학 사회복지과 교수
서화정 춘해대학 사회복지과 교수
오정옥 창원전문대학 사회복지과 교수
이기량 대구보건대학 사회복지과 교수
장우심 우송정보대학 사회복지과 교수
전영록 제주관광대학 사회복지과 교수
조추용 꽃동네현도사회복지대학 사회복지과 교수